Bernd Ott • Volker Grotensohn

Grundlagen der Arbeits- und Betriebspädagogik

Praxisleitfaden für die Umsetzung neu geordneter Berufe

Cornelsen

Verlagsredaktion: Erich Schmidt-Dransfeld/Christine Ewers
Technische Umsetzung und Abbildungen: Text & Form, Karon/Düsseldorf
Umschlaggestaltung: Knut Waisznor, Berlin
Titelfoto: © Premium/Imagesource

 http://www.cornelsen-berufskompetenz.de

1. Auflage   Druck 4 3 2 1   Jahr 08 07 06 05

© 2005 Cornelsen Verlag Scriptor GmbH & Co. KG, Berlin

Druck: Saladruck, Berlin

ISBN 3-589-23920-4

Bestellnummer 239204

 Gedruckt auf säurefreiem Papier,
umweltschonend hergestellt aus chlorfrei gebleichten Faserstoffen.

Vorwort

Leitbild neu geordneter Berufe sind kundenorientierte Absolventen der beruflichen (dualen) Ausbildung, die geschäfts- und arbeitsprozessorientiert unter Anwendung aktueller Informations- und Kommunikationstechniken kundengerechte Problemlösungen erarbeiten. Die neue Lern- und Unternehmenskultur bedingt veränderte Anforderungen an die Ausbildungs-, Personal- und Organisationsentwicklung in der beruflichen Bildung. Um die komplexen und facettenreichen Aspekte der Neuordnung zahlreicher Berufe möglichst strukturiert darzustellen, ist das Buch in zwölf Kapitel gegliedert, wobei jeweils mehrere Kapitel thematisch zu einem Teil verbunden sind:

* Teil I: Konzepte der Neuordnung (Kapitel 1, 2, 3)
* Teil II: Umsetzung der Neuordnung (Kapitel 4, 5, 6)
* Teil III: Methoden der Neuordnung (Kapitel 7, 8, 9)
* Teil IV: Personal- und Organisationsentwicklung (Kapitel 10, 11, 12)

Ein großer Teil der dargestellten Konzepte bezieht sich auf neu geordnete Berufe im Allgemeinen. In der Praxis laufen dann allerdings die Erfordernisse einer technischen oder gewerblichen Ausbildung einerseits und einer kaufmännischen Ausbildung andererseits auseinander. Der Schwerpunkt liegt in diesem Band auf den technischen Berufen. Der nach der Neuordnung ausgebildete Facharbeiter steht primär im Fokus und die Beispiele sind entsprechend aus diesem Umfeld gewählt. Das sollte Leser/-innen aus anderen Bereichen aber nicht abhalten, sich anhand dieses Werkes über die Grundsätze der Ausbildung in neu gestalteten Berufen zu informieren.

Das Buch wendet sich vorrangig an Ausbilder in der Praxis, die kurz und bündig die wesentlichen Aspekte der neu geordneten Berufe erfahren und prozess- und kundenorientiert ausbilden wollen. Darüber hinaus richtet sich das Buch natürlich auch an alle im Umfeld von Arbeit, Technik und Bildung Tätigen und damit insbesondere an Studierende, Lehrende und Planende, die eine knappe Zusammenfassung zum aktuellen Diskussionsstand suchen.

Zur einfachen Nutzung dieses Buches sind die einzelnen Kapitel so strukturiert, dass jeweils am Anfang Leitfragen stehen, die im Text beantwortet werden. Der Text ist relativ verständlich gehalten, deshalb werden auch bibliographische Angaben nur auf das unbedingt Notwendige reduziert. Ein Hinweis: Oft verwenden wir in diesem Buch explizit die weibliche und die männliche Form. Sollte dies einmal nicht der Fall sein, sind selbstverständlich trotzdem beide Geschlechter gemeint.

Das Buch ist „aus der Praxis und für die Praxis" entstanden. Deshalb möchten wir an dieser Stelle allen Ausbildern der ThyssenKrupp Stahl AG und Mitarbeiter/-innen am Lehrstuhl Technikdidaktik der Universität Dortmund danken, die durch redaktionelle Hinweise und Mithilfe unseren Blick für das Wesentliche schärften.

Dortmund, im März 2005

Bernd Ott   Volker Grotensohn

Über die Autoren

Bernd Ott, Dipl.-Ing., Berufs- und Arbeitspädagoge, ist Professor für Technikdidaktik an der Universität Dortmund mit dem Schwerpunkt technische Berufsbildung.

Insgesamt arbeitete er mehr als zwanzig Jahre in der beruflichen Aus- und Weiterbildung im Bereich des schulischen und betrieblichen Bildungswesens. Außerdem war er langjähriger Lehrbeauftragter an verschiedenen Universitäten sowie Trainer und Bildungsberater in verschiedenen Industrieunternehmen.

Im Jahre 1994 wurde er zum Professor für Berufspädagogik und Technikdidaktik an die Universität Karlsruhe berufen, 1997 folgte die Berufung auf den Lehrstuhl „Technik und ihre Didaktik I" an die Universität Dortmund.

Seine derzeitigen Arbeitsschwerpunkte in Forschung und Lehre beziehen sich auf

- technikdidaktische und arbeitspädagogische Lehr- und Lernforschung,
- ganzheitliche Berufsbildung und Methoden des ganzheitlichen Lernens,
- problem- und handlungsorientierte Lern- und Ausbildungskonzeptionen,
- Organisationsentwicklung in Berufsschulen und Ausbildungsbetrieben,
- pädagogische Fort- und Weiterbildung von Lehrer- und Ausbilder/-innen.

Volker Grotensohn, Dipl.-Ing., Dipl.-Päd., Berufs- und Arbeitspädagoge, ist Leiter der Ausbildung bei der ThyssenKrupp Stahl AG.

Seit 1990 ist er in leitender Funktion für technische Weiterbildung und für die Ausbildung von ca. 1.400 Auszubildenden in unterschiedlichen industriellen, technischen, informationstechnischen und kaufmännischen Berufen an mehreren Standorten verantwortlich.

Vorher arbeitete er bei der Handwerkskammer Dortmund als Berater für außerbetriebliche Ausbildungsstätten und handwerkliche Ausbildungsbetriebe. Im Rahmen seiner Aufgaben war er Gutachter für den Regierungspräsident im Anerkennungsverfahren für Sonderausbildungsgenehmigungen.

Seit vielen Jahren ist er in verschiedenen berufspolitischen Gremien und Beiräten tätig, und er ist Mitglied in Facharbeiter- und Meisterprüfungsausschüssen. Außerdem engagiert er sich seit langem in der Lehrerweiterbildung. In den Neuordnungsverfahren für die industriellen Metall- und Elektroberufe hat er als Sachverständiger mitgewirkt.

Die aktuellen Arbeitsschwerpunkte in der Aus- und Weiterbildung sind für ihn

- Entwicklung von Konzepten für eine ganzheitliche Ausbildung,
- Einführung und Umsetzung einer handlungs- und betriebsorientierten Ausbildungskonzeption,
- Entwicklung eines Organisationsentwicklungkonzeptes für eine integrierte Aus- und Weiterbildung,
- Einführung und Umsetzung des Organisationsentwicklungskonzeptes,
- Personalentwicklung von Führungskräften und Ausbildern in der Aus- und Weiterbildung.

Inhaltsverzeichnis

Teil I
Konzepte der Neuordnung:
- **Konzept „Neu geordnete Berufe"**
- **Lernfeldorientierte Ausbildung**
- **Ganzheitliche Berufsbildung**

1	**Konzept „Neu geordnete Berufe"**	**10**
1.1	Intentionen und Ziele von Neuordnungen	10
1.2	Neue Berufe	11
1.3	Neue Prüfungskonzeption	16
2	**Lernfeldorientierte Ausbildung** .	**21**
2.1	Lernfeldkonzept	22
2.2	Lernortkooperation	25
2.3	Ganzheitliche Ausbildungs- struktur	28
2.3.1	Lernort Betrieb	28
2.3.2	Lernort Berufsschule	32
2.4	Beispiel für ein Kooperations- projekt	35
2.4.1	Kooperationsplanung	35
2.4.2	Projektdurchführung	40
3	**Ganzheitliche Berufsbildung**	**47**
3.1	Strukturmerkmale einer ganz- heitlichen Berufsbildung	48
3.1.1	Berufliche Handlungskompetenz .	48

3.1.2	Persönlichkeitsentwicklung	48
3.1.3	Methodisch-operative Kompetenz	49
3.2	Zielkategorien einer ganzheitlichen Berufsbildung	51
3.2.1	Ganzheitliche Lern- und Unternehmenskultur	51
3.2.2	Ganzheitliche Qualifikations- anforderungen	53
3.2.3	Ganzheitliche Ausbildungs- verfahren	54

Teil II
Umsetzung der Neuordnung:
- **Prozess- und kundenorientierte Ausbildung**
- **Ganzheitliche Lernplanung und Lernorganisation**
- **Ganzheitliche Entwicklungs- und Förderbeurteilung**

4	**Prozess- und kundenorientierte Ausbildung**	**58**
4.1	Arbeitsprozessorientierte Wende .	58
4.2	Prozessmodell der Ausbildung . . .	60
4.2.1	Planungs- und Arbeitsschritte für Ausbilder	62
4.2.2	Planungs- und Arbeitsschritte für Auszubildende	63
4.3	Praxisprojekte und Betriebsaufträge	65
4.4	Ausbildungsbeispiel	66

4.4.1   Durchführungsmodell 66
4.4.2   Verlaufsprotokoll 68

5   Ganzheitliche Lernplanung und Lernorganisation 70

5.1   Ganzheitliche Lernplanung 70
5.1.1   Lernbereiche 70
5.1.2   Handlungsziele 72
5.1.3   Lernzielstufen 72

5.2   Ganzheitliche Lernorganisation .. 77

5.3   Praxisbeispiel 78
5.3.1   Langzeitplanung 79
5.3.2   Einzelplanung des Betriebsauftrags 79
5.3.2.1 Durchführbarkeit von Betriebsaufträgen 79
5.3.2.2 Lernförderlichkeit von Betriebsaufträgen 80
5.3.3   Informieren 81
5.3.4   Planen der Arbeitsausführung 82
5.3.5   Entscheiden 84
5.3.6   Ausführen 87
5.3.7   Kontrollieren und Bewerten 87
5.3.8   Abschlussgespräch 92
5.3.9   Rückkopplung und Aktualisierung 92

6   Ganzheitliche Entwicklungs- und Förderbeurteilung 95

6.1   Ganzheitliche Leistungsbeurteilung 95
6.1.1   Anforderungsprofil einer ganzheitlichen Leistungsbeurteilung .. 96
6.1.2   Konzeption einer ganzheitlichen Leistungsbeurteilung 96

6.2   Ganzheitliches Beurteilungssystem 100
6.2.1   Kriterien eines ganzheitlichen Beurteilungssystems 101
6.2.2   Durchführung einer ganzheitlichen Beurteilung 106

Teil III
Methoden der Neuordnung:
- **Handlungsorientierte Ausbildungsmethoden**
- **Problemorientierte Ausbildungsmethoden**
- **Methodenkoffer zur Handlungskompetenz**

7   Handlungsorientierte Ausbildungsmethoden 114

7.1   Standardmethoden 114
7.1.1   Lehrgangs-Methode 114
7.1.2   Leittext-Methode 117
7.1.3   Projekt-Methode 118

7.2   Moderationsmethoden 120
7.2.1   Moderationszyklus 120
7.2.2   Visualisierungstechniken 122
7.2.3   Präsentationstechniken 124

7.3   Computerunterstützte Methoden 127

8   Problemorientierte Ausbildungsmethoden 129

8.1   Bedeutung der Problemorientierung für den Ausbildungsprozess . 129

8.2   Lernphasen problemorientierter Ausbildungsverfahren 130
8.2.1   Problemstellung 130
8.2.2   Problemstrukturierung 131
8.2.3   Problemanalyse 131
8.2.4   Problemlösungsplanung 132
8.2.5   Problemlösung 132
8.2.6   Anwendung der Problemlösung .. 133
8.2.7   Problemlösungsbewertung 133
8.2.8   Transfer zur Handlungsstruktur .. 134

8.3   Praxisbeispiele problemorientierter Ausbildungsverfahren 136

**9   Methodenkoffer zur
        Handlungskompetenz** **141**

9.1   Informationstechniken 142
9.1.1   Mind-Map 142
9.1.2   Brainstorming/6-3-5-Methode ... 143
9.1.3   Ishikawa-Analyse 144

9.2   Planungstechniken 145
9.2.1   Morphologischer Kasten 145
9.2.2   Ziel- und Aktionsplan 146
9.2.3   Reihenfolgeplan 147

9.3   Entscheidungstechniken 148
9.3.1   Stärken- und Schwächenanalyse
        (SWOT) 148
9.3.2   Entscheidungsbaum 149
9.3.3   Paarweiser Vergleich 150

9.4   Ausführungstechniken 151
9.4.1   Gruppenarbeit 151
9.4.2   Stationenbetrieb 152
9.4.3   Gruppenpuzzle 153

9.5   Kontrolltechniken 153
9.5.1   Checkliste 153
9.5.2   Messprotokoll 155
9.5.3   Zielscheibe 156

9.6   Bewertungstechniken 157
9.6.1   Blitzlicht/Stimmungsbarometer .. 157
9.6.2   Feedbackgespräch 157
9.6.3   Fortschreibetechnik 159

**10   Personalentwicklung in
        Ausbildungsprozessen** **162**

10.1   Neue Rolle des Ausbilders 163

10.2   Neue Rolle des Auszubildenden .. 165

10.3   Neue Leitungsmodelle und
        Führungsstile 167
10.3.1 Coaching 167
10.3.2 Teamarbeit 169
10.3.3 Motivationsförderung 170

**11   Organisationsentwicklung in
        Ausbildungsprozessen** **173**

11.1   Arbeitsprozessorientierte Aus-
        und Weiterbildungsorganisation .. 173

11.2   Teamorientierte Aus- und
        Weiterbildungsorganisation 177
11.2.1 Teamorganisation der Ausbilder .. 180
11.2.2 Teamorganisation des
        Ausbildungsbeauftragten 184

**12   Qualitätsmanagement in
        Ausbildungsprozessen** **187**

12.1   Qualitätsentwicklungsbereiche .. 188

12.2   Qualitätsentwicklungskonzept ... 189

12.3   Qualitätsentwicklungsmodelle ... 192
12.3.1 Leitbildentwicklung 192
12.3.2 EFQM-Modell 194
12.3.3 Balanced Scorecard 198

**Teil IV
Personal- und Organisations-
entwicklung:**
• **Personalentwicklung in
  Ausbildungsprozessen**
• **Organisationsentwicklung in
  Ausbildungsprozessen**
• **Qualitätsmanagement in
  Ausbildungsprozessen**

Literaturverzeichnis 201
Stichwortverzeichnis 203

Teil I – Konzepte der Neuordnung:

1 Konzept „Neu geordnete Berufe"
2 Lernfeldorientierte Ausbildung
3 Ganzheitliche Berufsbildung

1 Konzept „Neu geordnete Berufe"

LEITFRAGEN

① Warum sind eingeführte und etablierte Berufe neu geordnet bzw. modernisiert worden?

② Welche Ziele haben der Verordnungsgeber und die Sozialpartner mit der Neustrukturierung verfolgt?

③ Welche Berufe wurden neu geordnet bzw. modernisiert?

④ Welche Auswirkungen hat die neue Form der Abschlussprüfung auf die Ausbildung?

Mitte der 90er-Jahre ist ein Prozess der Modernisierung in der Berufsausbildung eingeleitet worden, der die Entwicklung von völlig neuen Berufen einschließt. Seit 1996 sind 166 vorhandene Berufe modernisiert worden und 32 neue Berufe entstanden.

Mehr als die Hälfte der Ausbildungsordnungen der gegenwärtig anerkannten Ausbildungsberufe ist nicht länger als sieben Jahre in Kraft.

Wirtschaftlicher Strukturwandel bedingt neue Qualifikationsanforderungen

Eine solche massive und kontinuierliche Erneuerung ist aufgrund des wirtschaftlichen Strukturwandels in Deutschland und den daraus resultierenden neuen Beschäftigungsfeldern und neuen Qualifikationsanforderungen notwendig geworden.

1.1 Intentionen und Ziele von Neuordnungen

Gründe für die abnehmende Bereitschaft der Betriebe auszubilden

Für die seit Jahren abnehmende betriebliche Bereitschaft auszubilden wurde und wird von Seiten der Unternehmen vorrangig das als zu starr und zu wenig adressatengerecht empfundene deutsche Ausbildungssystem verantwortlich gemacht. Die Ausbildung orientiere sich zu wenig an den betrieblichen Arbeitsprozessen und schränke die betriebliche Eigenverantwortung ein. Zudem sei das gesamte Prüfungsverfahren zu aufwändig, zu teuer und zu praxisfern. Kritisiert wird auch das ständig gestiegene Anforderungsniveau sowohl der Ausbildungsordnungen als auch der Prüfungen. Beides zusammen schließe viele ausbildungswillige Betriebe von der Möglichkeit auszubilden aus. Die deutlich werdenden Ungleichgewichte zwischen Angebot und Nachfrage auf dem Ausbildungsstellenmarkt wären demnach systembedingt und könnten auch nur durch eine „Systemveränderung" beseitigt werden.

Neue Ausbildungsberufe: Verbindung von inhaltlichen und strukturellen Innovationen

Da aber die für die Berufsausbildung relevanten Kräfte (Sozialpartner und die Politik) diesen Systemwechsel nicht für richtig erachten und auch nicht wollen, konnte eine Anpassung an die veränderten wirtschaftlichen und bildungspolitischen Rahmenbedingungen nur innerhalb des bestehenden Berufsbildungssystems erfolgen. Entstanden ist eine neue Generation von Ausbildungsberufen, die durch die Verbindung von inhaltlichen und strukturellen Innovationen gekennzeichnet ist.

> **Mit den modernisierten und neuen Berufen soll dem vielfältigen und umfassenden Wandel in der Technik, Wirtschaft und Gesellschaft Rechnung getragen werden.**

Die wesentlichen Veränderungen, die zu berücksichtigen waren und die das Berufsleben nachhaltig bestimmen werden, sind z. B.:

Die wesentlichen Veränderungen

– die Internationalisierung von Wirtschaft und Handel,
– der Strukturwandel von der Produktionsgesellschaft zur Dienstleistungs- und Wissensgesellschaft,
– neue Formen der Arbeitsorganisation und der Erwerbsarbeit,
– andere Arbeitsbiographien und der daraus resultierende Qualifikationsbedarf (Stichwort: Lebenslanges Lernen) und nicht zuletzt ein
– gesellschaftlicher Wertewandel.

Trotz aller Kritik an dem dualen Ausbildungssystem gibt es allerdings einen breiten gesellschaftlichen Konsens dahingehend, dass das dem dualen System zugrunde liegende Berufskonzept und die Strukturen der Ausbildungsordnungen erhalten und weiterentwickelt werden sollen.

Weiterentwicklung des dualen Systems

Vor diesem Hintergrund ist auch die Verständigung der Bundesregierung, der Gewerkschaften und der Arbeitgeber (vom 22. Oktober 1999 in der Arbeitsgruppe „Aus- und Weiterbildung" des Bündnisses für Arbeit, Ausbildung und Wettbewerbsfähigkeit) auf die „Gemeinsamen Grundlagen und Orientierungen zur strukturellen Weiterentwicklung der dualen Berufsausbildung" zu sehen.

Bei den bisher neu geordneten und weiterentwickelten Berufen standen demnach folgende **Gestaltungsprinzipien** handlungsleitend im Vordergrund:

Gestaltungsprinzipien

– Geschäftsprozesse bestimmen die Berufe und deren Inhalte.
– Flexible Anpassungsmöglichkeiten der Ausbildungsinhalte an die Bedürfnisse der Ausbildungsbetriebe sind zu berücksichtigen.
– Qualifikationsvermittlung erfolgt anhand des Arbeitsprozesses.
– Kompetenzentwicklung sorgt für erfahrungsgeleitetes Arbeiten und lebenslanges Lernen.
– Prüfungen sollen so weit wie möglich den wahren Arbeitsprozess abbilden und keine theoretischen Konstrukte sein.

1.2 Neue Berufe

Seit 1996 sind 198 Ausbildungsberufe neu entstanden bzw. modernisiert worden. Allein 2003 wurden sieben Berufe neu entwickelt und 21 Berufe modernisiert; diese sind in Abb. 1.1 auf der folgenden Seite zusammengestellt. Im vorliegenden Buch stellen wir bei den weiteren Betrachtungen die industriellen und handwerklichen Elektro-, IT- und Metallberufe in den Vordergrund.

Neu geordnete und modernisierte Metall- und Elektroberufe

Metallberufe	Elektroberufe
Anlagenmechaniker/-in	Elektroniker/-in für Betriebstechnik
Industriemechaniker/-in	Elektroniker/-in für Maschinen und Antriebstechnik
Konstruktions-mechaniker/-in	
Werkzeugmechaniker/-in	Elektroniker/-in für Automatisierungstechnik
Zerspanungs-mechaniker/-in	Elektroniker/-in für luftfahrttechnische Systeme
Karosserie- und Fahrzeugbaumechaniker/-in	Elektroniker/-in für Gebäude- und Infrastruktursysteme
Kraftfahrzeug-mechatroniker/-in	Systeminformatiker/-in
Zweiradmechaniker/-in	Elektroniker/-in

Abb.1.1: Neu geordnete und modernisierte Metall- und Elektroberufe

„Neue" versus „alte" Berufe

Die spannende Frage ist nun: Was ist an den neuen und modernisierten Berufen anders bzw. wodurch unterscheiden sie sich von den „alten"?

Festzustellen ist zunächst, dass auch die neuen Berufe ein **Berufsbild** haben, d. h., die lange andauernde Diskussion über eine modularisierte Ausbildung oder gar eine Ausbildung in zeitlich begrenzten Qualifizierungsbausteinen (ohne Berufsabschluss) ist, zu Gunsten einer weiterhin bestehenden Beruflichkeit, zu einem (vorläufigen) Ergebnis gekommen. Auch die zeitliche Begrenzung der Ausbildung auf 3 bzw. 3,5 Jahre hat keine Veränderung gebracht.

Was ist mit dem viel beschworenen Paradigmenwechsel in der beruflichen Bildung, woran, wenn er tatsächlich stattgefunden haben sollte, macht er sich fest?

Die traditionelle Berufsbildung

Die traditionelle Berufsbildung gründet in der mittelalterlichen Meisterlehre, bei der die Älteren ihr Wissen und ihre Erfahrungen an die Jüngeren weitergaben. In der industriellen Zeit wurden die Ansprüche an die Kompetenz der Mitarbeiter in der Verwaltung, Produktion oder Instandhaltung immer komplexer und umfangreicher. In der Ausbildung ist es gelungen, die traditionelle Meisterlehre mit den funktionalen und arbeitsteiligen Produktionsbedingungen industrieller Arbeitsprozesse zu verbinden. Die alte „Beistellausbildung" wurde zunehmend durch ein „Lehrgangssystem" ergänzt. In diesen Lehrgängen werden Inhalte und Qualifikationen vermittelt, die aufgrund der Produktionsabläufe während der Arbeit nicht mehr vermittelt werden konnten.

Lehrgangssystem

Die alten Ausbildungsordnungen entsprachen somit dem Ansatz, dass man nur genau genug beschreiben muss, was in welchem Umfang, in welcher Tiefe, mit welchem Zeitaufwand vermittelt werden muss, um am Ende einen guten Facharbeiter (oder auch Kaufmann) zu erhalten.

In vielen Großunternehmen wurde dieser Ansatz noch dadurch überhöht, dass man – umgekehrt – die Ausbildungsordnungen sezierte und Inhalte neu zusammenstellte, um mit einem perfektionierten Lehrgangssystem (in 2–3 Wochentakten) in industriellen oder auch in überbetrieblichen Bildungsstätten Facharbeiter zu „produzieren". Man ging in guter Hoffnung davon aus, dass man Menschen nur alle Lerninhalte wohl portioniert und gut aufbereitet vermitteln muss, um anschließend (nach 3,5 Jahren) einen „perfekten Facharbeiter" zu erhalten, der nicht nur alles Betriebsnotwendige weiß, sondern dieses Wissen auch adäquat anwenden kann. Die Vermittlungslogik sah so aus:

Die traditionelle Vermittlungslogik

Facharbeiterqualifikation = Lehrgang 1 + Lehrgang 2 + ...Lehrgang
+ betriebliche Anwendungsphasen **= Facharbeiterkompetenz**

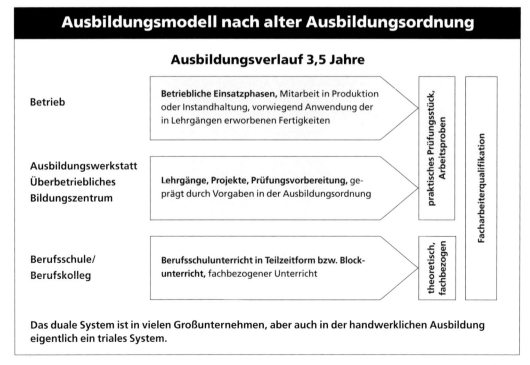

Ausbildungsmodell nach alter Ausbildungsordnung

Ausbildungsverlauf 3,5 Jahre

Betrieb — **Betriebliche Einsatzphasen,** Mitarbeit in Produktion oder Instandhaltung, vorwiegend Anwendung der in Lehrgängen erworbenen Fertigkeiten

Ausbildungswerkstatt Überbetriebliches Bildungszentrum — **Lehrgänge, Projekte, Prüfungsvorbereitung,** geprägt durch Vorgaben in der Ausbildungsordnung

Berufsschule/ Berufskolleg — **Berufsschulunterricht in Teilzeitform bzw. Block-unterricht,** fachbezogener Unterricht

praktisches Prüfungsstück, Arbeitsproben

theoretisch, fachbezogen

Facharbeiterqualifikation

Das duale System ist in vielen Großunternehmen, aber auch in der handwerklichen Ausbildung eigentlich ein triales System.

Abb.1.2: Ausbildungsmodell nach alter Ausbildungsordnung

Wie stellte sich dieser Ansatz in der Praxis dar?

Nicht angewand-
tes Wissen ist
schnell nicht
mehr verfügbar

Die Erfahrung sah leider oft anders aus, als die „Formel" versprach: Wissen, das angehäuft, dann aber nicht angewendet wird, verliert sehr schnell an Bedeutung, ist nicht mehr präsent und dann nicht mehr verfügbar. Spätestens seit der Pisa-Studie wissen wir, dass die im deutschen Schulsystem übliche additive und ohne Nahtstellen zu anderen Fächern verlaufende Unterrichtung zwar umfangreichen Lernstoff transportiert, aber bei den Empfängerinnen und Empfängern nur wenig Wissen hinterlässt. Man kann dies auch so umreißen: Die deutschen Schülerinnen und Schüler hören zwar viel, sie können das Gehörte aber nicht in Wissen umwandeln und noch viel weniger das Wissen in problemorientierten Aufgaben anwenden bzw. damit Probleme lösen.

Ähnlich ergeht es oft Auszubildenden am Ende der Ausbildung. Ohne eine gezielte Prüfungsvorbereitung droht dann nach 3–3,5-jähriger Ausbildung das Scheitern in der Abschlussprüfung, weil vieles von dem, was in den Berufskollegs und in den Ausbildungslehrgängen erlernt wurde, schon während der Ausbildungszeit wieder vergessen wird. Nur ergänzend sei erwähnt, dass dieser Zustand natürlich auch für die spätere Arbeitssituation unbefriedigend ist, weil die Auszubildenden nach der Übernahme in eine Stelle oftmals Qualifikationen vermissen lassen, die man eigentlich von ihnen erwartet.

Wie wurde in den Neuordnungen auf die skizzierten Mängel reagiert?

Spiralförmig
angelegte
Vermittlung und
Anwendung von
Qualifikationen

Wir betrachten dazu exemplarisch die industriellen Elektroberufe. Hier sieht die neue Ausbildungskonzeption über einen Umfang von 21 Monaten rund 50 % **gemeinsame Kernqualifikationen** für alle industriellen Elektroberufe vor. Diese sollen über die gesamte Ausbildung hinweg verzahnt mit den **berufsspezifischen Fachqualifikationen** in dem jeweiligen Einsatzgebiet vermittelt werden.

> So entsteht anstelle einer Aneinanderreihung von Qualifizierungsbausteinen eine verschachtelte, spiralförmig angelegte Vermittlung und Anwendung von Qualifikationen.

Der früher so oft eingetretene Effekt des Vergessens von bereits Erlerntem tritt nicht auf, da vorhandenes Wissen mit neuem Wissen immer wieder handlungsorientiert verknüpft, angereichert und vertieft wird.

Elf Zeitrahmen

In Abb. 1.3 auf der gegenüberliegenden Seite ist dieses Ausbildungsmodell nach neuer Ausbildungsordnung in seinen Grundzügen veranschaulicht. Bei den exemplarisch betrachteten Elektroberufen wurden die zu vermittelnden Fertigkeiten und Kenntnisse sachlogisch in elf Zeitrahmen zusammengefasst und ermöglichen den Betrieben, die Inhalte anhand der eigenen Geschäftsprozesse zu vermitteln bzw. die Auszubildenden anhand der betreffenden Arbeitsprozesse lernen zu lassen.

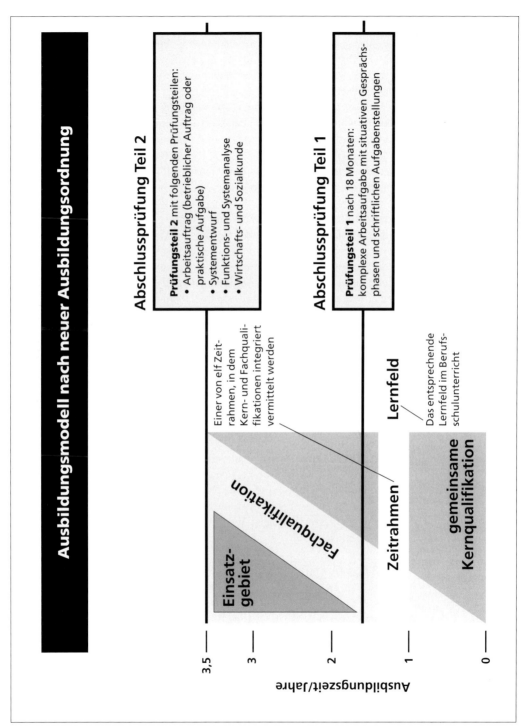

Abb. 1.3: Ausbildungsmodell nach neuer Ausbildungsordnung (Flyer BiBB, IGM, ZVEI, Gesamtmetall 2003, Neue industrielle Elektroberufe)

1.3 Neue Prüfungskonzeption

Form und An-
spruch der Prü-
fung bestimmen
das Ausbildungs-
geschehen ...

Den an der Berufsbildung Beteiligten ist bewusst, dass der Verlauf der Ausbildung und die Standards in der Ausbildung ganz wesentlich von der Prüfung beziehungsweise von den Prüfungsanforderungen geprägt werden. Das heißt: Form und Anspruch der Prüfung bestimmen ganz wesentlich das Ausbildungsgeschehen, denn kein Ausbildungsbetrieb und kein Ausbilder möchte schlechte Ergebnisse seiner Auszubildenden in Kauf nehmen! Deshalb gilt:

... deshalb muss
eine neue Prü-
fungskonzeption
entwickelt werden

Wer eine andere Ausbildung durchsetzen will, muss eine andere Prüfungskonzeption entwickeln!

Aus diesem Grund wurde in der Neuordnungsdiskussion auch schon darüber spekuliert, ob nicht eine Reform des Prüfungsgeschehens allein hinreichend wäre, um eine Veränderung in der dualen Berufsausbildung zu erreichen. Eine Reform der Ausbildung nur über die Prüfungsnorm scheint aber nicht realisierbar, weil zum einen die Prüfungskonzeptionen (wenn sie für alle Berufe gelten sollen) zu abstrakt sein müssten, um damit noch einen realen Handlungsbezug zu bewirken. Zum anderen ist aufgrund der hohen Personenkongruenz (Ausbilder und Prüfer) eine grundlegende Veränderung des Ausbilderprofils erforderlich, die sich weitestgehend über eine kontinuierliche Veränderung des Ausbildungsprozesses (mit entsprechenden Ausbildungsordnungen) erreichen lässt.

Leitziel: der
kundenorientierte
Facharbeiter

Leitziel der Neuordnung ist – in den in diesem Buch bevorzugt betrachteten Berufen – der kundenorientierte Facharbeiter, der geschäfts- und arbeitsprozessorientiert unter Anwendung aktueller Informations- und Kommunikationstechniken kundengerechte Problemlösungen erarbeitet. In der Ausbildung sollen, neben der Vermittlung von auch weiterhin wichtigen Fachqualifikationen, insbesondere **Prozesskenntnisse** vermittelt werden. Personale, soziale und methodische Kompetenzen sollen berufliche Handlungsfähigkeit erzielen, die der Facharbeiter braucht, um an seinem späteren Arbeitsplatz ohne größere Einarbeitungszeit qualitativ hochwertig tätig werden zu können. Diese berufliche Handlungskompetenz soll auch in den Prüfungen anwendungsorientiert nachgewiesen werden.

Vermittlung von
Prozesskennt-
nissen

Berufliche Hand-
lungskompetenz

Wie soll Handlungsfähigkeit praktisch geprüft werden?

Handlungs-
orientierte
Abschlussprüfung

Nach wie vor gibt es einen schriftlichen und praktischen Prüfungsteil. Allerdings sind die theoretische und praktische Prüfung nicht mehr so eng voneinander abgegrenzt, sondern Theorie und Praxis sollen (wie zuvor schon in der Ausbildung) handlungsorientiert miteinander verknüpft sein.

Zahlreiche Ausbildungsordnungen haben die konzeptionelle Verbindung zwischen betrieblicher Ausbildung und Abschlussprüfung geschaffen.

In vielen Ausbildungsordnungen ist die Wahl von Einsatzgebieten vorgesehen, die dann Grundlage für die handlungsorientierte Durchführung der Abschlussprüfung sind.

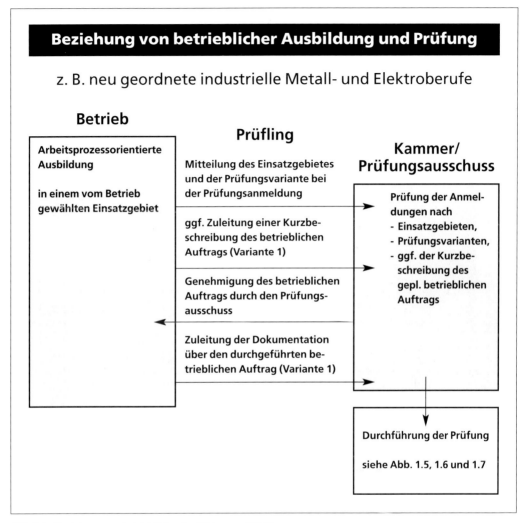

Abb.1.4: Beziehung von betrieblicher Ausbildung und Prüfung

Die Struktur des Prüfungsverfahrens wird im Folgenden beispielhaft anhand der neu geordneten industriellen Elektroberufe dargestellt. Die anderen neu geordneten Berufe (Metall, IT, Kaufleute) weisen prinzipiell eine ähnliche Struktur auf.

Beispiel: das Prüfungsverfahren der neu geordneten industriellen Elektroberufe

Vorrangiges Ziel des praktischen Teils der Abschlussprüfung ist die Feststellung der beruflichen Handlungskompetenz des Absolventen.

Mit der Anmeldung zur Abschlussprüfung gibt der Auszubildende bzw. der Betrieb das Einsatzgebiet an, in dem der Auszubildende geprüft werden soll. Die Kammer, beziehungsweise eine von ihr beauftragte Institution, bereitet die schriftliche Prüfung im Einsatzgebiet vor.

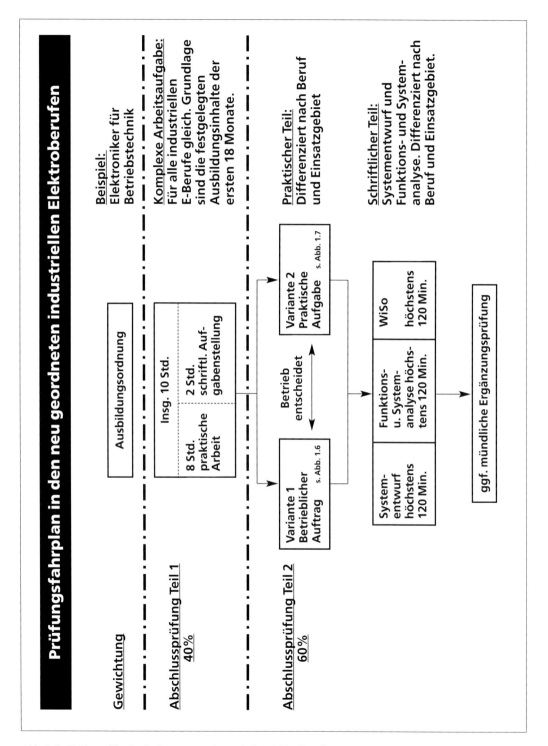

Abb. 1.5: Prüfungsfahrplan in den neu geordneten industriellen Berufen

Für die praktische Prüfung ist die Angabe des Einsatzgebietes besonders wichtig, wenn anstelle des betrieblichen Auftrages (Variante 1) die praktische Aufgabe (Variante 2) gewählt wurde. Auch die Prüfungsbereiche Systementwurf und Systemanalyse sind abhängig vom Einsatzgebiet.

Ausbildungsbetrieb entscheidet über die Prüfungsvariante 1 oder 2

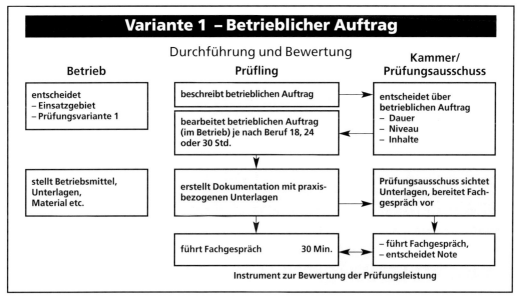

Abb. 1.6: Variante 1 – Betrieblicher Auftrag

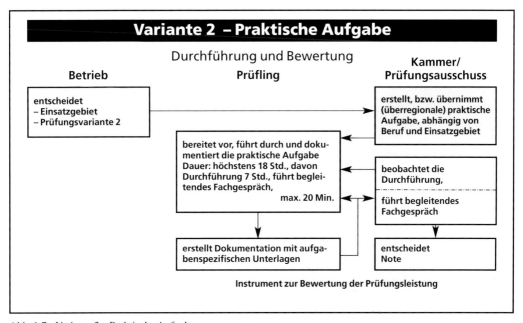

Abb. 1.7: Variante 2 – Praktische Aufgabe

Fachgespräche als
Ergänzung
zur praktischen
Prüfung

Mit den Hilfsmitteln der praktischen Prüfung alleine, etwa durch unterschiedliche Varianten (z. B. industrielle Elektro- und Metallberufe) oder mit der Bearbeitung von Fachaufgaben (z. B. Industriekaufleute), ist die Feststellung von beruflicher Handlungsfähigkeit nicht möglich. Sie wird in den verschiedenen Berufen **durch Fachgespräche ergänzt**. Die Fachgespräche werden anhand der Dokumentation des betrieblichen Auftrags durchgeführt. Die Vielfältigkeit der Berufe bedingt auch eine Vielzahl von Varianten des Fachgesprächs und der diesem zugrunde liegenden Dokumentationen. Bei dem einen Beruf (z. B. beim Mechatroniker) wird die Dokumentation im Prüfungsergebnis mitbewertet. Bei den Kaufleuten (und den IT-Berufen) findet der „Report" keine Berücksichtigung bei der Notenfindung. Dafür müssen die Kaufleute ihre Arbeitsergebnisse präsentieren, die angehenden industriellen Metall- und Elektrofachleute wiederum nicht. Gleichwohl sollen die Dokumentationen/Reports die Prüfungsausschüsse über den Arbeitsgegenstand informieren und zur Vorbereitung der Prüfung dienen.

Aufgaben und
Kompetenzen der
Prüfungsaus-
schüsse ändern sich

Hieraus ist schon deutlich erkennbar, dass sich die Aufgaben und die Kompetenzen der Prüfungsausschüsse mit den neuen Ausbildungsordnungen gravierend geändert haben. Der Prüfungsausschuss muss jetzt in der Lage sein, unterschiedliche Arbeiten in unterschiedlichen Einsatzgebieten fachlich zu bewerten und in Fachgesprächen die entsprechenden Prüfungsfragen zu stellen, um die Fach- und Prozesskompetenzen des Prüflings feststellen zu können.

Was ist das Entscheidende an der neuen Prüfung?

Das neue
„Prüfungsstück":
- real
- konkret
anwendbar

Das neue „Prüfungsstück" ist kein organisch abgetrenntes, künstliches, teures Produkt mehr, für das man eine aufwändige Prüfungsvorbereitung (mitunter die dreifache Wiederholung der letzten Prüfungsstücke) durchführen, spezielle Werkzeuge und Prüfungsmittel beschaffen und das anschließend zeitaufwändig demontiert und entsorgt werden muss. Der betriebliche Auftrag, den der Betrieb auch durchführen würde, wenn keine Prüfung stattfände, bedarf keiner zusätzlichen Aufwendungen, ist real, konkret verwertbar – somit per se geschäfts- bzw. arbeitsprozessorientiert. Deshalb muss sich der Prüfungsausschuss künftig auf die Betriebsnotwendigkeiten einstellen und nicht der Betrieb auf die Prüfungsinstitutionen. Neu ist auch, dass in einigen Berufen die Zwischenprüfung ersetzt wird durch den ersten Teil der Abschlussprüfung (s. Abb. 1.5). Die Umsetzung dieser neuen „gestreckten Abschlussprüfung" wurde von den Sozialpartnern in einem Bündnis für Arbeit, Ausbildung und Wettbewerbsfähigkeit vereinbart.

Weiterführende Literatur

BÜNDNIS FÜR ARBEIT, AUSBILDUNG UND WETTBEWERBSFÄHIGKEIT; Stand: 10. November 1999; Broschüre des Presse- und Informationsamts der Bundesregierung.
AUSBILDUNGSVERORDNUNGEN der jeweiligen Berufe, z. B. Verordnung über die Berufsausbildung in den industriellen Elektroberufen vom 3. Juli 2003.
RAHMENLEHRPLÄNE der jeweiligen Berufe, z. B. Rahmenlehrplan für den Ausbildungsberuf Elektroniker/-in für Betriebstechnik. Beschluss der Kultusministerkonferenz vom 16. Mai 2003.

2 Lernfeldorientierte Ausbildung

LEITFRAGEN

① Wodurch unterscheiden sich Handlungsfelder von Lernfeldern?
② Warum findet Berufsschulunterricht in Lernfeldern und nicht mehr in differenzierten Fächern statt?
③ In welcher Beziehung stehen Lernfelder zu Zeitrahmen?
④ Warum ist die Lernortkooperation in neu geordneten Berufen wichtig?

In der dualen Berufsausbildung erfüllen die Berufsschulen und die Ausbildungsbetriebe einen gemeinsamen Bildungsauftrag.

Dabei ist die Berufsschule ein eigenständiger Lernort. Die Berufsschule hat die Aufgabe, Auszubildenden, hier Schülerinnen und Schülern, berufliche und allgemeine Kenntnisse zu vermitteln. Der berufsbezogene Unterricht orientiert sich an bundeseinheitlich erlassenen Berufsordnungsmitteln, nämlich am

(Randnotiz: Berufsschule und Ausbildungsbetrieb: ein gemeinsamer Bildungsauftrag)

– Rahmenlehrplan der ständigen Konferenzen der Kultusminister der Länder (KMK) und an
– Ausbildungsordnungen des Bundes für die betriebliche Ausbildung.
Nach dem Beschluss der KMK vom 15. März 1991 hat die Berufsschule zum Ziel,

(Randnotiz: Ziele der Berufsschule)

– „… eine Berufsfähigkeit zu vermitteln, die Fachkompetenz mit allgemeinen Fähigkeiten humaner und sozialer Art verbindet,
– berufliche Flexibilität zur Bewältigung der sich wandelnden Anforderungen in Arbeitswelt und Gesellschaft auch in Hinblick auf das Zusammenwachsen Europas zu entwickeln,
– die Bereitschaft zur beruflichen Fort- und Weiterbildung zu entwickeln,
– die Fähigkeit und Bereitschaft zu fördern, bei der individuellen Lebensgestaltung und im öffentlichen Leben verantwortungsbewusst zu handeln.“

Das Lernen in der Berufsschule soll sich grundsätzlich auf konkretes, berufliches Handeln beziehen. Dabei sollen lerntheoretische und didaktische Kenntnisse in einem pragmatischen Ansatz für die Gestaltung eines handlungsorientierten Unterrichts verfolgt werden. Im Wesentlichen sind die folgenden Orientierungspunkte genannt:

(Randnotiz: Lernen in der Berufsschule:)

– Den Ausgangspunkt des Lernens bilden Handlungen, möglichst selbst ausgeführt oder aber gedanklich nachvollzogen (Lernen durch Handeln).
– Handlungen müssen von den Lernenden möglichst selbstständig geplant, durchgeführt, überprüft, gegebenenfalls korrigiert und schließlich bewertet werden.
– Handlungen sollten ein ganzheitliches Erfassen der beruflichen Wirklichkeit fördern, zum Beispiel technische, sicherheitstechnische, ökonomische, rechtliche, ökologische, soziale Aspekte einbeziehen.

(Randnotiz: „Lernen durch Handeln")

(Siehe Rahmenlehrplan nach Beschluss der Kultusministerkonferenz vom 16. Mai 2003)

2.1 Lernfeldkonzept

KMK-Rahmen-
lehrpläne:
Bei der Gestaltung der neu geordneten Berufe wurden parallel zur Entwicklung der Ausbildungsordnungen durch den KMK-Rahmenlehrplanausschuss „industrielle und handwerkliche Berufe" die Rahmenlehrpläne erarbeitet. Die verabschiedeten **KMK-Rahmenlehrpläne** sind die **Vorgabe für einen handlungsorientierten Unterricht** in der Berufsschule.

Nach Lernfeldern
strukturiert ...
Nach den Bestimmungen der Kultusministerkonferenz wurden die Lehrpläne nach Lernfeldern strukturiert.

... so dass Prozesse
ganzheitlich
erarbeitet werden
können
Die Lernfelder sind orientiert an beruflichen Aufgabenstellungen und Abläufen. Der Unterricht soll nicht mehr nach Fachwissenschaften gegliedert und erteilt werden, sondern er soll so gestaltet werden, dass Arbeits- und Geschäftsprozesse ganzheitlich dargestellt und aufgearbeitet werden können.

Bei der Entwicklung der Rahmenlehrpläne für die schulische Ausbildung in den neu geordneten Berufen war die Intention die gleiche wie bei der Entwicklung der zugehörigen neuen Ausbildungsordnungen. Im Vordergrund standen die Geschäfts- und Arbeitsprozesse in Industrie, Handwerk und in den Verwaltungen. Wesentliches Ziel ist:

Es soll nicht mehr der einzelne Arbeitsablauf seziert, nach Fachdisziplinen aufbereitet und analysiert werden, sondern der jeweilige Arbeits- und Geschäftsprozess in seiner Ganzheit betrachtet und theoretisch erklärt und durchdrungen werden.

Handlungsfelder
sind zahlreich
Da es jedoch mindestens ebenso viele Handlungsfelder wie Arbeitsplätze gibt, kann die Berufsschule nicht jedes bearbeiten und in allen seinen Facetten deutlich machen. Die Handlungsfelder variieren allein schon nach Branche, weiterhin nach Beruf und nach Aufgabengebiet. Zudem sind Handlungsfelder immer **mehrdimensional**, weil sich immer berufliche, gesellschaftliche und individuelle Gestaltungsräume miteinander verknüpfen. Die berufsschulischen Lernfelder sind folgerichtig den einzelnen Berufen zugehörig und nicht weiter nach Einsatzgebieten differenziert.

... und mehr-
dimensional

Die Lernfelder sind didaktisch aufbereitete Handlungsfelder.

Die **Lerninhalte** richten sich schließlich an beruflichen Aufgabenstellungen und Handlungsabläufen aus. In einer dreischrittigen Begrifflichkeit (siehe dazu Abb 2.1) wird allerdings nicht unmittelbar von Lerninhalten gesprochen, sondern zunächst von **Lernsituationen,** die in dieser Ableitungskette dem handlungsorientierten Gesamtansatz und dem angestrebten Lernen in konkreten beruflichen Situationen konsequent entsprechen. Die Konkretisierung bis in Lernsituationen berücksichtigt zugleich die notwendige didaktische Reflexion unter Beachtung weiterer Bedingungen der Ausbildung.

Handlungsfelder sind zusammengehörige Aufgabenkomplexe mit beruflichen sowie lebens- und gesellschaftsbedeutsamen Handlungssituationen, zu deren Bewältigung befähigt werden soll. Handlungsfelder sind immer mehrdimensional, indem sie stets berufliche, gesellschaftliche und individuelle Problemstellungen miteinander verknüpfen. Die Gewichtung der einzelnen Dimensionen kann dabei variieren. Eine Trennung der drei Dimensionen hat nur analytischen Charakter.

Lernfelder sind didaktisch aufbereitete Handlungsfelder, deren unterschiedliche Bearbeitung in handlungsorientierten Lernsituationen erfolgt.
Lernfelder sind durch Zielformulierungen im Sinne von Kompetenzbeschreibungen durch Inhaltsangehen beschrieben.

Lernsituationen konkretisieren die Lernfelder. Dies geschieht (in Bildungsgangkonferenzen) durch eine didaktische Reflexion der beruflichen sowie lebens- und gesellschaftsbedeutsamen Handlungssituationen.

Abb. 2.1: Handlungs- und Lernfelder (Quelle: Bader, R. in Bbsch 55 [2003] 7–8, S. 213)

Beispiel: Elektroniker für Betriebstechnik

Abbildung 2.2 zeigt exemplarisch die Lernfeldübersicht für den neu geordneten „Elektroniker für Betriebstechnik". Die Lernfelder 1–4 stellen den Unterrichtsstoff des ersten Ausbildungsjahres dar und sind für alle Ausbildungsberufe im industriellen Elektrobereich identisch. Sie entsprechen insofern auch dem Berufsgrundschuljahr. Die Lernfeldbezeichnungen spiegeln nicht die herkömmlichen Fächerbezeichnungen wie zum Beispiel Technologie, technische Mathematik oder technische Kommunikation wider, sondern geben berufliche Aufgabenstellungen oder Handlungsabläufe an. Deutlich wird, dass nicht die Fachdisziplin im Vordergrund steht, sondern die ganzheitliche Erfassung eines Arbeitsablaufes. Die systematische, theoretisch gesteuerte und reflektierte Förderung beruflicher Handlungsfähigkeit, zum Beispiel in einem Lernfeld „Elektrische Installationen planen und ausführen", ist Mittelpunkt des Interesses.

Übersicht über die Lernfelder für den Ausbildungsberuf Elektroniker/Elektronikerin für Betriebstechnik				
Lernfelder	Zeitrichtwert in Stunden			
	1. Jahr	2. Jahr	3. Jahr	4. Jahr
1 Elektronische Systeme analysieren und Funktionen prüfen	80			
2 Elektrische Installationen planen und ausführen	80			
3 Steuerungen analysieren und anpassen	80			
4 Informationstechnische Systeme bereitstellen	80			
5 Elektroenergieversorgung und Sicherheit von Betriebsmitteln gewährleisten		80		
6 Geräte und Baugruppen in Anlagen analysieren und prüfen		60		
7 Steuerungen für Anlagen programmieren und realisieren		80		
8 Antriebssysteme auswählen und integrieren		60		
9 Gebäudetechnische Anlagen ausführen und in Betrieb nehmen			80	
10 Energietechnische Anlagen errichten und in Stand halten			100	
11 Automatisierte Anlagen in Betrieb nehmen und in Stand halten			100	
12 Elektrotechnische Anlagen planen und realisieren				80
13 Elektrotechnische Anlagen in Stand halten und ändern				60
Summe	320	280	280	140

Abb. 2.2: Übersicht über die Lernfelder für den Ausbildungsberuf Elektroniker/Elektronikerin für Betriebstechnik

In den Lernfeldern ist die Förderung der Berufskompetenz zielführend. Neben den fachlichen Qualifikationen stehen die Schlüsselqualifikationen gleichberechtigt in den genannten Lernzielen.

Vergleichen wir den schulischen Anteil der Ausbildung im dualen Bildungssystem mit der betrieblichen Ausbildung, so ist durch die Anlage des Lehrplans nach Lernfeldern eine wichtige, wenn nicht notwendige Voraussetzung für einen handlungsorientierten Unterricht geschaffen.

Für die Berufsschullehrer bedeutet dies, dass sie interdisziplinär zusammenarbeiten müssen und Teamarbeit im Unterricht vermehrt praktiziert werden muss.

Da die Lernfelder exemplarische berufliche Handlungen abbilden und aus einem Geschäftsprozess abgeleitet sind, können die unterschiedlichen fachwissenschaftlichen Inhalte nur verknüpft vermittelt werden. Im Rahmen der Lernfeldunterrichtung sollen auch betriebswirtschaftliche und englischsprachige Elemente eingegliedert werden. Die Struktur des lernfeldorientierten Unterrichts macht Abbildung 2.3 deutlich.

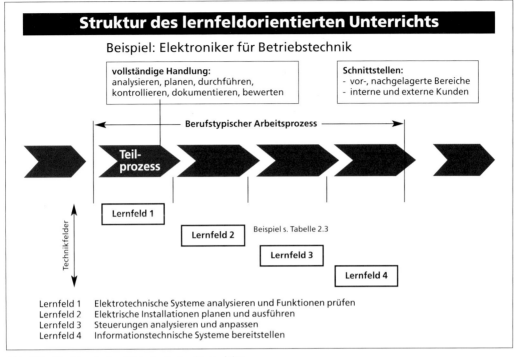

Abb. 2.3: Struktur des lernfeldorientierten Unterrichts

2.2 Lernortkooperation

Mit der Weiterentwicklung der beruflichen Bildung und der Verabschiedung von neuen Ausbildungsordnungen hat das Thema Kooperation von Berufsschule und Ausbildungsbetrieb und damit die Zusammenarbeit von Ausbildern und Berufsschullehrern eine aktuelle Relevanz bekommen. Innerhalb der Neuordnungen ist es nicht nur zu **neuen Berufsinhalten** gekommen, sondern es sind auch **anspruchsvollere Zielsetzungen** für die Berufsausbildung formuliert worden. Durch ein abgestimmtes Miteinander zwischen Schule und Betrieb soll es unter Beibehaltung der pädagogisch didaktischen Eigenständigkeiten zu einer Verbesserung der Aufgabenerfüllung kommen.

Zusammenarbeit von Berufsschullehrern und Ausbildern

Bei der zu intensivierenden Lernortkooperation kommt es nicht nur auf eine Vertiefung der Beziehung zwischen den an der Ausbildung beteiligten Personen, sondern vor allem auf den **didaktisch-organisatorischen Zusammenhang** von Zielen, Inhalten und Methoden an. Durch die Kooperation soll die **Herstellung ganzheitlicher Theorie- und Praxiskomplexe** ermöglicht werden.

Der Begriff „duales System" intendiert, dass das Bildungsgeschehen an den Lernorten Berufsschule und Ausbildungsbetrieb per se miteinander in Verbindung stünde. Die Vergangenheit zeigt, dass die traditionelle Bildung im dualen System keineswegs aufeinander abgestimmte Lernprozesse erbracht hat. Das liegt auch zum Teil daran, dass die Lernorte mit sehr verschiedenen pädagogischen Regularien arbeiten.

Bestrebungen vor
der Neuordnung
der Metall- und
Elektroberufe ...

... und Gründe für
ihr Scheitern

In den Metall- und Elektroberufen gab es auch vor der Neuordnung Bestrebungen, die Zusammenarbeit lernortübergreifend zu intensivieren. Die unterschiedlichen Strukturen an den Lernorten, die abweichenden Arbeitsbedingungen und die stark differierenden Erfahrungshintergründe haben eine tiefer gehende Zusammenarbeit zum Teil stark behindert. Die Erwartungshaltung auf der einen wie auf der anderen Seite war oftmals sehr groß, besonders dahin gehend, dass die jeweils andere Seite doch mehr zur Unterstützung der eigenen Aufgabenerfüllung beitragen solle. Zudem war die konkrete Zusammenarbeit auch immer stark von den handelnden Personen abhängig. Auch hat die Erfahrung der Beteiligten gezeigt, dass Berufsausbildung im dualen System, zumindest in der Vergangenheit, auch ohne längere Kommunikation und Kooperation funktionieren konnte. Dies war zum einen Teil in den Ausbildungsordnungen und zum anderen Teil in den Prüfungsordnungen begründet. Theorie und Praxis konnten getrennt voneinander vermittelt werden, weil Theorie und Praxis auch getrennt voneinander geprüft und bewertet wurden.

Neu: eine stärkere
Verzahnung von
Theorie und Praxis

Die neueren Ausbildungsordnungen und auch Prüfungsverfahren sehen eine stärkere Verzahnung von Theorie und Praxis während der Ausbildung und in der Prüfung vor.

Eine zielführende Ausbildung unter den neuen Rahmenbedingungen kann nur unter Verbindung von Theorie und Praxis erfolgen. Dazu ist die Kooperation der Institutionen und der handelnden Personen unbedingt erforderlich.

Lernfelder und
Zeitrahmen

Die Lernfelder in den Berufsschulen und die Zeitrahmen der praktischen Berufsausbildung in den Betrieben stellen eine didaktische und organisatorische Herausforderung dar. Lernfelder sind der Versuch, berufsrelevante Tätigkeitsfelder für schulische Lernprozesse didaktisch zu erschließen. Grundlage hierfür sind das Berufsbild, die Ausbildungsordnung und die Ausbildungsrealität in den beteiligten Betrieben. Zeitrahmen sind didaktische Konstrukte eines Teilprozesses in einem betrieblichen Arbeitsablauf. Innerhalb eines Zeitrahmens sollen fachpraktische und fachtheoretische Inhalte sowie EDV- und Englischkenntnisse vermittelt und angewendet werden. Die **Verschränkung von Lernfeldern und Zeitrahmen** ist nahezu unabdingbar.

Schon bei der Entwicklung der Lernfelder und der Zeitrahmen im Neuordnungsverfahren wurden inhaltliche und zeitliche Übereinstimmungen geprüft und festgehalten. Die Ausformulierung der Lernfelder und der Zeitrahmen berücksichtigt eine weitgehende didaktische Parallelität an den einzelnen Lernorten.

Lernort-
kooperation: ein
permanenter und
schwieriger, aber
notwendiger
Vorgang ...

Das Lernfeld- und Zeitrahmenkonzept mit seiner Orientierung an beruflichen Handlungssituation und den daraus abgeleiteten didaktisch gestalteten Lernsituationen legt eine Abstimmung von Berufsschule und Betrieb nahe. Natürlich gibt es keine automatische Symmetrie zwischen betrieblichen Handlungssituationen und schulischen Lernsituationen. Es ist davon auszugehen, dass die pädagogisch-didaktische Abstimmung von Lernsituation ein permanenter und schwieriger Vorgang sein wird, der nur durch nachhaltige und konstruktive Zusammenarbeit zwischen Lehrern und Ausbildern zu erreichen ist.

Lernortkooperationen stellen eine **zwischenmenschliche Beziehungsarbeit** dar, in der das Vertrauen zwischen den Beteiligten unter Berücksichtigung der jeweiligen Interessen aufgebaut werden muss. Lernortkooperation kann von daher nicht nur verordnet werden, sie muss vor allem von den Beteiligten gelebt und getragen werden. Es soll nicht unterstellt werden, dass es bislang keine erfolgreichen Kooperationen gegeben habe. Tatsächlich gibt es durchaus eine Tradition, die aber überwiegend auf punktuelle Maßnahmen bezogen ist und in der Regel vom Engagement einzelner Akteure lebt. Ungeachtet der derzeit eher ernüchternden Praxis der Lernortkooperationen wird der Bedarf für Kooperationsprozesse bestimmt steigen. Die zurzeit gängige Praxis des geordneten Nebeneinanders des betrieblichen und schulischen Bildungshandelns, welche dem geforderten Ansatz widerspricht, muss aufgehoben werden. Dies hat auch der Gesetzgeber erkannt und im Berufsbildungsgesetz 2005 die Lernortkooperation in § 2 festgeschrieben.

... der gelebt werden muss

Mehr als Lehrer und Ausbilder erleben die Auszubildenden/Schüler dieses Nebeneinander. Sie wechseln ein oder zwei Mal in der Woche den Lernort und stellen fest, dass die vermittelten Inhalte wenig bis gar nicht aufeinander abgestimmt sind. Sie müssen aber, um die Ausbildung erfolgreich abzuschließen, die an den unterschiedlichen Lernorten vermittelten Kenntnisse und Fertigkeiten zusammenbringen, um anschließend als Fachkraft berufliche Handlungskompetenz beweisen zu können. Gerade mit dem Anspruch der Vermittlung von beruflicher Handlungskompetenz ist die Abstimmung zwischen schulischem und betrieblichem Ausbildungshandeln unbedingt erforderlich. Da betriebliche Handlungsabläufe nicht unbedingt betriebliche Lernprozesse sind und ganzheitliche Berufshandlungen nicht unbedingt identisch sind mit Lernsituationen, müssen Lernaufgaben ausgewählt beziehungsweise entwickelt werden, die dem Anspruch des Zusammenhangs von betrieblichen und schulischen Lernprozessen genügen. Weiter müssen sie so gestaltet sein, dass sie an beiden Lernorten bearbeitbar und unter wechselseitiger Bezugnahme durch die Auszubildenden/Schüler als durchgängig und nachvollziehbar erfahrbar werden. Des Weiteren müssen sie sowohl in die schulischen Lernfelder wie in die betrieblichen Zeitrahmen integriert werden können (vgl. Kooperationsprojekt S. 35).

Lernorte aus Sicht der Schüler

Die Verständigung mit dem jeweiligen Kooperationspartner ist verbunden mit einem zeitlichen und organisatorischen Mehraufwand.

Zeitlicher und organisatorischer Mehraufwand

Dieser Aufwand lohnt sich allerdings, wenn die Hauptziele der Neuordnung im Vordergrund stehen. Hauptintention der neuen Ausbildungsordnungen ist die Erlangung der Handlungskompetenz, die auch in den Prüfungen nachgewiesen werden soll. Wurde in den alten Prüfungen noch zwischen Kenntnis- und Fertigkeitsprüfungen unterschieden, so werden zukünftig handlungsorientierte, praxisbezogene Aufgaben Gegenstand der Prüfung sein.

Diese Handlungsorientierung darf nicht erst in der Abschlussprüfung Thema sein, sondern muss Strukturmerkmal der gesamten Ausbildung sein.

2.3 Ganzheitliche Ausbildungsstruktur

Lerninhalte, die sich aus den rechtlichen Rahmenbedingungen ergeben

Auf der Grundlage der Ausbildungsordnung und des Rahmenlehrplans werden die Abschlussqualifikationen in einem anerkannten Ausbildungsberuf sowie die Abschlussqualifikation der Berufsschule vermittelt.

In Kapitel 2.2 „Lernortkooperation" wurde die Notwendigkeit des Zusammenwirkens von Berufsschule und Betrieb dargelegt. Die Ableitung der Lerninhalte aus den vorgegebenen rechtlichen Rahmenbedingungen soll hier erfolgen.

2.3.1 Lernort Betrieb

Grundlagen der betrieblichen Ausbildung sind:
a) das Berufsbildungsgesetz,
b) die Ausbildungsordnung,
c) das Ausbildungsberufsbild,
d) der Ausbildungsrahmenplan und
e) die Zeitrahmen.

a) Berufsbildungsgesetz

Die Berufsausbildung in der Bundesrepublik Deutschland ist mit dem Berufsbildungsgesetz (BBiG) geregelt. Dieses Gesetz gilt für die Berufsbildung, die in Betrieben durchgeführt wird.

§ 1 des Gesetzes schreibt vor, dass in der Berufsausbildung die für die Ausübung einer qualifizierten beruflichen Tätigkeit notwendigen beruflichen Fertigkeiten, Kenntnisse und Fähigkeiten (berufliche Handlungskompetenz) in einem geordneten Ausbildungsgang zu vermitteln sind.

§ 4 legt fest, dass das Bundesministerium für Wirtschaft und Arbeit oder das sonst zuständige Fachministerium durch Rechtsverordnung Ausbildungsberufe staatlich anerkennen kann.

b) Ausbildungsordnung

Für die anerkannten Ausbildungsberufe ist nach § 5 (Abs. 1) BBiG eine Ausbildungsordnung zu erlassen, in der Folgendes festzulegen ist:
– die Bezeichnung des Ausbildungsberufes,
– die Ausbildungsdauer,
– die Fertigkeiten und Kenntnisse, die Gegenstand der Berufsausbildung sind,
– der Ausbildungsrahmenplan und
– die Prüfungsregularien.

c) Ausbildungsberufsbild

Bestandteil der Ausbildungsordnung ist das Ausbildungsberufsbild. Im Berufsbild sind alle Fertigkeiten und Kenntnisse aufgeführt (siehe das Beispiel in Tabelle 2.1), die für die Ausübung des betreffenden Berufes erforderlich sind.

Aus den Inhalten des Berufsbildes leiten sich die beiden übrigen regulierenden Elemente ab, nämlich der Ausbildungsrahmenplan und aus diesem wiederum die Zeitrahmen.

§ 10

Ausbildungsberufsbild für den Ausbildungsberuf Elektroniker für Betriebstechnik/Elektronikerin für Betriebstechnik

(1) **Gegenstand der Berufsausbildung sind mindestens die folgenden Qualifikationen:**
   1. Berufsbildung, Arbeits- und Tarifrecht
   2. Aufbau und Organisation des Ausbildungsbetriebes
   3. Sicherheit und Gesundheitsschutz bei der Arbeit
   4. Umweltschutz
   5. Betriebliche und technische Kommunikation
   6. Planen und Organisieren der Arbeit, Bewerten der Arbeitsergebnisse
   7. Montieren und Anschließen elektrischer Betriebsmittel
   8. Messen und Analysieren von elektrischen Funktionen und Systemen
   9. Beurteilen der Sicherheit von elektrischen Anlagen und Betriebsmitteln
   10. Installieren und Konfigurieren von IT-Systemen
   11. Beraten und Betreuen von Kunden, Erbringen von Serviceleistungen
   12. Technische Auftragsanalyse, Lösungsentwicklung
   13. Installieren und Inbetriebnehmen von elektrischen Anlagen
   14. Konfigurieren und Programmieren von Steuerungen
   15. Instandhalten von Anlagen und Systemen
   16. Technischer Service und Betrieb
   17. Geschäftsprozesse und Qualitätsmanagement im Einsatzgebiet

(2) **Die Qualifikationen nach Absatz 1 sind in einem der folgenden Einsatzgebiete anzuwenden und zu vertiefen:**
   1. Energieverteilungsanlagen/-netze
   2. Gebäudeinstallationen/-netze
   3. Betriebsanlagen, Betriebsausrüstungen
   4. Produktions-/verfahrenstechnische Anlagen
   5. Schalt- und Steueranlagen
   6. Elektrotechnische Ausrüstungen

Tabelle 2.1: Beispiel für ein Ausbildungsberufsbild
Quelle: Bundesgesetzblatt Jg. 2003 Teil I Nr. 31 (Auszug)

d) Ausbildungsrahmenplan

Eine Anleitung zur sachlichen und zeitlichen Gliederung der Fertigkeiten und Kenntnisse ist im Ausbildungsrahmenplan festgelegt.
Der Ausbildungsrahmenplan schreibt vor:
- Vermittlungsumfang,
- Vermittlungstiefe,
- Vermittlungsreihenfolge,
- Vermittlungsdauer und
- Jahreszuordnung der Ausbildungsinhalte.

Zeitrahmen 2   **1. Ausbildungsjahr**

Berufsbildposition	Teil des Ausbildungsberufsbildes	Kern- und Fachqualifikationen, die unter Einbeziehung selbstständigen Planens, Durchführens und Kontrollierens integriert zu vermitteln sind	Zeitrahmen in Monaten
1	2	3	4
5	Betriebliche und technische Kommunikation (Absatz 1 Nr. 5 des §10)	b) technische Zeichnungen und Schaltungsunterlagen auswerten, anwenden und erstellen sowie Skizzen anfertigen c) Dokumente sowie technische Regelwerke und berufsbezogene Vorschriften, auch in Englisch, auswerten und anwenden	
6	Planen und Organisieren der Arbeit, Bewerten der Arbeitsergebnisse (Absatz 1 Nr. 6 des §10)	a) Arbeitsplatz oder Montagestelle unter Berücksichtigung der betrieblichen Vorgaben einrichten c) Arbeitsabläufe und Teilaufgaben unter Beachtung rechtlicher, wirtschaftlicher und terminlicher Vorgaben planen, bei Abweichungen von der Planung Prioritäten setzen	
7	Montieren und Anschließen elektrischer Betriebsmittel (Absatz 1 Nr. 7 des §10)	b) Leitungen auswählen und zurichten sowie Baugruppen und Geräte mit unterschiedlichen Anschlusstechniken verbinden c) Leitungswege und Gerätemontageorte unter Beachtung der Umgebungsbedingungen festlegen d) elektrische Betriebsmittel und Leitungsverlegesysteme auswählen und montieren e) Leitungen installieren	3–5
9	Beurteilen der Sicherheit von elektrischen Anlagen (Absatz 1 Nr. 9 des § 10)	c) Basisschutzmaßnahmen gegen elektrischen Schlag beurteilen d) Leitungen, deren Schutzeinrichtungen und sonstige Betriebsmittel, insbesondere hinsichtlich Strombelastbarkeit, beurteilen	
13	Installieren und Inbetriebnehmen von elektrischen Anlagen (Absatz 1 Nr. 13 des §10)	a) Leitern, Gerüste und Montagebühnen unter Arbeits- und Sicherheitsaspekten beurteilen, auswählen, auf- und abbauen c) Eignung des Untergrundes für die Befestigung prüfen, Verankerungen vorbereiten sowie Tragkonstruktionen und Konsolen befestigen f) Schaltgeräte einbauen, verdrahten und kennzeichnen	

Tabelle 2.2 (Quelle: Bundesgesetzblatt Jg. 2003 Teil I Nr. 32 [Auszug])

In den neuen Ausbildungsordnungen ist diese detaillierte Festlegung zum Teil dadurch aufgehoben, dass einerseits bestimmte Ausbildungsinhalte zeitlich zusammengefasst werden, andererseits sollen fachsystematische Berufsinhalte in handlungsorientierten Sinnzusammenhängen vermittelt werden. „Zeitrahmen" ermöglichen dem Betrieb, Inhalte aus der Ausbildungsverordnung so zusammenzufassen, dass sie anhand von betrieblichen Abläufen und Aufträgen vermittelt und ausgeführt werden können. In den neu geordneten industriellen Elektro- und Metallberufen erfolgte insofern eine Trennung der sachlichen und zeitlichen Gliederung.

e) Zeitrahmen

Die konkreten Zeitrahmen können in diesem Buch naturgemäß nicht im Einzelnen dargestellt werden. In Fortführung des in diesem Kapitel schon mehrfach herangezogenen Beispiels „Elektroniker für Betriebstechnik" zeigt Tabelle 2.2 exemplarisch den Zeitrahmen 2 aus der Ausbildungsverordnung dieses Berufes. Dieser beinhaltet im Wesentlichen die Planung und Ausführung einer elektrischen Installation. Die Inhalte dieses Zeitrahmens sollen beispielsweise ganzheitlich anhand eines Installationsauftrags vermittelt werden.

Betriebliche Ausbildungspläne

Gemäß § 11 (1) BBiG ist der Betrieb verpflichtet, anhand des Ausbildungsrahmenplans einen betrieblichen Ausbildungsplan zu erstellen. Der betriebliche Ausbildungsplan soll die spezifischen Betriebsverhältnisse berücksichtigen und die Umsetzung der festgelegten Lerninhalte zeitlich gliedern. In größeren Unternehmen wird auf der Basis dieses betrieblichen Ausbildungsplans ein Versetzungsplan für jeden Auszubildenden erstellt (siehe beispielhaften Auszug in Abb. 2.4).

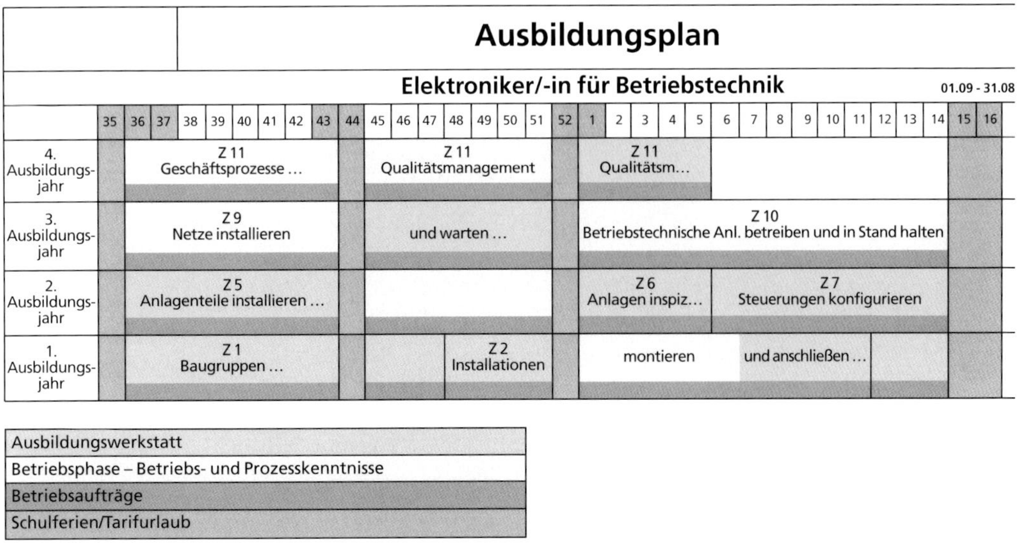

Zeitliche Gliederung der Lerninhalte

Abb. 2.4: Ausbildungsplan Elektroniker/-in für Betriebstechnik

2.3.2 Lernort Berufsschule

Das Berufsbildungsgesetz schreibt auch vor, dass der ausbildende Betrieb den Auszubildenden für die Teilnahme am Berufsschulunterricht freizustellen und ihn zum Besuch der Berufsschule anzuhalten hat.

Für die Schulen sind die Bundesländer zuständig. Für den Unterricht in den Berufsschulen sind insbesondere zu berücksichtigen:

a) die Schulgesetze der Länder,
b) die Rahmenlehrpläne und
c) die darin enthaltenen Lernfelder.

a) Schulgesetze

Der Unterricht in den berufsbildenden Schulen ist nach den Schulvorschriften der Bundesländer zu gestalten.

Die Schulvorschriften umfassen Rechtsvorschriften (Gesetze, Staatsverträge, Rechtsverordnungen, Vereinbarungen) und Verwaltungsvorschriften (Erlasse).

b) Rahmenlehrpläne

Die zu vermittelnden Lerninhalte werden für die berufsbildenden Schulen in den Rahmenlehrplänen geregelt.

Die Rahmenlehrpläne für den berufsbezogenen Unterricht der Berufsschulen werden durch die ständige Konferenz der Kultusminister und Senatoren der Länder (KMK) beschlossen. Rahmenlehrpläne werden im Verordnungsverfahren für neue Berufe mit den entsprechenden Ausbildungsordnungen abgestimmt.

Grundbildung und darauf aufbauende Fachbildung

Bei den neu geordneten Berufen sind die Rahmenlehrpläne in eine berufsfeldbreite Grundbildung und eine darauf aufbauende Fachbildung gegliedert.

c) Lernfelder

Der pädagogisch-didaktische Ansatz der Lernfelder (vgl. dazu Abschnitt 2.1 im vorliegenden Kapitel) wird in den Rahmenlehrplänen der neu geordneten Berufe unter Teil 4 „berufsbezogene Vorbemerkungen" auf die folgende Weise beschrieben:

Lernfelder: orientiert am kundenorientierten Berufshandeln und an der Auftragsabwicklung

„*Die Lernfelder des Rahmenlehrplans orientieren sich an den beruflichen Arbeits- und betrieblichen Geschäftsprozessen. Deshalb erhalten das kundenorientierte Berufshandeln und die Auftragsabwicklung einen besonderen Stellenwert und sind bei der Umsetzung der Lernfelder und Lernsituationen besonders zu berücksichtigen.*"

Wir verzeichnen hier eine weitere Besonderheit der Neuordnung, auf die wir im Folgenden in Kapitel 4 noch näher zu sprechen kommen, nämlich Kundenorientierung bereits in der Ausbildung.

Beispielhaft für die Inhalte eines Lernfeldes ist in Tabelle 2.3 das Lernfeld 2 „Elektrische Installationen planen und ausführen" für das erste Ausbildungsjahr Elektroniker/-in für Betriebstechnik dargestellt.

Lernfeld 2	Elektrische Installationen planen und ausführen	1. Ausbildungsjahr Zeitrichtwert: 80 Stunden

Zielformulierung:

Die Schülerinnen und Schüler analysieren Aufträge zur Installation der Energieversorgung von Anlagen und Geräten.

Die Schülerinnen und Schüler planen Installationen unter Berücksichtigung typischer Netzsysteme und der erforderlichen Schutzmaßnahmen. Sie erstellen Schalt- und Installationspläne auch rechnergestützt. Sie bemessen die Komponenten und wählen diese unter funktionalen, ökonomischen und ökologischen Aspekten aus.

Die Schülerinnen und Schüler wenden Fachbegriffe der Elektroinstallationstechnik an. Sie werten Informationen auch in englischer Sprache aus.

Die Schülerinnen und Schüler planen die typischen Abläufe bei der Errichtung von Anlagen. Dabei bestimmen sie die Vorgehensweise zur Auftragserfüllung, Materialdisposition und Abstimmung mit anderen Beteiligten, wählen die Arbeitsmittel aus und koordinieren den Arbeitsablauf. Sie ermitteln die für die Errichtung der Anlagen entstehenden Kosten, erstellen Angebote und erläutern diese den Kunden.

Die Schülerinnen und Schüler errichten Anlagen. Sie halten dabei die Sicherheitsregeln unter Berücksichtigung der Unfallverhütungsvorschriften beim Arbeiten in und an elektrischen Anlagen ein. Sie erkennen mögliche Gefahren des elektrischen Stromes und berücksichtigen einschlägige Sicherheitsbestimmungen und Schutzmaßnahmen.

Die Schülerinnen und Schüler nehmen Anlagen in Betrieb, protokollieren Betriebswerte und erstellen Dokumentationen. Sie prüfen die Funktionsfähigkeit der Anlagen, suchen und beseitigen Fehler. Sie übergeben die Anlagen an die Kunden, demonstrieren die Funktion und weisen in die Nutzung ein.

Die Schülerinnen und Schüler bewerten ihre Arbeitsergebnisse zur Optimierung der Arbeitsorganisation. Sie erstellen für die bearbeiteten Aufträge eine Rechnung.

Inhalte:

Auftragsplanung, Auftragsrealisierung
Energiebedarf einer Anlage oder eines Gerätes
Sicherheitsbestimmungen
Installationstechnik
Betriebsmittelkenndaten
Schaltplanarten
Leitungsdimensionierung
Arbeitsorganisation
Kostenberechnung, Angebotserstellung

Tabelle 2.3 (Quelle: Rahmenlehrplan)

Gemeinsame „Lernträger" für Lernfelder und Zeitrahmen

Um dem Anspruch an eine ganzheitliche, handlungsorientierte Berufsausbildung genügen zu können, bedarf es einer intensiven Diskussion und Absprache zwischen den an den einzelnen Lernorten handelnden Personen. Ziel dieser Vereinbarungen ist es, gemeinsame „Lernträger" für die Lernfelder und Zeitrahmen zu finden, die

a) die vollständige Handlung mit den Lern- bzw. Arbeitsschritten Informieren, Planen, Entscheiden, Ausführen, Kontrollieren und Bewerten abbilden und

b) so angelegt sind, dass die Lernzielstufen Wissen, Verstehen, Anwenden und Problemlösen erreicht werden können.

Den Zusammenhang und die Ableitungsfolge eines gemeinsamen Projektes von dem Berufsbildungsgesetz über die Ausbildungsordnung, den Ausbildungsrahmenplan, den Zeitrahmen und dem betrieblichen Ausbildungsplan verknüpft mit dem Rahmenlehrplan, den Lernfeldern und dem Lehrplan bis hin zum gemeinsamen Projekt zeigt Abb. 2.5.

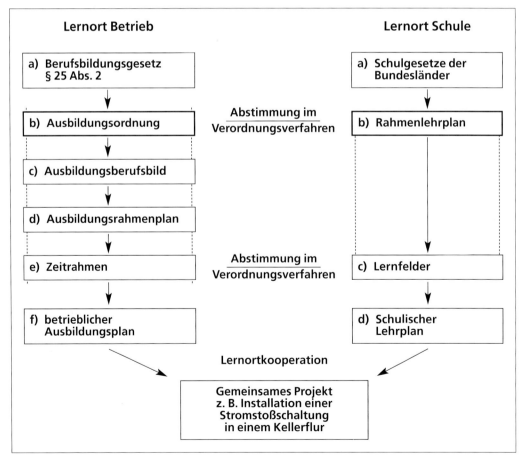

Abb. 2.5: Struktur der Ausbildung im dualen System

2.4 Beispiel für ein Kooperationsprojekt

Die Vermittlung von Fertigkeiten und Kenntnissen soll sowohl in der Berufs-schule als auch in den Betrieben arbeitsorientiert erfolgen. Grundlage für die be-rufsschulische Innovation bildet das neue Lernfeldkonzept. Für die Betriebe sind in diesem Zusammenhang die Zeitrahmen innerhalb der Ausbildungsver-ordnungen geschaffen worden.

Arbeitsorientierte Vermittlung von Fertigkeiten

Damit die Ziele und Inhalte der Lernfelder und Zeitrahmen erfolgreich ver-mittelt werden können, sind Lehrkräfte und Ausbilder aufgefordert, geeignete Lernträger zu finden. Zur Verbesserung der Ausbildung besteht die Forderung, dass sich Betriebe und Berufsschule hinsichtlich der Durchführung von Projek-ten miteinander abstimmen.

2.4.1 Kooperationsplanung

Relativ hohes Anspruchsniveau

Im Vergleich zu den alten Ausbildungsordnungen ist in den meisten neu geord-neten Berufen das Anspruchsniveau relativ hoch. Dies zeigt sich z. B., wenn die im ersten Ausbildungsjahr zu vermittelnden Qualifikationen für den Elektroni-ker/die Elektronikerin betrachtet werden. So sollen die Auszubildenden nach rund zwölf Wochen Ausbildungszeit befähigt sein, einen vollständigen Arbeits-prozess zur Errichtung einer elektrotechnischen Anlage inklusive des rechner-gestützten Schaltplanentwurfs per CAD zu bewältigen.

Dazu sollen sie englische Fachbegriffe anwenden und eine betriebswirtschaft-liche Kalkulation durchführen. Hinzu kommt, dass die vorgegebenen Richtzeiten eng bemessen sind. Die klassische, systematische Vermittlung der fachlichen In-halte würde den Zeitrahmen/die Lernfelder um ein Vielfaches sprengen.

Schon aus zeitökonomischen Gründen ist es ratsam, die in den Betrieben und Schulen zu vermittelnden Inhalte abzusprechen und aufeinander aufzubauen.

Absprache zwi-schen Schule und Betrieb

Grundlage dieser Absprachen sollte die systematische Vorgehensweise bei der Bearbeitung von Arbeitsaufträgen sein.

Fallbeispiel: „Installation in einem Kellerflur"
Anhand des Lernfeldes 2 und des Zeitrahmens 2 „Elektrische Installationen pla-nen und ausführen" ist im Folgenden ein Abstimmungsmodell Betrieb/Schule dargestellt (nächste Seite). Leser/-innen aus anderen Berufsfeldern können die-se Darstellung prototypisch nutzen; sofern das Beispiel zu weit weg von der ei-genen Praxis liegt, kann der Abschnitt aber auch komplett überschlagen werden, ohne dass Informationen für die Lektüre der Folgekapitel fehlen.

Tabelle 2.4 führt zunächst die didaktischen Grundüberlegungen aus und zeigt eine grundsätzliche Vereinbarung zwischen Berufsschule und Betrieb zu dem gemeinsam ausgewählten Projekt. Eine Aufgabenverteilung Betrieb/Schu-le ist dann in Tabelle 2.5 zusammengestellt. Grundlage dafür ist der vom Betrieb aufgestellte Ausbildungsplan und der von der Schule erstellte Lehrplan.

„Installation in einem Kellerflur"

Didaktische Grundüberlegungen

Jedem sind – mindestens in rudimentärer Weise – die grundlegenden Komponenten einer Elektroinstallation in Gebäuden aus der alltäglichen Benutzung bekannt, wie z. B. Schalter, Steckdosen, Lichtquellen und Leitungen. Die Funktion liegt aber meistens außerhalb des persönlichen Kenntnisbereichs.

In diesem Lernfeld geht es um die zielgerichtete Planung von Elektroinstallationen nach benutzerspezifischen Kriterien.

Für die Realisierung ist die Kenntnis von Bauteileigenschaften und -funktionen erforderlich, wobei die fachgerechte Verschaltung – Reihen- oder Parallelschaltung, Ein-/Ausschaltung, Wechselschaltung usw. – ebenso von Bedeutung ist wie die unterschiedlichen Netzformen und Spannungsarten. Grundlegende Arbeitstechniken wie Löten, Messen, Konfektionieren, Verlegen u. a. sind für die Realisierung von Installationen unabdingbar.

Im Rahmen dieser Arbeitsaufgabe sind nach Art und Komplexität z. T. sehr unterschiedliche Aufgaben zu bewältigen, die auch die Verlegung von Datenleitungen beinhalten können.

Aufgabenverteilung

Betrieb
- Die Auszubildenden führen Auftragsgespräche kundenorientiert durch, dokumentieren diese fachgerecht und sind in der Lage, Gebäude-, Raum- und Installationspläne zu lesen.
- Sie stellen die termingerechte Verfügbarkeit von Werkzeugen und Installationsmaterial sicher und können Kosten und Termine abschätzen.
- Die Auszubildenden handhaben fachgerecht Werkzeuge und Installationsmaterialien unter Beachtung von Vorschriften und Empfehlungen wie DIN VDE, CE (Certifikate Europe), GS (Geprüfte Sicherheit). Sie prüfen ihre Installationsarbeit effektiv und dokumentieren durchgeführte Arbeiten sach- und fachgerecht.

Schule
- Die Schülerinnen und Schüler bewerten verschiedene Verlegemöglichkeiten und wählen nach Beachtung von Vorschriften, technischen Richtlinien, Vorgaben zum Gebrauchswert u. a. eine geeignete aus.
- Sie wählen Betriebsmittel und Werkzeuge unter ökologischen und Gebrauchswertaspekten aus.
- Die Schülerinnen und Schüler bewerten und beachten relevante technische Daten, Installations- und Sicherheitsvorschriften und erläutern Maßnahmen zur Gewährleistung der Betriebssicherheit elektrischer Anlagen.
- Sie beurteilen Werkzeuge und Methoden auf ihre Zweckmäßigkeit bei der Planung, Durchführung und Kontrolle von elektrischen Installationen.

Tabelle 2.4: Didaktische Grundüberlegungen (Quelle: in Anlehnung an GAB, ITB-Arbeitspapiere 31)

| Lernort | | Lerninhalte | Zeitraum |
Betrieb	Schule	Projektarbeit	KW
X	X	Kundenorientierung	laufend
X		Auftragsgespräch und Auftragsunterlagen	41
X	X	Durchzuführende Installationsarbeit in Form von Terminplan, Arbeitsplan, Stückliste, Kostenplan und Schaltplan vorbereiten	41–45
X	X	Betriebssichere elektrische Anlage	42
X	X	Arbeits- und Gesundheitsschutz, wie z. B. DIN VDE, UVV (Unfallverhütungsvorschriften)	laufend
X		Termingerechte Bearbeitung	
X		Installation durchführen	46–47
X		Verfügbarkeit der Betriebsmittel und Werkzeuge	44–47
X	X	Fachgerechte Dokumentation und Prüfung der elektrischen Installationen	46–48
X	X	Prüfvorschriften und Protokolle (z. B. DIN VDE 0100)	46–48
X		Mess- und Prüfgeräte (DIN VDE 0413)	44–48
X	X	Erstprüfung einer Elektroinstallation unter Beachtung von Normen und Vorschriften (z. B DIN VDE 0100) sowie von Auftragsunterlagen	48
X		Gesellschaftliche Vorgaben zum Gebrauchswert der Installation (ökologische + elektromagnetische Verträglichkeit, Arbeitsstättenverordnung u. a.)	laufend

Tabelle 2.5: Aufgabenverteilung (Quelle: in Anlehnung an GAB)

Die häufige Doppelnennung des Lernortes Betrieb und Schule verdeutlicht sehr gut die Notwendigkeit der didaktischen Parallelität und das enorme Potenzial an Synergieeffekten bezüglich des Zeit- und Ausstattungsaufwands. Die tatsächlich eingesparte Zeit durch Vermeidung von Wiederholungen und die zu erzielende höhere Motivation bei allen Beteiligten steigt mit dem Niveau der getroffenen (und umgesetzten) Absprachen.

Absprachen bewirken Zeitersparnis und höhere Motivation.

Grundlage der Absprachen ist die in Tabelle 2.6 (auf der folgenden Seite) dargestellte Struktur der Auftragsbearbeitung.

Struktur der Auftragsbearbeitung

1. Information
- Zielsetzung des Auftrages mit dem Ausbilder, bei Bedarf auch mit den Kunden, klären.
- Arbeitsumfang aus dem Auftragsziel und den Kundenwünschen erkennen.
- Zur konkreten Definition des Auftrages alle erforderlichen Informationen beschaffen.
- An welchem Ort lässt sich der Auftrag aus fachlicher Sicht durchführen?

2. Planung
- Die Aufgaben zur Bearbeitung des Auftrages im Team verteilen.
- Die benötigten Unterlagen beschaffen oder anfertigen.
- Benötigtes Material, Hilfsmittel sowie Software vollständig erfassen.
- Den Arbeitsablauf und den Zeitbedarf planen.
- Die Kosten des Auftrages (Material, Zeit usw.) kalkulieren.
- Qualitätssichernde Maßnahmen berücksichtigen.
- Maßnahmen zum Arbeits- und Umweltschutz erkennen und planen.
- Zielplanung auf Vollständigkeit überprüfen: FK, MK, SK und IK.

3. Entscheidung
- Die Entscheidung über den gewählten Lösungsweg mit zuständigem Ausbilder besprechen ung ggf. anpassen.
- Der Ausbilder/Ausbildungsbeauftragte muss die Vorgehensweise freigeben.

4. Durchführung
- Während der Durchführung erlebte Erfahrungen und Erkenntnisse sind zu notieren, Vorschläge und Ideen, aber auch Fehler und Irrwege sollen festgehalten werden.
- Wesentliche Zwischenergebnisse sollen dokumentiert werden.

5. Kontrolle
- Qualität und Zielerfüllung kontrollieren und ggf. dokumentieren.
- Abstimmungsgespräch mit Auftraggeber führen.
- Ggf. die Ergebnisse präsentieren.

6. Auswertung – Reflexion des Auftrages
- Was würde ich beim nächsten Auftrag anders machen?
- Was ist mir besonders gut gelungen?
- An welchen Stellen gab es Probleme?
- Was war neu für mich?

Tabelle 2.6: Struktur der Auftragsbearbeitung

Gliederung für die unterrichtspraktische Umsetzung des 2. Lernfeldes aus dem Berufsfeld Elektrotechnik

Lernsituation	Medien/Arbeitsmaterialien	Handlung (Lernprozess)
Analyse und Planung	Analysebogen „Teile einer elektrischen Anlage", Analysebogen „Arbeitshandlungen", unausgefüllte Materialliste	Teile der elektrischen Anlage und Arbeitsschritte in Analysebögen eintragen, Teile heraussuchen und in vorgefertigter Materialliste eintragen
Kostenkalkulation	Kalkulationsprogramm, Materialkataloge mit Preislisten und Bestellnummern, Tabelle über Arbeitslohn, Gesprächsregeln	Kosten berechnen und Kostenvoranschlag erstellen, Rollenspiel „Kundengespräch", Verlauf des Gespräches nach Regelkatalog bewerten
Schaltplan	Informations- und Arbeitsblätter zum Thema „Schaltpläne", „Arbeiten mit dem Computer" und „Befehlsübersicht": „CAD-Anwendung"	Schüler erarbeiten theoretische Grundlagen zum Thema „Schaltpläne", „PC-Grundlagen" und „CAD-Grundlagen", Schüler erstellen Schaltpläne und korrigieren ihre ersten Entwürfe
Material-beschaffung	Bauteile und Werkzeuge (aus der fachpraktischen Abteilung der Schule)	Erforderliche Bauteile und Werkzeuge beschaffen („Lager")
Sicherheit	Informationen über Sicherheitsregeln, Arbeitsschutz und Unfallverhütungsvorschriften, Lehrfilme	Sicherheitsregeln, Arbeitsschutz und Unfallverhütungsvorschriften schriftlich ausarbeiten und Gründe dafür diskutieren
In-Betrieb-Nehmen	Informationsblätter: „Arbeiten mit Durchgangsprüfer und Spannungsmesser", „Prüfung der Steckdose"; Vordrucke „Protokoll" und „Dokumentation"	Arbeitsprotokoll für den Betrieb und Kunden-Dokumentation erstellen
Fehlerbeseitigung	Information über Fehlersuche mit Durchgangsprüfer	Gegebenenfalls Fehlersuche und -beseitigung, Funktionstest
Dokumentation	Selbst erstellte Kunden-Dokumentation, Bewertungsbogen	Rollenspiel „Kundenübergabe", Bewerten des Arbeitsergebnisses (ganzheitlich)
Englisch	Wörterbuch (technisches Englisch), Arbeitsblatt	Englische Begriffe für alle verwendeten Materialien und Werkzeuge heraussuchen, Sprachübung
Energieversorgung	Informations- und Arbeitsblätter zur „Energieversorgung", Bewertungsbogen	Bewertung nach funktionellen, ökonomischen und ökologischen Gesichtspunkten

Tabelle 2.7: Vorschlag zum Vorgehen der Berufsschule (Quelle: berufsbildung, Heft 79/2003)

Tabelle 2.7 gibt die komplette Realisierung des Lernfeldes 2 im Rahmen des Berufsschulunterrichts an. Konkret und anschaulich lassen sich die einzelnen Lerninhalte und Handlungen am besten anhand eines betrieblichen Auftrags oder eines entsprechenden realistischen Projekts vermitteln. Unter Berücksichtigung der oben angeführten Struktur der Auftragsbearbeitung und der vorgegebenen Gliederung für die unterrichtspraktische Umsetzung des zweiten Lernfeldes muss zwischen Ausbildern und Lehrern eine Verfahrensweise besprochen werden, die einerseits die Inhalte und andererseits den zeitlichen Ablauf des gemeinsamen Projektes festhält. Über die erstmalige Absprache hinaus bedarf es immer wieder Gespräche und Reviews, um den ordnungsgemäßen Ablauf zu garantieren und unnötige Redundanzen oder Lücken auszuschließen.

Weitere Gespräche nach erstmaliger Absprache sind erforderlich

2.4.2 Projektdurchführung

Die folgende Projektskizze „Stromstoßschaltung in einem Kellerflur" orientiert sich an der Struktur der Auftragsbearbeitung nach Tabelle 2.6.

1. Information

a) <u>Aufgabenstellung Betrieb:</u>
Ein Kellerflur soll mittels einer Stromstoßschaltung beleuchtet werden! Der Flur soll fünf Leuchten und vier Schukosteckdosen erhalten.
Netzversorgung: TN – S – Netz 230 V Wechselspannung
Installation: Feuchtraum, auf Putz
Anlage: Raumplan

Auftrag an die Auszubildenden:
1. Ermitteln Sie die notwendigen Betriebsmittel! (Raumart, mechanische Beanspruchung, Belastbarkeit)
2. Welche Leitung verwenden Sie? (Typ, Querschnitt, Belastbarkeit)
3. Bestimmen Sie die Schutzmaßnahme (siehe TN – S – Netz)!
4. Welche Überstromschutzeinrichtung für Beleuchtung und Steckdosenstromkreis verwenden Sie? Betriebsklasse? Funktionsklasse?
5. Welche Kosten entstehen?
6. Installieren Sie die Anlage nach den in der Schule erstellten Plänen!
7. Kontrollieren Sie die Qualität und die Zielerfüllung!
8. Bewerten Sie das Projekt!

b) <u>Aufgabenstellung Berufsschule:</u>
Die Schülerinnen und Schüler planen und dimensionieren eine Anlage entsprechend dem Kundenwunsch und erstellen die Unterlagen.
    Die Schülerinnen und Schüler ermitteln für die Anlage den Materialbedarf und die Kosten.
    Die Schülerinnen und Schüler erstellen für die Anlage ein Angebot und eine Rechnung (an den Ausbilder).
    Die Schülerinnen und Schüler errichten die Anlage im Betrieb.

Lerninhalte:
- Beratungsgespräch mit Kunden
- Schaltplanarten
- Stromlaufpläne
- Leitungsdimensionierung und -auswahl
- Überstromschutzeinrichtungen
- Materialliste, Kosten, Angebot, Rechnung
- Netzsysteme
- Schutzmaßnahmen

2. Planung

a) Arbeitsplan Betrieb:
- Anzeichnen der Leitungswege (Bleistift, Wasserwaage)
- Anzeichnen der Bohrlöcher für die Isogreifschellen, für Schukosteck-dosengehäuse, Lampengehäuse und für die Verteilerdose (Bleistift, Glieder-maßstab)
- Bohren der Löcher für die einzelnen Komponenten (Bohrmaschine, 6er-Bohrer)
- Anbringen der einzelnen Komponenten an Wand und Decke (Kreuzschrau-bendreher, 6er-Kreuzschrauben, 6er-Dübel)
- Verlegung der Leitungen (NYM-J 3x1,5 mm^2)
- Anschluss der Leitungen an die Schukosteckdosen, Glühlampen und Taster (Yokarimesser, Seitenschneider, Schraubendreher, Abisolierzange)
- Verbinden der Leitungen in der Verteilerdose mit Dosenklemmen (Schrau-bendreher, Messgerät)
- Anschluss der Stromzuführung in dem Hausverteilerkasten (an den RCD/Fehlerstromschutzschalter und an das Stromstoßrelais)
- Testen der Lampenschaltung (Messgerät)

b) Kostenkalkulation Schule:
Installation im Kellerflur – Kostennachweis:
Lohnkosten:

1) Arbeitszeit:	25,00 Euro	x 5	x 12 Stunden
	(pro Person und Stunde)	(Elektroinstalleure)	(Arbeitszeit)

Arbeitskosten: 1.500,00 Euro

Fahrtkosten:

2) Anfahrten	1. Anfahrt	2. Anfahrt
Versicherung des Autos:	5,24 Euro	5,24 Euro
Steuern für das Auto:	5,00 Euro	5,00 Euro
Verschleiß des Autos:	4,76 Euro	7,76 Euro
Benzinkosten:	10,00 Euro	17,00 Euro
1/4 Stunde Anfahrt (5 Installateure):	6,25 Euro	31,25 Euro
Kosten:	31,25 Euro	66,25 Euro
Gesamte Anfahrten		97,50 Euro

Materialkosten		Preis in Euro
Lampen: Normallampe Matt 100 W Lichtstrom: 1360 lm Je Packung 2 St.	3 Pa.	4,95
Fassungen: 100 W Beleuchtung für allge- meine Anwendungen inklusive Befestigungsschrauben, Ab- deckungsschlüssel und hitzebe- ständigen Einführungsstutzen	5 St.	66,10
Taster und Schutzkontakt- steckdosen: Ausgelegt für Feuchträume Kombination Schutzkontakt- steckdose und Taster	5 St.	99,75
Leitung: NYM-J Ausführung: Schutzleiter, Außenleiter, Neutralleiter	3 x 1,5 mm (55 m) 5 x 1,5 mm (55 m)	28,05 43,45
Verteilerdosen: Abzweigkasten für Feucht räume und Aufputz-Montage 80 X 80 mm Dauertemperaturfestigkeit 80 °C	5 St.	6,45
Dosenklemmen: 12 St. je Packung Dauertemperaturfestig- keit: -40 °C bis 125 °C	3 Pa.	2,37
Iso-Greifschellen: 1 Pa. = 10 Klemmen 5 Pa. = 50 Klemmen	5 Pa.	20,55
Gesamt		**271,67**

Tabelle 2.8: Berechnung der Materialkosten für das Projekt „Stromstoßschaltung in einem Kellerflur"

Gesamtkosten:

Materialkosten	271,67 Euro
Anfahrten	97,50 Euro
Lohnkosten	1.500,00 Euro
Gesamtkosten	**1.869,17 Euro**

Die formale Darstellung der Kosten erfolgt nicht zwingend so wie hier abgedruckt, sondern dafür werden am besten in der Praxis genutzte Strukturen/Formulare verwendet.

c) Schaltpläne erstellen (Schule)
Dies ist natürlich ein entscheidendes, fachliches Element der Planung, auf dessen Darstellung hier nur verzichtet wird, weil dies den Rahmen des vorliegenden betriebspädagogischen Buches sprengen würde.

3. Entscheidung
Das Projekt soll nach dem in der Berufsschule entwickelten Installationsplan und dem erstellten Arbeitsplan durchgeführt werden.

4. Durchführung
Die Auszubildenden führen die geplanten Arbeiten in Vierergruppen durch. Probleme und Besonderheiten werden notiert. Fehlende Kenntnisse und Fertigkeiten werden in Form von erweiterten Lernschleifen entweder eigenständig oder mit Unterstützung durch den Ausbilder ausgeglichen.

Beispiele für Lerninhalte der erweiterten Lernschleifen
Diese Daten wurden von den Schülern/Auszubildenden selbstständig recherchiert und zusammengestellt (1. Ausbildungsjahr, 1. Halbjahr).

a) Angaben auf der Verteilerdose
Beispiel: IP 65   IP 54 =
              AC   660 V

IP = Kennbuchstabe
6   = 1. Kennziffer – Schutz gegen Eindringen von Staub (staubdicht), vollständiger Berührungsschutz
5   = 2. Kennziffer – Schutz gegen Strahlwasser aus allen Richtungen
5   = 1. Kennziffer – Schutz gegen Staubablagerungen (staubgeschützt), vollständiger Berührungsschutz
4   = 2. Kennziffer – Schutz gegen Spritzwasser aus allen Richtungen

AC   = Wechselstrom (Alternating current)
660 V = maximale zulässige Betriebsspannung
D   = dänisches Prüfzeichen für Betriebsmittel und Geräte
S   = schwedisches Prüfzeichen

Tabelle für maximale Klemmen und Leiter in der Verteilerdose			
Leiter-q in mm²	1,5	2,5	4
Klemmen	8	6	5
Leiter	24	20	15

Verdrahten der Verteilerdose
– Der zur Verfügung stehende Raum soll gleichmäßig ausgenutzt werden.
– Es soll zum Anschließen der längere Weg bevorzugt werden.
– Der Außenmantel der Leitung muss vom Einführungsstutzen voll umschlossen sein.
– Die Einführungsstutzen und der Verschlussdeckel müssen feuchtigkeitssicher abgeschlossen sein (eventuell Isolierkitt).

Weitere Informationen zur Verteilerdose
In der Verteilerdose werden die erforderlichen Leitungsverbindungen über Dosenklemmen hergestellt. Nach VDE 0606 a/9.77 dürfen in Verteilerdosen lose isolierte Einzelklemmen nur für die Leiterquerschnitte 1,5 mm² und 2,5 mm² verwendet werden. Bei Querschnitten ab 4 mm² müssen Klemmen in ihrer Lage fixiert sein.

Über die einzelnen Klemmstellen fließen Ströme bis zu 16 A. Für diese Ströme sind Lüsterklemmen zu schwach. Lüsterklemmen sind nach VDE 0100 § 42/Abschnitt 7.5 in Verteilerdosen nicht zugelassen.

Auf Jahre hinaus müssen die Klemmstellen kontaktsicher bleiben. Bei Lichtflackern in alten Anlagen sind meist die Klemmstellen lose und korrodiert. Die Klemmverbindungen müssen deshalb sehr sorgfältig ausgeführt werden.

b) Die Schukosteckdose
Die Schukosteckdose besteht im Wesentlichen aus drei Teilen, der an der Wand montierten Dose, dem Einsatz in der Dose und dem Deckel auf der Dose. Die Dose und der Deckel dienen der Befestigung und der Isolation. Der Einsatz ist mit dem Leiter (L1), dem Rückleiter (N) und dem Schutzleiter (PE) verbunden.

Der Einsatz dient also der Verbindung zwischen der lokalen Stromversorgung und dem anzuschließenden Gerät.

Installation einer Schukosteckdose
Die Schukosteckdose wird an den Wänden in vorschriftsmäßiger Form angebracht. Dies bedeutet im Detail:
– Die Steckdose muss eben zum Boden, zur Wand befestigt werden.
– Die Steckdose muss fest an der Wand montiert sein.
– Für die Installation darf nur eine starre Leitung verwendet werden. Also zum Beispiel eine NYM-Leitung.
– Innerhalb der waagerechten Installationszone (Bezugspunkt fertiger Fußboden) ist die Höhe der Installation maximal 30 cm über dem Fußboden. Somit wird die Zugkraft der angeschlossenen Leitung minimiert und die Stolpergefahr vermindert.
– Innerhalb der senkrechten Installationszone (Bezugspunkt z. B. Tür) sind die 30 cm ebenfalls einzuhalten, aus oben beschriebenen Gründen.
– Über Arbeitsflächen ist die Steckdose 115 cm über dem Fußboden anzubringen.

c) Schutzarten

Bei vielen Geräten ist die Schutzart angegeben. Auf unserer Steckdose haben wir die Aufschrift IP 44 gefunden.

IP = Kennbuchstabe

4 = 1. Kennziffer: Schutz gegen das Eindringen von Fremdkörpern und Staub
            (Schutz gegen kornförmige Fremdkörper, d > 1 mm, fern-
            halten von Werkzeugen, Drähten u. Ä.)

4 = 2. Kennziffer: Schutz gegen das Eindringen von Wasser (Schutz gegen
            Spritzwasser aus allen Richtungen)

Beschriftungen der Steckdose

– Beschriftungen im Deckel: ⬩ Das Zeichen zeigt, dass der Deckel vom „Verband deutscher Elektroniker" geprüft und anerkannt ist. Die Seriennummer des Deckels steht innen im Deckel und auf der Rückseite.

– Beschriftungen in der Dose: ⏚ Dieses Zeichen zeigt an, wo der PE (Schutzleiter) angeschlossen werden muss. Bei unserer Steckdose wird der PE direkt am Einsatz angeschlossen. (Das Zeichen befindet sich in der linken Ecke oben.) Die Seriennummer befindet sich links unten. Das ~ 12 mm bedeutet, dass man beim Anschließen der Leiter diese 12 mm abisoliert. Die Dose besitzt eine Kondenswasseröffnung, die beim Anschließen durchstoßen werden muss. Diese Öffnung findet man auf der Rückseite. Ebenfalls auf der Rückseite steht, dass die Dose nur zum Anschluss starrer Leiter verwendet werden kann.

– Beschriftungen am Einsatz: Dieses Zeichen gibt an, wo der PE angeschlossen wird. Das Zeichen ist auf der Rückseite des Einsatzes. Der Einsatz hat drei Anschlüsse. Am linken Anschluss steht 10–16 A, was den zulässigen Betriebsstrom angibt. Am rechten Anschluss steht 250 V, was die zulässige Betriebsspannung angibt. Auf der Rückseite des Einsatzes ist angegeben, wie viel vom anzuschließenden Leiter abzuisolieren ist.

Die Normen zur Schukosteckdose:

DIN 18015	→	Elektrische Anlagen in Wohngebäuden
DIN VDE 0100 – 520	→	Errichten von Starkstromanlagen mit Nennspannungen bis 1.000 V
DIN VDE 0100 – 701	→	Räume mit Badewanne oder Dusche

5. Kontrolle

Auftrag an die Auszubildenden: Schreiben Sie auf, was vor der Inbetriebnahme einer Anlage nach DIN VDE zu beachten ist, und führen Sie nach Absprache mit dem Ausbilder die Kontrolle im spannungsfreien Zustand durch.

6. Auswertung

Die Auszubildenden besprechen mit dem Ausbilder und dem Lehrer den Erfolg des Projektes:

– Was ist gut/was ist nicht gut gelungen?

– Was würde ich beim nächsten Auftrag anders machen?

Weiterführende Literatur

MUSTER-WÄBS, Hannelore/SCHNEIDER, Kordula: Vom Lernfeld zur Lernsituation. Strukturierungshilfe zur Analyse, Planung und Evaluation im Unterricht. Verlag Gehlen. Bad Homburg vor der Höhe 1999.

BADER, Reinhard/MÜLLER, Martina (Hrsg.): Unterrichtsgestaltung nach dem Lernfeldkonzept. Bertelsmann. Bielefeld 2004.

LIPSMEIER, Antonius/PÄTZOLD, Günter (Hrsg.): Lernfeldorientierung in Theorie und Praxis. Beiheft 15 zur ZBW. Franz-Steiner-Verlag. Stuttgart 2000.

BADER, Reinhard/SLOANE, Peter F. E. (Hrsg.): Lernen in Lernfeldern. Theoretische Analysen und Gestaltungsansätze zum Lernfeldkonzept. Eusl-Verlagsgesellschaft. Markt Schwaben 2000.

HUISINGA, Richard/LISOP, Ingrid/SPEIER, Hans-Dieter (Hrsg.): Lernfeldorientierung: Konstruktion und Unterrichtspraxis. GAFB. Frankfurt a. M. 1999.

BERUFSBILDUNGSGESETZ 2005.

3 Ganzheitliche Berufsbildung

LEITFRAGEN

① Welche Bedeutung haben „berufliche Handlungskompetenz" und „Persönlichkeitsentwicklung" für die neu geordnete Berufsausbildung?

② Welche Ziele und Inhalte des ganzheitlichen Lernens sind künftig in der Ausbildung anzustreben?

③ Welche Zielkategorien und Modellentwicklungen kennzeichnen eine ganzheitliche Lern- und Ausbildungskultur?

④ Welche Qualifikationsanforderungen werden an die künftige Facharbeit gestellt?

⑤ Mit welchen Planungs- und Arbeitsschritten kann (im Kundenauftrag) eine „vollständige Handlung" erreicht werden?

Ganzheitliche Berufsbildung ist nicht nur auf den Erwerb von fachlicher Kompetenz hin angelegt, sondern zielt explizit auch auf die Selbstbestimmung des Menschen, auf seine gesellschaftliche Mitverantwortung und demokratische Mitgestaltung seiner Lebens- und Arbeitswelt. Dazu ist es einerseits erforderlich, dass Auszubildende bzw. Berufsschüler (am konkreten Einzelfall) fachsystematische Zusammenhänge erkennen und konstruktiv-analytisch denken und handeln. Andererseits ist aber auch die Förderung des Sozialverhaltens, der Emanzipation, der Kreativität und des Mitgestaltungsspielraumes wichtiger Bestandteil des ganzheitlichen beruflichen Lernens.

Ziele: Selbstbestimmung, Mitverantwortung, Demokratiebewusstsein

Förderung des Sozialverhaltens

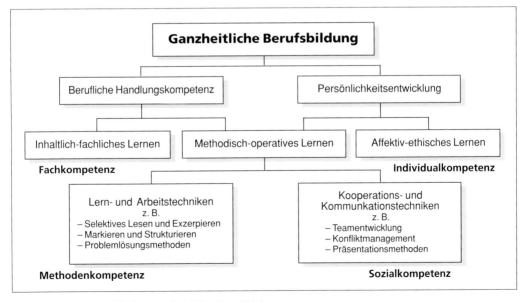

Abb. 3.1: Strukturmodell einer ganzheitlichen Berufsbildung

3.1 Strukturmerkmale einer ganzheitlichen Berufsbildung

Als Grundanforderung an eine nachhaltige Berufsbildung ist festzuhalten, dass betriebliches (und schulisches) Lernen die Forderungen nach beruflicher Handlungskompetenz und Persönlichkeitsentwicklung erfüllen müssen.

3.1.1 Berufliche Handlungskompetenz

Personale und methodische Kompetenz

In der Vergangenheit wurde berufliche Handlungskompetenz oft gleichgesetzt mit rein fachlicher Qualifikation, vermittelbar durch eng fachbezogene Kenntnisse und Fertigkeiten. Dieser Anspruch ist jedoch für eine zukunftsweisende Berufsbildung nicht mehr hinreichend. Berufliche Handlungskompetenz bedeutet heute neben gestiegenen fachlichen Ansprüchen vor allem eine deutlich ausgeprägte **personale und methodische Kompetenz**, gekennzeichnet durch Schlüsselqualifikationen formaler und sozialer Art, wie z. B. Kommunikations- und Kooperationsfähigkeit, Beherrschung von Lern- und Arbeitstechniken oder Entscheidungs- und Gestaltungsfähigkeit. Grundlegende Faktoren beruflicher Handlungsfähigkeit sind demnach beruflicher Sachverstand, Selbstständigkeit im Denken und Handeln, zwischenmenschliche Kooperation und Sachinteresse als Motivationsfaktor.

Zielaspekt ist die Sach- bzw. Fachkompetenz der Auszubildenden, d. h. die **Befähigung zum zielgerichteten, effektiven und selbstständigen Arbeiten**. Dieses Ausbildungsziel ist bereits im Berufsbildungsgesetz (BBiG) von 2005 festgeschrieben:
„Die Berufsbildung hat die für die Ausübung einer qualifizierten beruflichen Tätigkeit in einer sich wandelnden Arbeitswelt notwendigen beruflichen Fertigkeiten, Kenntnisse und Fähigkeiten (berufliche Handlungsfähigkeit) ... zu vermitteln" (§1, Abs. 3 BBiG).

3.1.2 Persönlichkeitsentwicklung

Persönlichkeitsentwicklung bezieht sich in erster Linie auf den Umgang mit sich selbst. Ihre Schwerpunkte liegen im Selbsterkennen, im eigenverantwortlichen Handeln, im Aufbau eigener Interessenfelder und Lebenspläne. Ziel der Persönlichkeitsentwicklung ist das **Erreichen der Individualkompetenz von Auszubildenden**, verstanden als Entwicklung des eigenen Urteilsvermögens (einschließlich Selbstkritik) und Einübung des sozialen Verhaltens und politischen Handelns. Sozialpolitisches Handeln bedeutet nicht regelausführendes, sondern interpretierendes Handeln, derart, dass der Mensch Gegebenheiten, Ereignisse und Erfahrungen seiner Lebenswelt (anhand seiner Deutungsmuster und Wertmaßstäbe) interpretiert und danach reflexiv handelt. Selbstreflexion ist die Fähigkeit, die Bedingungen und Folgen des eigenen Denkens und Handelns zu durchschauen, sich des Sinns und der Legitimation der eigenen Tätigkeit zu vergewissern und sie zu verantworten.

Eigenverantwortliches Handeln

Selbstreflexion

Soziokulturelle Identität

Bei alledem geht es letztlich um die soziokulturelle Identität, das Lebensgefühl der Menschen, ihre persönliche Perspektive innerhalb ihrer Lebenswelt. Dazu gehört einerseits, sich auf technische, ökonomische und arbeitsorganisatorische Entwicklungen flexibel einzustellen, andererseits aber auch die Bereitschaft, sich auf Werte einzurichten, diese kritisch zu reflektieren und Verantwortung zu übernehmen – Leitziel ist die berufliche und private Mündigkeit.

3.1.3 Methodisch-operative Kompetenz

Ganzheitliche Berufsbildung, bezogen auf berufliche Handlungskompetenz und Persönlichkeitsentwicklung, stellt sich dar als „gemeinsame Schnittmenge" des kognitiv-motorischen und psycho-sozialen Lernens. Beim ganzheitlichen Lernen bilden somit der kognitiv-motorische und der psycho-soziale Lernbereich keinen Gegensatz, sondern beide durchdringen und ergänzen sich zum methodisch-operativen Lernen – dessen Weg und Ziel es ist, das „Lernen zu lernen"! Die kognitiv-motorische Komponente (methodisch-problemlösendes Lernen) bilden Lern- und Arbeitstechniken, wie z. B.

Kognitiv-motorisches Lernen

– selbstständige Informationsgewinnung und produktive Informationsverarbeitung,
– Arbeitsplanung und Arbeitsgestaltung oder
– Problemlösungsfähigkeit und Heuristiken (Problemlösungstechniken).

Die psycho-soziale Komponente (sozial-kommunikatives Lernen) bilden Kooperations- und Kommunikationstechniken, z. B. mit den Einzelqualifikationen:

Psycho-soziales Lernen

– schriftliche und mündliche Ausdrucksfähigkeit,
– Entwicklung von Gesprächsregeln und Feedback-Methoden,
– Teamentwicklung und Gesprächsleitung,
– Konfliktmanagement und Metakommunikation.

Die Lerninhalte des methodisch-operativen Lernens sind somit in erster Linie beobachtbare Techniken. Sie haben

– eine kognitive Dimension, insofern es sich um elementare Methoden des selbstständigen Lernens bzw. Erarbeitens einer komplexen Aufgabe handelt,
– eine psycho-motorische Dimension, insofern spezifische manuelle Fertigkeiten Anteil an ihnen haben bzw. wenn es um die Automatisierung einer Technik geht und
– eine soziale Dimension, insofern sie kommunikativen Zwecken dienen.

FAZIT: Weg und Ziel einer ganzheitlichen Berufsbildung ist das ganzheitliche Lernen, bezogen auf vier Lernarten (s. Abb. 3.2, S. 50):

Vier Lernarten

a) **Inhaltlich-fachliches Lernen** bezieht sich auf die kognitiven Fähigkeiten und motorischen Fertigkeiten, die durch die neuen Ausbildungsordnungen festgeschrieben sind – es zielt auf das Erreichen von FACHKOMPETENZ.
b) **Methodisch-problemlösendes Lernen** bezieht sich auf die Aneignung grundlegender Lern- und Arbeitstechniken – es zielt auf das Erreichen von METHODENKOMPETENZ.
c) **Sozial-kommunikatives Lernen** bezieht sich auf die Aneignung grundlegender Kooperations- und Kommunikationstechniken – es zielt auf das Erreichen von SOZIALKOMPETENZ.
d) **Affektiv-ethisches Lernen** bezieht sich auf den Umgang mit sich selbst. Seine Intentionen liegen im Selbsterkennen, im eigenverantwortlichen (sozialen und politischen) Handeln, im Aufbau eigener Interessenfelder und Lebenspläne – es zielt auf das Erreichen von INDIVIDUALKOMPETENZ.

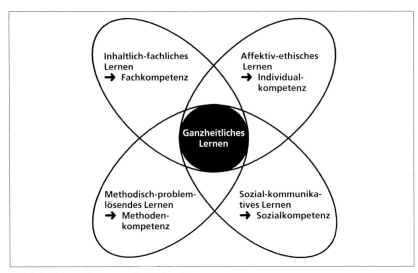

Abb 3.2: Dimensionen ganzheitlichen Lernens

In der nachstehenden Tabelle sind die wichtigsten Ziele und Inhalte des ganzheitlichen Lernens zusammengestellt:

Ziele und Inhalte des ganzheitlichen Lernens			
Zielaspekt: Fachkompetenz	Zielaspekt: Methodenkompetenz	Zielaspekt: Sozialkompetenz	Zielaspekt: Individualkompetenz
Inhaltlich-fachliches Lernen	**Methodisch-problem-lösendes Lernen**	**Sozial-kommunikatives Lernen**	**Affektiv-ethisches Lernen**
Technologische Kenntnisse	Selbstständige Informationsgewinnung	Sachlichkeit in der Argumentation	Geistig-normative Fähigkeit
Strukturkenntnisse	Produktive Informationsverarbeitung	Offenheit und Integrationsfähigkeit	Künstlerisch-ästhetische Fähigkeit
Systemkenntnisse	Problemlösungsfähigkeit	Entwickeln von Gesprächsregeln	Politische und soziale Fähigkeit
Prozesskenntnisse			
Transferfähigkeit	Metaplantechnik	Aktives Zuhören	Selbstvertrauen
Ökologische Kenntnisse	Leittexttechnik	Gesprächstechniken	Selbstkritik
	Fallanalyse	Konfliktlösungstechniken	Reflexionsfähigkeit
Ökonomische Kenntnisse	Arbeits-/Zeitplanung	Feedback-Methoden	Mündigkeit
Beurteilungsfähigkeit			

Tabelle 3.1: Ziele und Inhalte des ganzheitlichen Lernens

3.2 Zielkategorien einer ganzheitlichen Berufsbildung

Grundlage und Voraussetzung für ein prospektives, ganzheitliches Bildungs-
verständnis ist eine neue Lern- bzw. Unternehmenskultur. Was ein neuerer Bil-
dungsbegriff in diesem Sinne aus berufs- und betriebspädagogischer Sicht leis-
ten muss, ist (im engeren Sinne) die Verbindung von Theorie und Praxis bzw.
von Lernen und Arbeiten und (im weiteren Sinne) die Verzahnung zwischen Ar-
beits- und Lebenswelt.

Grundlage: eine
neue Lern- bzw.
Unternehmens-
kultur

3.2.1 Ganzheitliche Lern- und Unternehmenskultur

Betriebe müssen, um konkurrenzfähig und erfolgreich zu sein, künftig eine
Lern- und Unternehmenskultur der Selbstorganisation und Selbstqualifikation
der Mitarbeiter ermöglichen, orientiert an der „Subjektivierung der Arbeit".
D. h., man will innerlich an der Arbeit beteiligt sein, sich als Person in sie einbringen können und über sie eine Bestätigung eigener Kompetenzen erfahren.
Neuere Restrukturierungsansätze orientieren sich deshalb auch nicht nur an
konventionellen betriebswirtschaftlichen Kenngrößen wie Cashflow oder Share-
holdervalue, sondern zielen durch eine betont prozessbezogene Sicht der Wert-
schöpfung auf

„Subjektivierung
der Arbeit"

— permanenten Erfolgsprozess,
— neue Formen der Zusammenarbeit,
— Kompetenzentwicklung,
— Problemlösen im Team.

Diese neuen Reorganisationsprogramme bedingen auch neue (Führungs-)Fähig-
keiten, die sich unter dem Begriff „emotionale Intelligenz" subsumieren. Gemeint ist damit, nicht nur Emotionen zu (er-)kennen und zu verstehen, sondern
darüber hinaus Menschenkenntnis, um zu wissen, was andere fühlen (Empathie).

„Emotionale
Intelligenz"

   Die „Betriebspädagogik im lernenden Unternehmen" scheint diese ganzheitliche Sichtweise bereits grundsätzlich adaptiert zu haben, denn sie verfolgt
als Leitidee die „Selbstqualifizierung der Mitarbeiter". Diese Entwicklungen
zielen auf die Vernetzung des Lernens und sind mit drei Modellentwicklungen
zu charakterisieren:

**a) Lernmodell: Lernen-lernen durch Erfahrungslernen und
   Arbeitslernen**

Arbeit ist ganzheitlich, sie fordert und fördert Lernen zugleich, d. h., das Erfahrungslernen im Prozess der Arbeit nimmt zu. Unter der „Zielfunktion des Arbeitslernens" addieren sich

„Zielfunktion des
Arbeitslernens"

• fachliche Qualifikationen im Bereich des berufsspezifischen Wissens und
   Könnens (Fachkompetenz) sowie im Bereich der (auch überberuflichen)
   technologiespezifischen Methodenkompetenz,
• fach- und berufsübergreifende Qualifikationen, die sich zu folgenden Gruppen zusammenfassen lassen:
   — Problemlösefähigkeit (einschließlich Entscheidungsfähigkeit, Urteils-
      fähigkeit, Systemdenken, Selbstständigkeit, Kreativität sowie die fach-

und berufsübergreifende Dimension der Methodenkompetenz),
– Interaktionsfähigkeit (einschließlich Kommunikations- und Kooperationsfähigkeit),
– Verantwortungsfähigkeit (Eigenverantwortlichkeit und Sozialverantwortlichkeit).

b) Handlungsmodell: Handeln-lernen durch Selbstentscheiden-lernen

Verbindung
informeller und
intentionaler
Lernprozesse

Instruktionslernen wird um Konstruktionslernen erweitert, d. h., informelle und intentionale Lernprozesse werden verbunden. Neue Lernformen und Lernkonzepte zielen auf größere Handlungsspielräume, bezogen auf einen

• Dispositionsspielraum, innerhalb dessen die Mitarbeiter den Gang ihres Handelns selbst bestimmen können, einen
• Entscheidungsspielraum, welchen sie wahrnehmen, wenn sie Probleme selbstständig lösen, und einen
• Interaktionsspielraum, den sie nutzen, wenn sie sich in Partner- oder Gruppenarbeit über mögliche Lösungswege einer Problemstellung verständigen.

c) Entwicklungsmodell: Gestalten-lernen durch Selbstverantworten-lernen

Zur Vergrößerung des menschlichen Handlungsspielraumes bei der Arbeit mit dem Ziel der „Gestaltungskompetenz" sind mehrere kulturelle Veränderungen im Bewusstsein sowohl auf der betrieblichen als auch der schulischen Seite der beruflichen Bildung notwendig, bezogen auf eine konstruktive Fehler- und Problemlösekultur sowie Partizipations- und Verantwortungskultur.

Aus Fehlern
lernen

• **Konstruktive Fehler- und Problemlösekultur**: Wir müssen neu lernen, durch Infragestellung einer lediglich in richtig oder falsch unterteilten Wertungsgewohnheit Fehler zuzulassen und aus Fehlern zu lernen. Konstruktive Fehlerkultur bedeutet, dass über Fehler offen diskutiert wird und der Mut zur Kreativität belohnt wird. Deshalb gilt es auch, vor Problemen, Reibungen und Störungen nicht zu resignieren, sondern sie als Herausforderung zu begreifen.

Mehr Mitbestim-
mungsmöglich-
keiten für
Mitarbeiter ...

• **Partizipations- und Verantwortungskultur**: Wir müssen neu lernen, Schülern, Auszubildenden und Mitarbeitern mehr Selbstbestimmungs- und Mitbestimmungsmöglichkeiten zuzubilligen und sie verstärkt in Planungs-, Durchführungs- und Bewertungsprozesse einzubinden. Insbesondere gilt es, Verantwortung auf der Grundlage ethisch-normativer Prinzipien zu entfalten. Dies bedeutet, dass Menschen für zukünftige Handlungssituationen kritisch-konstruktive Wertmaßstäbe entwickeln, an denen sie ihr Handeln ausrichten können. Mit den neuen Berufsmaximen Selbstbestimmungs- und Mitbestimmungsfähigkeit korrespondiert das „Lernziel Verantwortung", verstanden als Selbstverantwortung und Mitverantwortung, und hier zeigt sich eine wesentliche Voraussetzung von Verantwortung: Ein Mehr an Ver-

... setzt mehr
Freiheit voraus

antwortung braucht höhere Freiheitsgrade, denn das Treffen von Entscheidungen setzt zugleich die Freiheit, über Handlungsalternativen entscheiden zu können, voraus.

3.2.2 Ganzheitliche Qualifikationsanforderungen

Eine Antwort auf die Frage nach der künftigen Entwicklung der Qualifikations-strukturen und Qualifikationsprofile der beruflichen Facharbeit ist nur tendenziell auszumachen: Vernetzungen von Planungs-, Steuerungs-, Fertigungs- und Kontrollsystemen führen zu immer höherer Komplexität technischer Funktionen und Anlagen und erfordern

– **technische Problemlösungen**
mit arbeitsprozessbezogenem Wissen und Erfahrungen der Arbeitsmittel, Arbeitsstoffe und Arbeitsverfahren,
– **berufliche Problemlösungen**
in einem dynamischen Bedingungsgefüge von Planung, Ausführung und Kontrolle sowie
– **soziale Problemlösungen**
in vielfältigen Gruppenstrukturen durch Kooperation, Organisation und Konfliktregelung.

Bei gleichbleibend hohen oder sogar steigenden fachlichen Anforderungen verlieren manuelle Geschicklichkeit und konkretes (handwerkliches) Handeln mehr und mehr an Bedeutung. Zunehmende Bedeutung erhalten dagegen Planungs-, Lenkungs- und Überwachungsfunktionen mit personenbezogenen Anforderungen wie abstraktes Analysieren, planerisches Denken, Denken in Systemen und selbst gesteuertes (autonomes) Lernen. Neben der rasch verfügbaren hochspezialisierten Einzelqualifikation wird der breite Fundus von Qualifikationen für wechselnde Funktionsbereiche gefordert, es geht dabei insbesondere um sog. „Soft Skills" wie z. B. Teamfähigkeit, Problemlösefähigkeit und Kommunikationsfähigkeit und um „Veränderungskompetenz" im Rahmen der Arbeits- und Geschäftsprozessorientierung als didaktisches Prinzip der Ausbildung.

„Soft Skills"

Es sind demnach vor allem die Veränderung der Qualifikationsanforderungen, die in der beruflichen Bildung eine ganzheitliche Lernkultur bedingen.

Deshalb gehen auch neuere Denkmodelle und Gestaltungsansätze von einem sich ständig verändernden beruflichen Handlungsfeld aus und zielen auf ein „aktiv-produktives Lernen" als zentralen Bestandteil beruflicher (Weiter-)Bildung. Ziel des aktiv-produktiven Lernens ist es einerseits, dass durch die handelnde Auseinandersetzung mit dem Lerngegenstand eine möglichst hohe Lerneffizienz fachlicher Lerninhalte erreicht wird, andererseits gilt es aber auch, mit diesen handlungsorientierten Lernformen bei Schülern und Auszubildenden „methodisch-operative Kompetenzentwicklung" zu erzielen.

Aktiv-produktives Lernen

Dies gilt bezogen auf drei Schwerpunktbereiche:
– Selbstlerntechniken,
– Kommunikations- und Kooperationstechniken und
– Kreativitätstechniken.

3.2.3 Ganzheitliche Ausbildungsverfahren

Ganzheitliche Qualifikationsanforderungen und Kompetenzentwicklungen bedingen auch neue problem- und handlungsorientierte Ausbildungsverfahren, orientiert an

– ganzheitlichen, mehrdimensionalen Aufgabenstellungen und arbeitsweltlichen Realitäten,
– problembezogenen Handlungssystematiken mit mehr Spielraum für den Lernenden sowie
– aktiven erfahrungsgestützten, kooperativen Lernformen und offen gestalteten Lernumwelten.

Drei Aspekte Problem- und handlungsorientierte Ausbildungsverfahren (orientiert an der beruflichen Facharbeit) sind in dreifacher Hinsicht ganzheitlich angelegt: Zunächst werden die **Gestaltungsziele** unter kundenspezifischen und produktionstechnischen Aspekten thematisiert, dann wird der **Gestaltungsprozess** unter Verfahrens- und Wertschöpfungsaspekten reflektiert und schließlich wird der **Gestaltungskontext** unter dem Aspekt der Qualitätssicherung bzw. Qualitätsentwicklung (Kontinuierlicher Verbesserungsprozess, KVP) diskutiert.

Bestandteile des **Handelns** Handeln sollte immer bewusst und zielgerichtet sein und besteht grundsätzlich aus den Schritten Planen, Ausführen und Kontrollieren, die in zyklischer Struktur (ggf. mehrfach) durchlaufen werden. Zur Förderung der Handlungskompetenz sind verschiedene Ausbildungskonzepte entwickelt worden, wobei das ursprünglich dreiphasige Handlungsmodell (Planen, Durchführen, Kontrollieren) inzwischen in sechs Phasen des Arbeitsprozesses differenziert wurde (Informieren, Planen, Entscheiden, Durchführen, Kontrollieren, Bewerten).

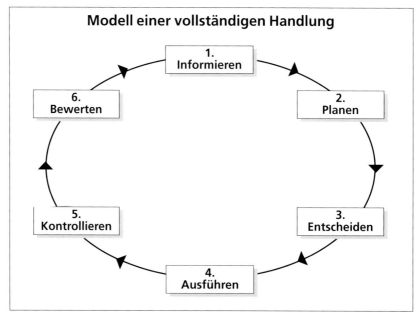

Abb. 3.3: Handlungstheoretischer Ansatz

Die Phasen im Einzelnen:

(1) **Informieren**: In dieser Anfangsphase werden Arbeitsaufträge (Leitfragen und Leittexte) eingesetzt, die den Auszubildenden darüber informieren, was getan bzw. erreicht werden soll (Pflichtenheft). Durch systematische Analyse der Zeichnung und der Auftragsunterlagen soll er die auszuführenden Arbeiten gedanklich erfassen und verstehen, in welchem Gesamtzusammenhang der Arbeitsauftrag steht.

(2) **Planen**: Hier geht es um die Festlegung der Arbeitsschritte und Organisation der Arbeitsabläufe (Termine und Kosten) in einem Arbeitsplan. Der Arbeitsplan wird gewöhnlich von einer Lerngruppe erstellt.

(3) **Entscheiden**: Auf dieser Stufe werden der Fertigungsweg und die Betriebsmittel festgelegt und die erarbeiteten Entscheidungsvorlagen (Aktionsplan) mit dem Ausbilder durchgesprochen: WER macht WAS mit WEM bis WANN?

(4) **Ausführen**: In dieser Phase wird das Werkstück (nach abgestimmten Teil- und Gesamtplänen) hergestellt. Der Fertigungsprozess soll weitgehend selbstständig vom Auszubildenden geleistet werden und kann ggf. auch arbeitsteilig erfolgen.

(5) **Kontrollieren**: Das Arbeitsziel wird anhand des Pflichtenheftes (Kundenwünschen) kontrolliert und ein „Übergabeprotokoll" erstellt.

(6) **Bewerten**: Die Kontrolle ist Grundlage für ein Bewertungsgespräch mit dem Ausbilder über die „Qualität" der durchgeführten Arbeit, bezogen auf das Arbeitsergebnis und den Arbeitsprozess. Dabei werden mit Hilfe eines Kontrollbogens durch Auszubildende (Selbstbewertung) und Ausbilder (Fremdbewertung) Gründe für Mängel ermittelt und Abweichungen besprochen (siehe hierzu ein Praxisbeispiel in Kapitel 5.3).

FAZIT

Die Analyse moderner industrieller Arbeitssituationen zeigt sehr umfängliche Qualifikationsanforderungen an die Mitarbeiter, mit dem Trend verstärkter Wissensproduktion und Gestaltungsoption bei deutlich ausgeweitetem (ganzheitlichem) Kompetenzprofil:

Wissen, Gestaltung, Kompetenz

– **Unter dem Gegenstandsaspekt** sind komplizierte Kenntnisse und komplexe Fertigkeiten notwendig, die sich auf die inhaltliche Dimension der Arbeit beziehen (Fachkompetenz).

– **Unter dem Verfahrensaspekt** kommt es darauf an, fachspezifische Verfahren, Vorgänge und Handlungsweisen zu beherrschen, um operative Lösungen zu finden und selbstständige Entscheidungen zu treffen (Methodenkompetenz).

– **Unter dem Verhaltensaspekt** sind personale (Team-)Fähigkeiten zu benennen, die in besonderer Weise soziale Interaktionsprozesse bei einem Arbeitsauftrag umfassen (Sozialkompetenz).

– **Unter dem sozial-humanen Aspekt** soll der Sinn berufsförmiger Handlungen und Prozesse im Kontext gesellschaftlicher und anthropologischer Bedingungen erfasst und beurteilt werden (Individualkompetenz).

Mitgestaltung der
Arbeitswelt

Eine an diesen Leitzielen ausgerichtete ganzheitliche Berufsbildung ist somit nicht nur auf den Erwerb von fachlicher Kompetenz hin angelegt, sondern zielt explizit auf die Mitgestaltung der Arbeitswelt. Dazu ist es einerseits erforderlich, dass „lebenslang Lernende" fachsystematische Zusammenhänge erkennen und konstruktiv-analytisch denken und handeln. Andererseits ist aber auch die Förderung des Sozialverhaltens, die Ausbildung der Kreativität und die Inanspruchnahme des Mitgestaltungsspielraumes integraler Bestandteil des „ganzheitlichen beruflichen Lernens und Lehrens".

Zwei Qualifizie-
rungsansätze

Zur Umsetzung dieser „Leitziele" sind für die berufliche Bildung insbesondere zwei Qualifizierungsansätze relevant: zum einen die Förderung von Systemdenken und Zusammenhangverständnis, zum anderen die „kontinuierliche und kooperative Selbstqualifikation und Selbstorganisation". Viele Argumente sprechen für prozessorientierte und ganzheitliche Lern- und Ausbildungskonzeptionen auf der Basis von qualifizierter Gruppenarbeit als tragfähige Entwicklungsoption und Leitlinie der beruflichen Bildung.

Eine prospektive Berufsausbildung müsste demnach problem- und handlungsorientiert angelegt werden, damit Fach-, Methoden-, Sozial- und Individualkompetenz ganzheitlich gelernt bzw. erfahrungsorientiert erlebt werden können.

Weiterführende Literatur

OTT, Bernd: Grundlagen des beruflichen Lernens und Lehrens. Ganzheitliches Lernen in der beruflichen Bildung. Cornelsen. Berlin 2004 (2. Auflage).

OTT, Bernd: Ganzheitliche Berufsbildung. Theorie und Praxis handlungsorientierter Techniklehre in Schule und Betrieb. Steiner. Stuttgart 1995.

ARNOLD, Rolf/KRÄMER-STÜRZL, Antje: Berufs- und Arbeitspädagogik. Leitfaden der Ausbildungspraxis in Produktions- und Dienstleistungsberufen. Cornelsen. Berlin 2001 (2. Auflage).

ARNOLD, Rolf/LIPSMEIER, Antonius/OTT, Bernd: Berufspädagogik kompakt. Prüfungsvorbereitung auf den Punkt gebracht. Cornelsen. Berlin 2002.

Teil II – Umsetzung der Neuordnung:

4 Prozess- und kundenorientierte Ausbildung

5 Ganzheitliche Lernplanung und Lernorganisation

6 Ganzheitliche Entwicklungs- und Förderbeurteilung

4 Prozess- und kundenorientierte Ausbildung

LEITFRAGEN

① Welche neuen Entwicklungslinien markiert die „arbeitsprozessorientierte Wende"?

② An welchen sechs Planungsschritten orientiert sich die „prozessorientierte Ausbildung"?

③ In welchen Schritten erfolgt die didaktisch-methodische Strukturierung von Praxisprojekten und Betriebsaufträgen?

④ Wie bewerten Sie das „Durchführungsmodell der prozess- und kundenorientierten Ausbildung" im Hinblick auf die praktische Umsetzung im Betrieb?

4.1 Arbeitsprozessorientierte Wende

Mit der Neuausrichtung der Berufe wurde eine didaktisch-methodische Neuorientierung in der Berufsausbildung eingeleitet, die dadurch gekennzeichnet ist, dass Beschäftigte stärker in die Gestaltung und Veränderung ihres Arbeitsfeldes einbezogen werden. Deshalb müssen sie künftig über ein Arbeitsprozesswissen verfügen, das sie in die Lage versetzt, technische Handlungen in Wechselwirkung von Arbeitsorganisation bzw. als Optimierungsmöglichkeit von Produktionsprozessen zu verstehen. Zur Entwicklung und Förderung dieses Arbeitsprozesswissens muss sich die berufliche Bildung von den eng fachsystematisch orientierten Lerngebieten lösen und sich an beruflichen Handlungsfeldern realer Arbeits- und Geschäftsprozesse orientieren. Kennzeichnendes **Vom Lerngebiet** Merkmal der neu geordneten Berufe ist somit eine arbeitsprozessorientierte **zum Lernfeld** Wende – vom Lerngebiet zum Lernfeld.

Unter didaktisch-methodischen Aspekten markiert diese Wende eine Neuorientierung in der betrieblichen Ausbildung „von der Fachsystematik zur Handlungssystematik".

Von der Fach- Die Fachsystematik orientiert sich an der systematischen Vermittlung von an- **systematik...** wendungsunspezifischem Wissen mit dem vorrangigen Ziel der Verrichtungsfähigkeit im Lerngebiet bezogen auf Kenntnisse und Fertigkeiten. Methodisches Merkmal ist die Lehrgangsorientierung (Systematik) mit Lehrgespräch, Unterweisung, Wiederholung und Übung. Die fachsystematische Ausbildung „erzeugt" zwar berufliches Faktenwissen und notwendige Arbeitstechniken, er- **... zur Handlungs-** laubt aber nur bedingt eine Anbindung an berufliches Erfahrungswissen. Die **systematik** Handlungssystematik unterstützt dagegen das Selbstlernen in beruflichen Anwendungssituationen mit dem Ziel einer ganzheitlichen Gestaltungskompetenz im Lernfeld. Vorrangiges Merkmal der Ausbildungsmethode ist also die Problem- und Projektorientierung mit dem Ziel der Prozess- und Anwendungskompetenz. Durch bewusste Vermittlung von Schlüsselqualifikationen wird der Anschluss neuen Wissens an vorhandene Wissensstrukturen (durch Transfer) ermöglicht.

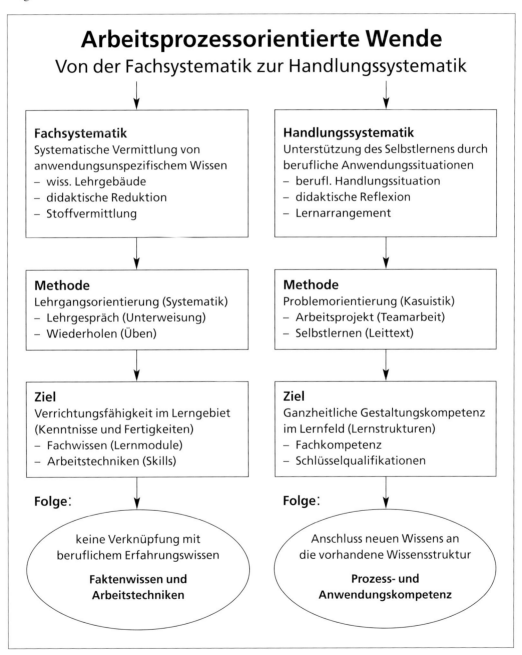

Abb. 4.1: Arbeitsprozessorientierte Wende

Drei Neu-
orientierungen

Für die betriebliche Ausbildung markiert diese arbeitsprozessorientierte Wende drei Entwicklungslinien bzw. Neuorientierungen:

Ausbildungsentwicklung: Ausbildung als einen betrieblichen Prozess zu betrachten (Arbeitslernen)

Personalentwicklung: Beruf und Rolle der Ausbilder/-innen neu zu definieren (vom Wissensvermittler zum Qualifizierungscoach)

Organisationsentwicklung: Prozess- und kundenorientiertes Lernen in der betrieblichen Praxis zu ermöglichen (Praxis und Betriebsprojekte)

Die Ausbildungsentwicklung wird im weiteren Verlauf dieses Buches ausführlich und differenziert in mehreren Kapiteln dargestellt. Der Personal- und der Organisationsentwicklung ist am Ende der vierte Teil des Buches (mit den Kapiteln 10 bis 12) gewidmet.

4.2 Prozessmodell der Ausbildung

Das Prozessmodell der Ausbildung orientiert sich an dem „Kundenauftrag als vollständige Handlung", bezogen auf Auftragsakquisition, Auftragsplanung, Auftragsausführung, Übergabe/Inbetriebnahme und Auftragsauswertung.

Zwei Kunden-
arten

Dabei sind prinzipiell zwei Kundenarten zu unterscheiden:
a) **Interne Kunden**: Kollegen bzw. Mitarbeiter aus nachgeschalteten Abteilungen, die am gleichen Prozess beteiligt sind und ein Ergebnis (Teilprodukt, Bericht, usw.) erhalten. Diese Sichtweise, Mitarbeiter als „Kunden" in einem Geschäftsprozess aufzufassen, ist ihrerseits neueren Datums und Gegenstand moderner Ansätze der Personalentwicklung.
b) **Externe Kunden**: Kunden, für die Aufträge nach vorgegebenen Leistungsverzeichnissen (Pflichtenheft) und Qualitätsstandards abzuwickeln sind.

Unter didaktisch-methodischen Aspekten wird in der prozessorientierten Ausbildung der Kundenauftrag als vollständige Handlung ausgeführt, orientiert an **sechs Planungs- und Arbeitsschritten**:
1. Informieren
2. Planen
3. Entscheiden
4. Ausführen
5. Kontrollieren
6. Bewerten

Die diesen sechs Schritten entsprechenden Phasen der Auftragsabwicklung sind aus Abb. 4.2 ersichtlich, die zugleich erkennen lässt, dass es sich hier um einen geschlossenen Zyklus handelt (der im Falle einer Reklamation oder Beschwerde ein weiteres Mal, ggf. reduziert, zu durchlaufen wäre).

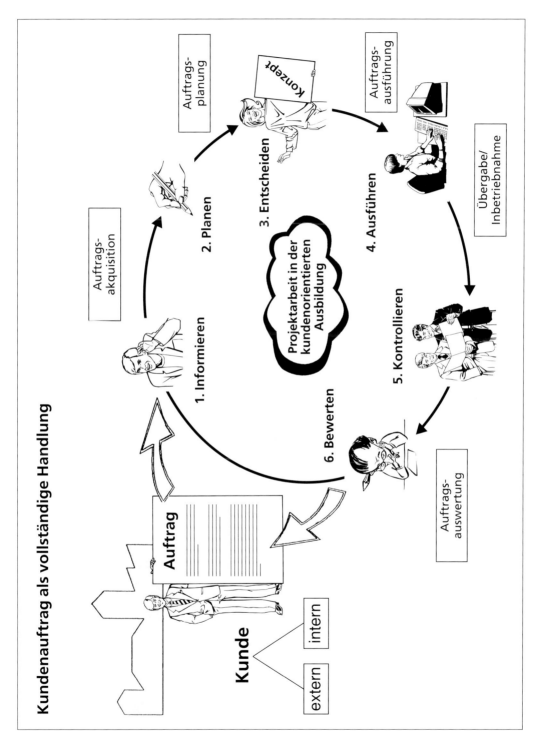

Abb. 4.2: Kundenauftrag als vollständige Handlung

4.2.1 Planungs- und Arbeitsschritte für Ausbilder

Für den Ausbilder gilt in der prozessorientierten Ausbildung das „Prinzip der minimalen Ausbilderhilfe", d. h.: so viel Einsatz des Ausbilders wie nötig und so wenig wie möglich!

Leitfragen zur
defensiven Steue-
rung des Ausbil-
dungsprozesses

Im Folgenden werden wichtige Leitfragen formuliert, die helfen sollen, den Ausbildungsprozess „defensiv" zu steuern:

1. **Informieren**: Wie informiere ich meine Auszubildenden über ihre Arbeit?
   – Welche Arbeit soll ausgeführt werden?
   – In welchem Gesamtzusammenhang steht der Arbeitsauftrag?
   – Wer soll die Arbeit mit wem ausführen?
   – Wann muss die Arbeit abgeschlossen sein?
2. **Planen**: Welche Planungsaufgaben sollen meine Auszubildenden durchführen?
   – Welche Planungsergebnisse (z. B. Zeichnungen, Stücklisten usw.) sind erforderlich?
   – Welche Zeiten und Kosten sind für den Arbeitsauftrag zu veranschlagen?
   – Wie und womit soll das Handlungsprodukt erstellt werden?
3. **Entscheiden**: Wie entscheiden meine Auszubildenden die Arbeitsausführung?
   – Wie bespreche ich Arbeitspläne und fachliche Vorgehensweisen?
   – Wie übertrage ich Verantwortung und wo biete ich Hilfe an?
   – Wie gebe ich eindeutige Vorgaben für Qualität, Zeitaufwand und Zusammenarbeit?
4. **Ausführen**: Wie unterstütze ich die Ausführung der Arbeit?
   – Wie kontrolliere ich die Umsetzung der Teil- und Gesamtpläne?
   – Wie kann ich den Arbeitsprozess beobachten/indirekt unterstützen?
   – Wann muss ich im Arbeitsprozess intervenieren?
5. **Kontrollieren**: Wie kontrolliere ich das Arbeitsergebnis und den Arbeitsprozess?
   – Wurde der Arbeitsauftrag gemäß dem Pflichtenheft termingerecht abgewickelt?
   – Entspricht die Arbeit den gestellten Qualitätsanforderungen?
   – Wurden alle Kundenwünsche erfüllt?
6. **Bewerten**: Wie führe ich das Abschlussgespräch?
   – Wie lasse ich die Auszubildenden ihre eigenen Arbeitsergebnisse und den Arbeitsprozess bewerten?
   – Wie bewerte ich die fachlichen und überfachlichen Zielvereinbarungen?
   – Wie nehme ich Rückmeldungen für mein eigenes Verhalten an?

Es wird deutlich, dass eine prozess- und kundenorientierte Ausbildung neue Anforderungen an Ausbilder und Auszubildende stellt. Für die Ausbilder ist der Prozess des „Loslassens" in der betrieblichen Praxis ein häufig anzutreffendes Problem.

4.2.2 Planungs- und Arbeitsschritte für Auszubildende

Für Auszubildende sind komplexe Arbeits- und Geschäftsprozesse mitunter nur schwer zu überschauen und wenig transparent. Deshalb ist ein „Auftragsbuch" ein hilfreiches Instrument, die systematische Vorgehensweise bei der Bearbeitung von Arbeitsaufträgen zu dokumentieren und die persönliche Lernentwicklung zu fördern. *Auftragsbuch*

Das Auftragsbuch zielt vorrangig auf das „Prozesslernen" und ist Grundlage für das abschließende Gespräch am Ende eines Arbeitsauftrages. Die Gestaltung des Auftragsbuches ist sicherlich grundsätzlich der individuellen Kreativität jedes Auszubildenden zu überlassen, es empfiehlt sich aber, auch hier die sechs Schritte einer vollständigen Handlung abzubilden:

1. **Informationen über den Arbeitsauftrag**
   - Auftragsziel
   - Auftragsumfang
   - Kundenwünsche (Pflichtenheft)
2. **Planung des Arbeitsauftrages**
   - benötigte Unterlagen, Hilfsmittel und Materialien
   - Verteilung der Arbeitsaufgaben im Team
3. **Entscheidung über die Vorgehensweise**
   - Optimierung des Arbeits- und Fertigungsprozesses
   - Fertigungsfreigabe durch den Ausbilder
4. **Durchführung des Arbeitsauftrages**
   - Erfahrungen und Erkenntnisse aus dem Arbeitsprozess
   - Alternativen und Verbesserungsprozesse
5. **Kontrolle des Arbeitsauftrages**
   - Qualitäts- und Zielerfüllung dokumentieren
   - Arbeitsergebnisse präsentieren
6. **Auswertung des abgeleisteten Arbeitsauftrages**
   - Was ist besonders gut gelungen?
   - Welche Probleme gab es?
   - Was war neu für mich?
   - Was würde ich beim nächsten Arbeitsauftrag anders, besser machen?

Es wird deutlich, dass eine prozess- und kundenorientierte Ausbildung eine relativ komplexe didaktisch-methodische Verlaufsstruktur bedingt.

In der Praxis zeigt es sich, dass es hilfreich ist, sich am Sechs-Stufen-Modell der prozessorientierten Ausbildung als grundlegende Verlaufsstruktur zu orientieren. *Sechs-Stufen-Modell*

Insbesondere der Planungsprozess wird dabei durch eine selbst gesteuerte Lernschleife betont. In der Entscheidungs- und Ausführungsphase hat es sich erwiesen, dass hier mitunter eine ausbildergelenkte Lernschleife (Vier-Stufen-Methode) notwendig ist, um den Fertigungsprozess situativ zu unterstützen (vgl. Abb. 4.3 auf der folgenden Seite).

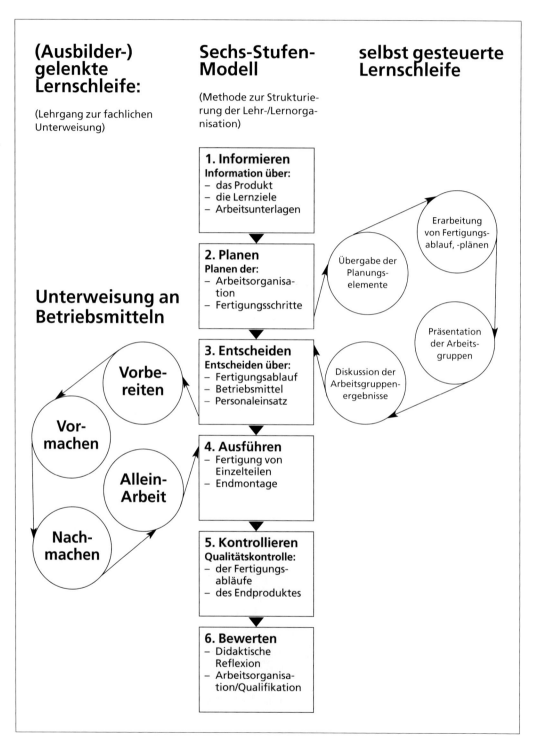

Abb. 4.3: Erweiterte Lernschleife beim Arbeitslernen

4.3 Praxisprojekte und Betriebsaufträge

Praxisprojekte und Betriebsaufträge zielen darauf, Lernen und Arbeiten prozess- und handlungsorientiert zu verbinden. Praxisprojekte basieren deshalb eng auf betrieblichen Arbeitsaufgaben bzw. sie sind im Idealfalle bereits konkrete Betriebsaufträge. Beim „Arbeits-Lernen" müssen sich Auszubildende nicht nur mit realen fachlichen Problemen auseinander setzen, sondern auch soziale und individuelle Anforderungen der betrieblichen Arbeitswelt erfüllen. Die Einbettung des Lernens in die betriebliche Organisationsstruktur bzw. die Mitgestaltung betrieblicher Arbeitsprozesse ist deshalb im besonderen Maße geeignet, berufliche Handlungskompetenz und Persönlichkeitsentwicklung ganzheitlich zu fördern.

Lernen und Arbeiten verbinden

Allerdings sind Praxisprojekte und Betriebsaufträge nicht a priori lernrelevant. Um Auszubildende nachhaltig an die reale Arbeitswelt heranzuführen, ist es erforderlich, dass sich Praxisprojekte und Betriebsaufträge
– einerseits an den Qualitätsanforderungen der realen Wertschöpfungskette orientieren,
– andererseits müssen aber auch fachübergreifende Kompetenzen und individuelle Gestaltungsspielräume bei der didaktisch-methodischen Strukturierung beachtet werden.

Die Qualitätsanalyse und didaktisch-methodische Strukturierung von Praxisprojekten und Betriebsaufträgen erfolgt zweckmäßigerweise in drei Schritten:
1. Schritt: Ermittlung lernrelevanter Praxisprojekte und Betriebsaufträge
2. Schritt: Entwicklung von Qualitätszielen und Qualitätsindikatoren lernrelevanter Praxisprojekte und Betriebsaufträge
3. Schritt: Gestaltung der didaktisch-methodischen Verlaufsstruktur lernrelevanter Praxisprojekte und Betriebsaufträge

Strukturierung der Qualitätsanalyse in drei Schritten

Im Folgenden wird dieses „Drei-Schritt-Verfahren" anhand von Leitfragen präzisiert:

Leitfragen

1. Schritt: Ermittlung lernrelevanter Praxisprojekte und Betriebsaufträge
Es geht darum, aus typischen Arbeitsaufträgen lernrelevante Praxisprojekte und Betriebsaufträge auszuwählen. Dabei helfen folgende Filterfragen:
1. **Sammeln**: Welche typischen Arbeitsaufträge führen Facharbeiter der jeweiligen Berufsgruppen im Betrieb aus?
2. **Selektieren**: Können Auszubildende die Arbeitsaufträge im Arbeitsprozess realistischerweise ausführen (Kostensicherheit, Schwierigkeit …) und decken die gesammelten Arbeitsaufträge die Lerninhalte der Ausbildungsordnung ab?
3. **Auswählen**: Welcher Arbeitsauftrag ist für die jeweilige Berufsgruppe lernrelevant, bezogen auf Fach-, Methoden-, Sozial- und Individualkompetenz?

2. Schritt: Entwicklung von Qualitätszielen und Qualitätsindikatoren lernrelevanter Praxisprojekte und Betriebsaufträge

Hier geht es darum, aus dem ausgewählten Kompetenzprofil Qualitätsindikatoren lernrelevanter Praxis- und Betriebsprojekte abzuleiten – dabei helfen folgende Filterfragen:

1. **Beschreiben**: Welche Kompetenzen/Qualitätsziele (Fach-, Methoden-, Sozial- und Individualkompetenz) sind zur Durchführung des Praxis- und Betriebsprojektes erforderlich?
2. **Ableiten**: Welche Qualitätsindikatoren machen die Qualitätsziele messbar/operationalisierbar?
3. **Messen**: Mit welchen Methoden können die Qualitätsindikatoren „gemessen" werden?

3. Schritt: Gestaltung der didaktisch-methodischen Verlaufsstrukturen lernrelevanter Praxisprojekte und Betriebsaufträge

In diesem Schritt geht es darum, aus der Qualitätsanalyse die didaktisch-methodische Verlaufsstruktur lernrelevanter Praxis- und Betriebsprojekte zu entwickeln. Diese Verlaufsstruktur lässt sich anhand von drei Filterfragen nachvollziehen:

1. **Planen**: Welche Planungsschritte sind bei Praxisprojekten und Betriebsaufträgen durchzuführen?
2. **Durchführen**: In welchen Stufen sind Praxisprojekte und Betriebsaufträge zu realisieren?
3. **Bewerten**: Wie sind Praxisprojekte und Betriebsaufträge ganzheitlich zu bewerten bezogen auf Arbeitsergebnis und Arbeitsprozess (Verlaufsbeobachtung, Auftragsbuch)?

4.4 Ausbildungsbeispiel

4.4.1 Durchführungsmodell

Durchführung von Praxisprojekten: orientiert an einer vollständigen, dreischrittigen Handlung

Die didaktisch-methodische Struktur lernrelevanter Praxisprojekte und Betriebsaufträge im Rahmen einer prozess- und kundenorientierten Ausbildung orientiert sich grundsätzlich an dem vorstehenden Prozessmodell der Ausbildung bzw. an dem Modell einer vollständigen Handlung mit den drei Schritten: Planen, Durchführen und Bewerten.

Kundenauftrag

Ein entsprechendes Ausbildungsprojekt beginnt mit einem Kundenauftrag, der zentrale Informationen über die auszuführende Arbeit enthält. Daraus entwickeln die Auszubildenden ein Pflichtenheft (Lastenheft) mit den geforderten technischen Spezifikationen. Da die ersten Kundeninformationen in der Regel nicht alle notwendigen technischen Spezifikationen enthalten, sind die Auszubildenden gefordert, in einem Kundengespräch fachliche Zusatzinformationen einzuholen, um damit das Pflichtenheft zu optimieren.

Planungsphase

In der sich anschließenden Planungsphase werden auf der Basis des Pflichtenheftes technische Zeichnungen erstellt, Zeiten disponiert und notwendige Materialien bestimmt. Nach Abschluss der Planungsphase erfolgt in jedem Falle (schon aus Sicherheitsgründen) die Fertigungsfreigabe durch den verantwortlichen Ausbilder/die verantwortliche Ausbilderin.

Die Durchführung des Ausbildungsprojektes besteht aus der exakten Fertigung nach Plan, ggf. dem Einbau vor Ort. — Durchführung

Die Bewertung des Auftrages bezieht sich sowohl auf die Funktionsprüfung als auch auf die Qualitätskontrolle, d. h., bewertet werden demnach das Arbeitsergebnis und der Arbeitsprozess. — Bewertung

Der gesamte Planungs-, Durchführungs- und Bewertungsprozess wird analog dem Prozessmodell der Ausbildung in einem Auftragsbuch dokumentiert. Das Leistungscontrolling des gesamten Auftrages bezieht sich auf die Selbstbewertung, Fremdbewertung und Gruppenbewertung.

Mit der Übergabe (Präsentation) an den Kunden schließt der Ausbildungsauftrag ab.

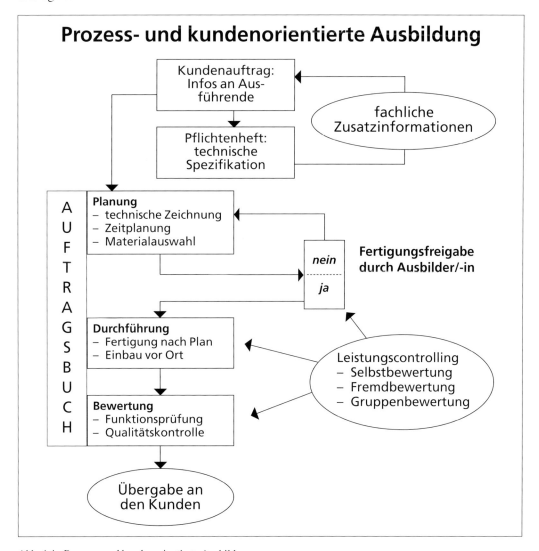

Abb. 4.4: Prozess- und kundenorientierte Ausbildung

4.4.2 Verlaufsprotokoll

In dem folgenden Verlaufsprotokoll wird ein Beispiel für eine prozess- und kundenorientierte Ausbildung dokumentiert. Zielgruppe sind sechs Auszubildende im Beruf des Werkzeugmechanikers im zweiten Ausbildungsjahr.

Der Kundenauftrag bzw. das daraus resultierende Pflichtenheft mündet in folgende Problemstellung für die Auszubildenden:

Für die Herstellung von Rohrschellen soll entsprechend einem vorgelegten Muster in drei Tagen (Vorgabezeit!) eine Biegevorrichtung konzipiert, gebaut und bewertet werden.

Die Leistungsanforderungen respektive Zielvereinbarungen beziehen sich auf:
1. **Planen**: Konstruktionsplanung und Fertigungsplanung
2. **Durchführung**: arbeitsteilige Fertigung und Montage
3. **Kontrollieren**: Arbeitsprozess und Arbeitsergebnis

Zum Abschluss sollen alle Planungs- und Fertigungsunterlagen präsentiert und die Biegevorrichtung direkt an den Kunden übergeben werden.

1. Planen

Die Konstruktionsplanung beginnt mit dem Ausmessen des vorgelegten Rohrschellenmusters und der Erstellung der entsprechenden Zeichnung.

Im „Brainstorming-Verfahren" entwickeln die Teilnehmer möglichst viele Bauprinzipien. Anhand selbst entwickelter Kriterien werden die unterschiedlichen Entwürfe bewertet und beurteilt (morphologische Methode). Anhand des ausgewählten optimalen Bauprinzips werden notwendige Einzelteilzeichnungen (mit Stücklisten) erstellt. Zudem werden Sonderpläne (Strukturgramm, Arbeitsplan und CNC-Programm) mit in die Fertigungsplanung einbezogen.

2. Durchführung

Auf der Basis der erstellten Einzelteilzeichnungen wird die (arbeitsteilige) Fertigung vorbereitet. Dabei ist jedes Gruppenmitglied grundsätzlich eigenverantwortlich hinsichtlich Materialdisposition, Maschinenbelegung, Fertigung und Qualitätskontrolle. Die bei dem Fertigungsprozess entstehenden Probleme werden in persönlichen Gesprächen von den Gruppenmitgliedern weitgehend selbstständig gelöst. Problemdarstellung: Die Fertigstellung der Einzelteile erfolgt zwar planmäßig, danach entstehen aber Probleme bei der Endmontage. Das Fügen der Teile ist aufgrund unterschiedlicher Toleranzlagen bei der arbeitsteiligen Fertigung nicht möglich, d. h., Nacharbeit ist notwendig.

3. Bewertung

Von den Auszubildenden wird der Arbeitsprozess (nach vorentschiedenen Kriterien) bewertet und das Arbeitsergebnis (nach selbst festgelegten Kriterien) kontrolliert, bezogen auf Fach-, Methoden-, Sozial- und Individualkompetenz.

Der gesamte Planungs-, Durchführungs- und Bewertungsprozess wird in einem Auftragsbuch dokumentiert (vgl. Kapitel 4.2.2) und das Leistungscontrolling nach vorentschiedenen Qualitätszielen (vgl. Kapitel 6.1.2) durchgeführt.

Nach erfolgter Funktionsprüfung und Qualitätskontrolle durch die Auszubildenden wird die Biegevorrichtung dem auftraggebenden Kunden übergeben
und der Arbeitsauftrag damit abgeschlossen.

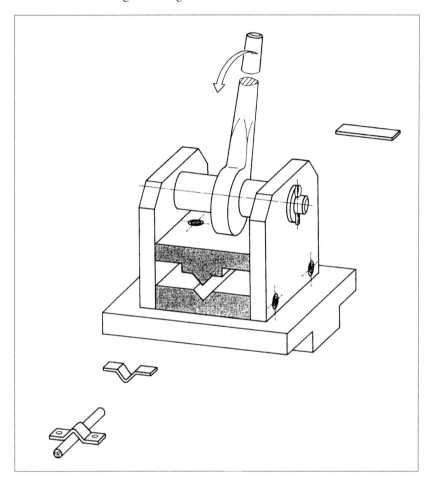

Abb. 4.5: Biegevorrichtung

Weiterführende Literatur
BREMER, Rainer/JAGLA, Hans-Herbert: Berufsbildung in Geschäfts- und Arbeitsprozessen. „Dokumentation und Ergebnisse der Fachtagung" vom 14. und
15. Juni 1999 in Hannover. Donat. Bremen 2000.
DYBOWSKI, Gisela/FRACKMANN, Margit/LAMMERS, Wilfrid: Prozess-
und Organisationsmanagement in der Ausbildung. Bertelsmann. Bielefeld
2002.
HOPPE, Manfred/HUMMEL, Jürgen/GERWIN, Werner/SANDER, Michael:
Lernen im und am Kundenauftrag. Konzeption, Voraussetzung, Beispiele. Bertelsmann. Bielefeld 2003.

5 Ganzheitliche Lernplanung und Lernorganisation

LEITFRAGEN

① Welche Strukturen müssen bei der Lernplanung berücksichtigt werden?

② Welche Lernzielbereiche gibt es?

③ Wie viel Lernzielstufen umfasst das ganzheitliche Lernen?

④ Aus welchen Elementen besteht die ganzheitliche Lernorganisation?

5.1 Ganzheitliche Lernplanung

Ausgangspunkt: der aktiv handelnde Lernende

Beim ganzheitlichen Lernen gilt es, die Forderungen nach Selbstständigkeit, Selbstbestimmung und Selbstverantwortung der Auszubildenden handlungsorientiert zu verwirklichen. Demnach geht die Lernplanung immer vom aktiv handelnden (operierenden) Lernenden aus. Hauptaufgabe des Ausbilders ist es, die aktuelle Lernumwelt für den Auszubildenden so zu gestalten, dass er in ihr aktiv werden kann. Dies geschieht unter der Beachtung zentraler Dimensionen menschlichen Lernens – der Inhaltsdimension, der motivationalen Dimension und der Verhaltensdimension.

Ansprüche an die Lernplanung

Die Lernplanung muss daher

– zum einen die **Wissensstruktur** ermitteln, die erworben werden soll (Inhaltsdimension),

– zum anderen die **Motivstruktur** des menschlichen Lernens berücksichtigen (motivationale Dimension)

– und schließlich die **Fähigkeitsstruktur** erfassen, die für den Aufbau von Handlungen erforderlich ist (Verhaltensdimension).

5.1.1 Lernbereiche

Ganzheitliches Lernen folgt demnach einer einfachen Lernformel:

$$\text{Ganzheitliches Lernen} = \text{Wissen x Wollen x Können}$$

Nach dieser Formel ist der gesamte Lernerfolg „Null", wenn ein Faktor den Wert „Null" annimmt.

Drei Lernzielbereiche

Wissen, Wollen und Können markieren aber auch drei Lernzielbereiche bzw. Verhaltensdimensionen:

a) **Kognitiver Bereich**: Ziele, die sich auf Wahrnehmung, Denken, Wissen, Problemlösungen, also intellektuelle Fähigkeiten, beziehen

b) **Affektiver Bereich**: Ziele, die sich auf Haltungen, Einstellungen, Werte und die Entwicklung dauerhafter Werthaltungen beziehen

c) **Psychomotorischer Bereich**: Ziele, die sich auf manuelle und motorische Fertigkeiten und Fähigkeiten beziehen

Lernbereiche

1. **Kognitiver Bereich:**
   Wissen, dass dieses Zeichen „Vorfahrt gewähren" heißt.

2. **Affektiver Bereich:**
   Bereitschaft, diese Regel auch zu befolgen.

3. **Psychomotorischer Bereich:**
   Fähigkeit, z. B. mit dem Rad ganz langsam fahren zu können.

Ganzheitliches Lernen = Wissen x Wollen x Können

Abb. 5.1: Lernbereiche

Ganzheitliches Lernen basiert auch auf einer ganzheitlichen Inhaltsstrukturierung und bezieht sich demnach auf vier Lernzielfelder, um entsprechende Kompetenzen beim Lernenden zu ermöglichen: *Vier Lernzielfelder*

a) **Inhaltlich-fachliche Lernziele** erfassen fachbezogenes Funktionswissen und bilden die Fachkompetenz des Lernenden. Konkretisiert werden diese Inhalte durch fachpraktische Lernziele, die unter Einbeziehung des selbstständigen Planens, Durchführens und Kontrollierens zu vermitteln sind.

b) **Methodisch-problemlösende Lernziele** intendieren Lernprozesse, die einen eigenständigen Erwerb von Wissen und Erkenntnissen ermöglichen. Diese prozess- und verfahrensbezogenen Ziele umfassen z. B. Ziele über Verfahren des Problemlösens, des Experimentierens und zum selbstständigen Lernen und Arbeiten (Lern- und Arbeitstechniken).

c) **Sozial-kommunikative Lernziele** beschreiben elementare Kooperations- und Kommunikationstechniken, z. B. Gesprächsregeln/Fachgespräche beherrschen, Teamentwicklung/Gruppenarbeit, Konfliktmanagement sowie Visualisierungs- und Präsentationstechniken.

d) **Affektiv-ethische Lernziele** weisen auf Fähigkeiten zur Selbstbestimmung und Selbstverwirklichung hin. Sie sind auf die Entwicklung von Urteils- und Entscheidungs-fähigkeit in Berufs- und Lebenssituationen gerichtet und beinhalten gesellschaftlich anerkannte Wertvorstellungen und Handlungsnormen, z. B. ästhetische, moralische, politische, soziale und ökonomische Werte.

Für die Ausbildungspraxis ist es aber auch wichtig, dass die Lernziele und die daraus resultierenden Kompetenzen

– operationalisiert und

– hierarchisiert/gestuft werden.

5.1.2 Handlungsziele

Bedingungen für das konkrete Endverhalten beim Lernenden

Operationalisierte Lernziele (Handlungsziele) beschreiben detailliert die Bedingungen für das konkrete Endverhalten beim Lernenden, bezogen auf zwei Lernzielkomponenten:
– Inhaltskomponente und
– Verhaltenskomponente.

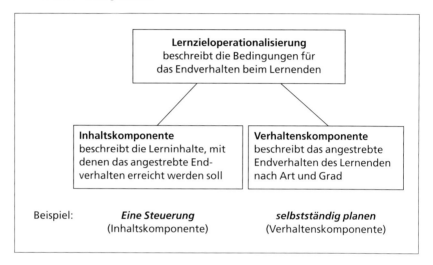

5.1.3 Lernzielstufen

Was gelernt werden soll, kann vom Lernenden auf sehr unterschiedliche Art und Weise beherrscht und angewendet werden. Nach dem Deutschen Bildungsrat lassen sich je nach Intensitätsgrad des Lernens vier Lernzielstufen unterscheiden:

Vier Lernzielstufen

a) **Wissen (Reproduktion)**: Fähigkeit, grundlegende Kenntnisse (Begriffe, Sachverhalte, Merkmale) als gespeichertes Wissen wiederzugeben und in gleichartigen Situationen abzurufen, ohne dass der Auszubildende zeigen muss, dass er dies auch weiterverarbeitet hat.
Beispiel: Satz des Pythagoras aufsagen!

b) **Verstehen (Reorganisation)**: Fähigkeit der eigenen Verarbeitung funktionaler Kenntnisse und Anordnung von Lerninhalten, die eine selbstständige Verwendung der Fakten voraussetzt, bezogen auf die Wiedergabe von Informationen (Verfahren, Regeln, Gesetzmäßigkeiten, Abläufen) nach Sinn, Zweck und Zusammenhängen.
Beispiel: Im rechtwinkligen Dreieck die Katheten und die Hypotenuse bestimmen!

c) **Anwenden (Transfer)**: Fähigkeit, das Gelernte auf ähnliche Probleme oder Situationen zu übertragen, bezogen auf „aufgabenlösendes Denken", d. h.: Lösen von Aufgaben durch Anwendung von Wissen (Reproduktion) und Verstehen (Reorganisation) in konkreten Situationen.
Beispiel: Bei gegebener Hypotenuse und Kathete die fehlende Kathete berechnen!

d) **Problemlösen (Beurteilen)**: Fähigkeit zu „problemlösendem Denken",
d. h.:
– Probleme zu analysieren und Problemlösungen zu finden,
– zu einem abgehandelten Sachverhalt zusätzliche neue Fragen zu stellen,
– konstruktive Kritik zu üben und Verbesserungsvorschläge zu machen,
– Hypothesen aufzustellen, Experimente zu entwerfen und durchzuführen.
Beispiel: Mit Hilfe des Satzes von Pythagoras auf einem Platz einen rechten
Winkel abstecken!

Diese Lernzielstufung, in Abb. 5.2 veranschaulicht, ist nicht nur auf fachliche
Ziele begrenzt, sondern auch auf Schlüsselqualifikationen anwendbar – z. B.:

Wissen: Arbeitsschritte beschreiben.

Verstehen: Arbeitsplanung begründen.

Anwenden: Aufgaben nach übergeordneten Gesichtspunkten selbstständig
ausführen.

Problemlösen: Für komplexe Aufgabenstellungen einen Arbeitsplan erstellen.

In Abb. 5.3 (auf der folgenden Seite) wird diese Lernzielstufung auf fünf Schlüs-
selqualifikationen (PETRA-Projekt, Fa. Siemens, 1990) angewendet:
I   Organisation und Ausführung der Übungsaufgabe
II Kommunikation und Kooperation
III Anwendung von Lern- und geistigen Arbeitstechniken
IV Selbstständigkeit und Verantwortung
V   Belastbarkeit

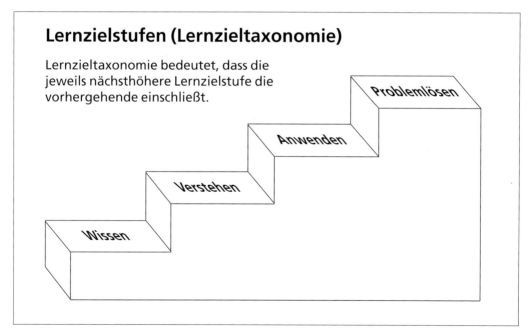

Abb. 5.2: Lernzielstufen/Lernzieltaxonomie

Lernzielstufung von Schlüsselqualifikationen (PETRA-Projekt)

Schlüsselqualifikationen	Methodenkompetenz	Sozialkompetenz
Zielbereiche	I Organisation und Ausführung der Übungsaufgabe	II Kommunikation und Kooperation
	Arbeitsplanung, Arbeitsausführung, Ergebniskontrolle	Verhalten in der Gruppe, Kontakt zu anderen, Teamarbeit
	Lernende/-r	Lernende/-r
① Wissen (Reproduktion)	… beschreibt und begründet Arbeitsschritte, führt Übungsaufgaben und Selbstbewertungen nach Anleitung aus, kann Sicherheitsregeln und Arbeitsverfahren nennen.	… beteiligt sich aktiv an Gesprächen mit dem Ausbilder und anderen Lernenden und arbeitet im Rahmen vorgegebener Gruppenstrukturen und Rollenzuweisungen mit.
② Verstehen (Reorganisation)	… führt die Arbeitsplanung auftragsgemäß einschl. Selbstbewertung aus. Hält Arbeits- und Sicherheitsregeln ein und kann sie erläutern.	… spricht sich im Rahmen der Aufgabenstellung mit dem Ausbilder und Gruppenmitgliedern ab, bringt eigene Vorschläge ein. Fügt sich in die Gruppe ein.
③ Anwenden (Transfer)	… plant Aufgaben nach übergeordneten Gesichtspunkten. Überträgt verfügbare Kenntnisse und Fertigkeiten auf veränderte Aufgabenstellungen.	… stellt Sachthemen anschaulich dar, verhält sich partnerschaftlich in Gruppen, ist kompromissbereit und setzt Vereinbarungen in eigenes Handeln um.
④ Problemlösen (Kreativität/Beurteilen)	… analysiert eine komplette Aufgabenstellung, entwickelt selbstständig und kreativ Lösungsalternativen und löst die Aufgabe methodisch.	… tritt mit anderen in Kontakt und betätigt sich angemessen in seinem/ ihrem Umfeld (Betrieb/ Kunde). Wirkt in Gruppen integrativ und ausgleichend.

Abb. 5.3: Lernzielstufung von Schlüsselqualifikationen (PETRA-Projekt)

Methodenkompetenz	Personale Kompetenz	
III Anwendung von Lern- und geistigen Arbeitstechniken	IV Selbstständigkeit und Verantwortung	V Belastbarkeit
Lernverhalten, Auswerten u. Weitergeben von Informationen	Eigen- und Mitverantwortung bei der Arbeit	Psychische und physische Beanspruchung
Lernende/-r	Lernende/-r	Lernende/-r
…prägt sich vorstrukturierte Inhalte anhand einfacher Lernmaterialien ein und kann sie wiedergeben.	… verantwortet sein/ihr Handeln im Rahmen enger Vorgaben und häufiger Kontrollen. Führt unter Anleitung Selbstbewertungen durch.	… bewältigt geringe Beanspruchungen, auch aufgrund hoher Fremdmotivation und häufiger Kontrollen.
… verarbeitet nach Anleitung vorgegebenes Lernmaterial, ordnet und gewichtet es und stellt es dar. Lernt in einem überschaubaren Zeitraum selbstständig.	… erkennt vorgegebene Anforderungen und prüft selbstständig ihre Einhaltung. Führt bei verringerten Kontrollen selbstständig Schutzmaßnahmen durch.	… bewältigt mittlere Beanspruchungen aufgrund entsprechender Erfahrung und wiederholter Fremdkontrollen.
… bestimmt selbstständig, wie wann und wo er/sie lernt. Kann Wissen verallgemeinern und zur Bewältigung neuer Aufgaben einsetzen.	… verallgemeinert und verinnerlicht Verantwortungsbewusstsein und setzt sich selbst entsprechende Ziele.	… bewältigt auch neue, belastend erscheinende Übungsaufgaben dank eigener Zuversicht, Einsatzbereitschaft und Beharrlichkeit.
… erkennt persönliche Lücken und schließt sie selbstständig, überwindet eigene Schwierigkeiten. Bearbeitet Informationen bis zur Erstellung einer Handlungsanleitung.	… steuert sein/ihr Vorgehen nach Einschätzung möglicher Risiken. Trägt (Mit-)Verantwortung für sich, die Gruppe und das ganze Projekt.	… ist bereit, zunächst unbekannte Belastungen zu übernehmen. Auch hohe psychische und physische Beanspruchungen werden mit hohem Standard an Qualität, Menge und Arbeitssicherheit bewältigt.

Das Wesen menschlichen Handelns

Ein zentraler Zielaspekt der Ausbildung ist die Förderung der Handlungskompetenz, um junge Menschen zu befähigen, in Berufs- und allgemeinen Lebenssituationen problemlösend zu denken und eigenverantwortlich zu handeln. Menschliches Handeln ist ein

– **zielgerichteter Prozess**, der sich u. a. durch die Vorwegnahme möglicher Handlungsformen auszeichnet,
– **konstruktiver Prozess**, der die Umwandlung der Ausgangssituation in eine Zielsituation anstrebt,
– **hierarchischer Prozess**, in dem eine Abfolge von geordneten Operationen abläuft,
– **kontrollierter Prozess**, der Handlungen durch Vergleich mit den Zielvorstellungen überprüft.

Handlungskompetenz in einer ganzheitlichen Berufsausbildung zielt einerseits auf die Bereitschaft und Fähigkeit, an der Gestaltung der Technik mitzuwirken, bezogen auf die vier Kompetenzbereiche Fach-, Methoden-, Sozial- und Individualkompetenz. Andererseits aber auch auf unterschiedliche Anforderungsstufen des Lern- und Arbeitsprozesses, bezogen auf die vier Lernzielstufen Wissen, Verstehen, Anwenden und Problemlösen.

Unter Beachtung der vorgenannten zwei Handlungsdimensionen (Kompetenzen und Anforderungsstufen) ist in Abb. 5.4 die berufliche Handlungskompetenz dargestellt.

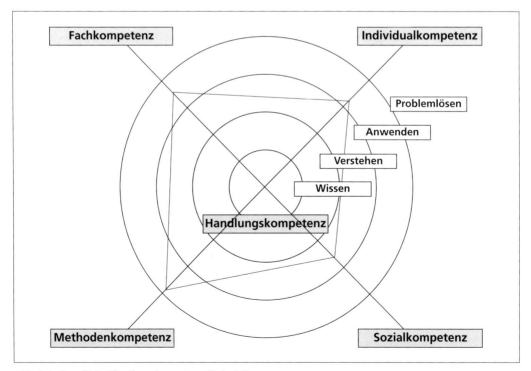

Abb. 5.4: Berufliche Handlungskompetenz (Beispiel)

5.2 Ganzheitliche Lernorganisation

Mit dem Begriff Lernorganisation wird beschrieben, wie der Zusammenhang von Lernzielen, Lernverfahren und Lernkontrolle als „didaktische Handlungslehre" in der Ausbildungspraxis strukturiert und organisiert ist. Abb. 5.5 zeigt den kompletten Regelkreis, zu dem auf der folgenden Seite zunächst einige grundlegende Erläuterungen gegeben werden, um dann in Abschnitt 5.3 anhand eines Praxisbeispiels noch näher darauf einzugehen.

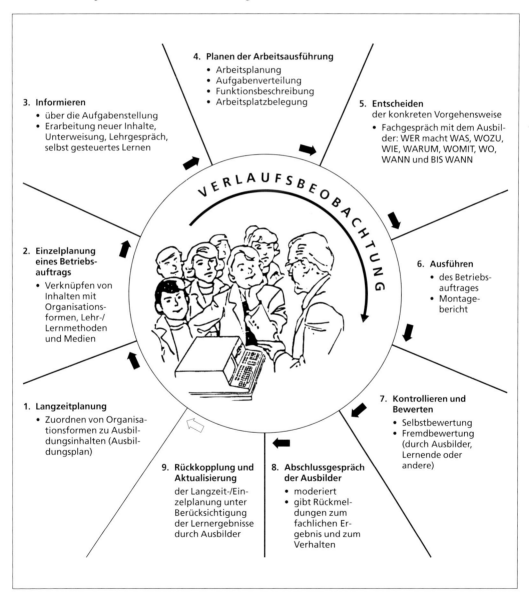

Abb. 5.5: Regelkreis der Lernorganisation

① Der „Regelkreis der Lernorganisation" beginnt mit der **Langzeitplanung**: Der Ausbilder legt aufgrund fachlicher und pädagogischer Kriterien für einen bestimmten Ausbildungsabschnitt die Ausbildungsinhalte und -aufgaben fest, formuliert beabsichtigte Schlüsselqualifikationen und ordnet geeignete Arbeits- bzw. Sozialformen zu:
  – Selbst gesteuerte Einzelarbeit: Jeder Auszubildende plant, erstellt und kontrolliert die ihm gestellte Arbeitsaufgabe selbst in eigener Verantwortung.
  – Gruppengeplante Einzelarbeit: Eine Gruppe von Auszubildenden plant die durchzuführende Arbeitsaufgabe gemeinsam. Dann übernimmt jeder Auszubildende in Eigenverantwortung die Durchführung und die Kontrolle seines Werkstückes.
  – Gruppenarbeit: Eine Gruppe von Auszubildenden erhält eine gemeinsame Aufgabe. Sie plant gemeinsam, legt die Arbeitsaufteilung fest. Die Zusammenführung der einzelnen Arbeitsteile (bzw. deren Zusammenbau) erfolgt gemeinsam durch die Gruppe.

② Auf dieser Grundlage beginnt dann die **Einzelplanung** der Ausbildungsaufgabe (in einer Teambesprechung von Ausbilder und Auszubildenden) mit der Verknüpfung von Inhalten, Organisationsformen, Methoden und Medien und der daraus resultierenden Aufgabenstellung (WER macht WAS, WOZU, WIE, WARUM, WOMIT, WO, WANN und bis WANN).

③ Bevor die Lernenden mit der **Arbeitsausführung** beginnen, erfolgt eine Arbeitsplanung mit Aufgabenverteilung, Funktionsbeschreibung und Maschinenbelegung sowie das Fachgespräch mit dem/den Lernenden, um das endgültige Vorgehen abzustimmen.

④ Die **Bewertung der Arbeitsaufgabe** erfolgt als Selbst- und Fremdbewertung, sie ist Anlass für ein Fachgespräch, in dem die gewonnenen Erfahrungen und Verbesserungsvorschläge benannt werden. Während der Arbeitsausführung führt der Ausbilder eine Verlaufsbeobachtung durch (s. Abb. 5.5) – sie ist Grundlage für das „Feedback" im Abschlussgespräch.

5.3 Praxisbeispiel

Beispiel für einen ganzheitlichen Kundenauftrag

Nach dem oben aufgeführten Regelkreis der Lernorganisation soll hier ein Praxisbeispiel für einen ganzheitlichen Kundenauftrag exemplarisch „abgearbeitet" werden. Das Beispiel bezieht sich wieder auf einen technischen Beruf, ist aber prototypisch gewählt und deshalb leicht auf zahlreiche analoge Handlungssituationen unterschiedlicher Berufe übertragbar. Die fachlichen Bestandteile, die für die Leser/-innen in entsprechender Ausbilderrolle gedacht sind, können von anderen Nutzer/-innen des Buches ohne Informationsverlust überschlagen werden. Der Kundenauftrag lautet:

„Reparatur und ggf. Austausch einer defekten und unübersichtlichen Koordinatensteuerung einer älteren Fräsmaschine"

5.3.1 Langzeitplanung

Der verantwortliche Ausbilder überprüft anhand der Ausbildungspläne, für welche Gruppe (Ausbildungsjahr) von Elektronikern für Betriebstechnik und Industriemechanikern der geplante Auftrag zur Bearbeitung in Frage kommt. Zu berücksichtigen ist hierbei die zeitliche Lage des Auftrags und der Lernstand der Gruppen.

Da der Kunde – eine solche Situation wir unterstellt – diesen betreffenden Auftrag als nicht allzu zeitkritisch eingestuft hat und weil auch umfangreiche mechanische Arbeiten anfallen könnten, denkt der Ausbilder an eine gemeinsame Gruppenarbeit für Elektroniker und Industriemechaniker. In diesem Fall ist auch der zuständige Ausbilder für die Industriemechaniker mit in das Projekt einzubinden.

5.3.2 Einzelplanung des Betriebsauftrags

5.3.2.1 Durchführbarkeit von Betriebsaufträgen

Grundsätzlich muss vor der Annahme eines Auftrags die Durchführbarkeit und die „Sinnhaftigkeit" geprüft werden.

Die folgenden Fragen helfen, die generelle Durchführbarkeit eines geplanten Projektes zu prüfen. Wird eine der aufgeführten Fragen mit „Nein" beantwortet, ist Abstand vom geplanten Projekt zu nehmen.

Prüfen der Durchführbarkeit eines Projektes

Checkliste „Sinnhaftigkeitsprüfung"

- Ermöglichen die betrieblichen Rahmenbedingungen die Durchführung des Projektes durch Auszubildende? (Sicherheitsvorkehrungen, Schichtarbeit etc.)
- Ist der Schwierigkeitsgrad des Projektes dem derzeitigen Ausbildungsstand des/der Auszubildenden angemessen?
- Ist das Projekt typisch für den Ausbildungsberuf (typische Facharbeitertätigkeit, Lerninhalte nach Ausbildungsordnung)?
- Sind die kalkulierten Kosten für den Betrieb oder die Ausbildungsabteilung tragbar?
- Kann der Betrieb sowohl fachlich als auch zeitlich ausreichend Personal zur Verfügung stellen, um den Auszubildenden zu betreuen (für die fachl. Unterstützung des/der Auszubildenden, Abstimmung mit der Ausbildung, ggf. Bewertung des Projektes)?
- Kann die Ausbildungsabteilung das Projekt fachlich und zeitlich in ausreichender Weise betreuen (für die fachl. Unterstützung des/der Auszubildenden, Beratung der Ausbildungsbeauftragten, Organisation und Koordination des Projektes)?
- Besteht aus betrieblicher Sicht der „Bedarf" an der Durchführung des Projektes (betrieblicher Mehrwert)?

5.3.2.2 Lernförderlichkeit von Betriebsaufträgen

Die folgenden Fragen helfen, das Projekt hinsichtlich seiner Lernförderlichkeit zu prüfen. Das gewählte Projekt wird nach festgelegten Kriterien bewertet. Das Profil des Projekts (Auftrags) lässt schnell erkennen, in welchen Bereichen der Auftrag ggf. noch „angereichert" werden sollte (siehe auch Abb. 5.6: Lernprofil des Praxisprojekts).

- **Betriebliche Realität**: Wie sehr spiegelt das betriebliche Praxisprojekt die betriebliche Praxis wider? (Arbeitsmethoden, Anforderungen, Materialien, Werkzeuge etc.)
  1 = Projekt ist sehr praxisnah …
  6 = Projekt ist sehr praxisfern
- **Vollständige Arbeitsaufgabe**: Wie sehr erfüllt das betriebliche Praxisprojekt den Anspruch einer vollständigen Arbeitsaufgabe mit den Phasen Informieren, Planen, Entscheiden, Ausführen, Kontrollieren, Bewerten?
  1 = Projekt beinhaltet alle Phasen …
  6 = Projekt besteht nur aus einer ausführenden Tätigkeit
- **Selbstständigkeit**: Wie selbstständig kann der Auszubildende das Projekt durchführen?
  1 = Auszubildender kann im Rahmen der „Kundenwünsche" das Projekt selbstständig durchführen …
  6 = Auszubildender kann bei den wesentlichen Arbeitsschritten nur mitwirken
- **Fachliche Fertigkeiten und Kenntnisse**: Wie sehr werden bereits erworbene und neue fachliche Fertigkeiten und Kenntnisse im Projekt gefordert?
  1 = Projekt beinhaltet eine Vielzahl verschiedener bereits erworbener fachlicher Fertigkeiten und Kenntnisse und beinhaltet zudem zu bewältigende neue fachliche Anforderungen …
  6 = im Projekt sind nur wenige singuläre Fertigkeiten und Kenntnisse gefordert
- **Methodische Fertigkeiten**: Wie stark ist das Beherrschen von Methoden (Problemlösen, Informationsbeschaffung etc.) im Projekt gefordert?

  1 = Im Projekt werden von Auszubildenden mehrere Methoden gefordert …
  6 = das Projekt enthält keine oder nur singuläre methodisch-operative Anforderungen.
- **Soziale Fähigkeiten**: Wie sehr erfordert das Projekt Kommunikation und Kooperation mit anderen?
  1 = Arbeit muss innerhalb einer Gruppe organisiert und gemeinsam bewältigt werden, Abstimmung mit dem Kunden und anderen Betriebsabteilungen ist nötig …
  6 = Projektarbeit ist eine Einzelarbeit, die keine besonderen Anforderungen hinsichtlich der Abstimmung mit anderen beinhaltet
- **Persönliche Arbeitshaltung**: Wie wichtig ist die persönliche Arbeitshaltung des Auszubildenden in diesem Projekt?
  1 = Das Projekt stellt hohe Anforderungen an die Verantwortungsbereitschaft des Auszubildenden und seine Belastbarkeit …
  6 = das Projekt stellt keine Anforderungen an die Verantwortungsbereitschaft des Auszubildenden
- **Arbeitsprozessorientierung**: Wie sehr spiegelt sich der betriebliche Arbeits- und Geschäftsprozess in dem betrieblichen Praxisprojekt wider?
  1 = Bedeutung des Projekts für den betrieblichen Ablauf ist für den Auszubildenden nachvollziehbar, Projekt ist in den betrieblichen Gesamtprozess eingebettet, der Auszubildende muss funktionsübergreifend kooperieren und betriebswirtschaftliche Aspekte berücksichtigen …
  6 = Projekt ist eine eigenständige Aufgabe ohne Bedeutung für den betrieblichen Ablauf und ist nicht integriert, Zeit und Kosten spielen keine Rolle

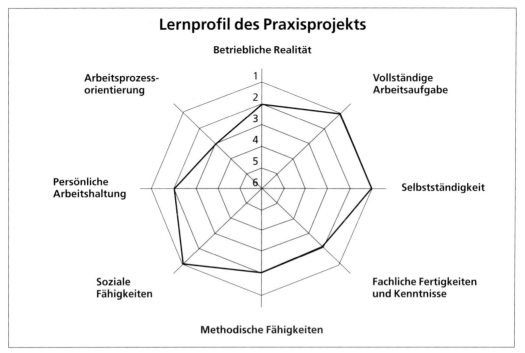

Abb. 5.6: Lernprofil des Praxisprojekts (Quelle: BIBB-Modellversuch D 2198.00. Degussa Ausbildung Marl/Lehrstuhl Technik und Didaktik der Universität Dortmund)

Der hier gewählte Auftrag erfüllt mit seinen Anforderungen voll den Anspruch an eine ganzheitliche Berufsausbildung und beinhaltet sowohl fachliche als auch überfachliche Aspekte, die dem zweiten bis dritten Ausbildungsjahr entsprechen. Als Nächstes muss jetzt geklärt werden:

a) Welche Auszubildenden sollen den Auftrag durchführen?

b) In welchem Zeitraum ist er zu erledigen?

c) Organisation:
   – Betreuer im Betrieb
   – Kostenrahmen
   – Durchführungsort

d) Ggf. Lernortkooperation herstellen (Berufsschullehrer einbinden)

e) Arbeitsauftrag für die Auszubildenden erstellen

5.3.3 Informieren

Der Ausbilder erstellt für die Auszubildenden einen Arbeitsauftrag (Tabelle 5.1 auf der folgenden Seite) und bespricht diesen mit den ausgewählten Auszubildenden.

Ab dann übernehmen die Auszubildenden die Verantwortung für den Auftrag. Der Ausbilder steht unterstützend und beratend zur Seite.

Die folgenden Ausführungen wurden aus den Unterlagen der Auszubildenden entnommen, die diesen Auftrag durchgeführt haben. Teilweise sind die Dokumentationen Originalarbeitsunterlagen.

Arbeitsauftrag	
Reparatur und ggf. Austausch einer defekten und unübersichtlichen Koordinatensteuerung einer älteren Fräsmaschine	
Beruf: Industriemechaniker(in)/ Elektroniker(in) für Betriebstechnik	Ausbildungsjahr: 2.
Ausführende: Anna, Lucas, Moritz, Jan	Ausbilder: H. Klose, H. Jungermann
Durchführungszeitraum: Vom: 46. KW Bis: 51. KW	Verantwortliche Ausbildungsbeauftragte: _____ _____ _____ Name Name Name

Beschreibung des Arbeitsauftrages:
Sie sind eine Gruppe von je zwei Auszubildenden Elektronikern für Betriebstechnik und Industriemechanikern. Sie sollen gemeinsam den o. g. Auftrag durchführen. Die Aufgabe umfasst die vollständige Durchführung von der Information bis zur Übergabe an den Kunden, einschließlich Präsentation.

Folgende Vorgaben sind dabei zu berücksichtigen:

Die VDE-Bestimmungen müssen beachtet, die Arbeiten überprüft und dokumentiert werden.

Zur Durchführung soll eine vollständige Planung und Dokumentation ausgearbeitet werden.

Die Gesamtplanung und Vorgehensweise soll in der Gruppe überprüft werden.

Die Arbeiten sollen von jeweils zwei Auszubildenden durchgeführt werden.

Vor Beginn der Arbeiten soll in einem Gespräch mit dem Kunden (Ausbilder) die Planung abgestimmt werden.

Die Schaltungsunterlagen sind bei der Übergabe dem Kunden auszuhändigen.
Der Gesamtprozess soll dokumentiert und präsentationsfähig aufgearbeitet werden.

Ort:
Die Arbeiten finden in der Ausbildungswerkstatt und im Betrieb statt.

Tabelle 5.1

5.3.4 Planen der Arbeitsausführung

Die Auszubildenden informieren sich eingehend über den Auftrag und tragen alle relevanten Daten, Skizzen, Wartungsbücher, Schaltpläne etc. zusammen. Gemeinsam begeben sie sich an die Planung.

Auftragsanalyse

Die Auszubildenden klären: Was ist Zweck des Auftrags?

Das Ziel des Auftrags ist es, eine sinnvolle, kostengünstige und benutzerfreundliche Alternative für den defekten Koordinatenschalter zu finden. Die Position und die Art der Steuerung sollen dabei berücksichtigt werden.

Vorüberlegungen

– Welche Lösungsvorschläge stehen zur Verfügung?
– Welche Möglichkeiten lassen sich am besten verwirklichen und warum?
– Welche Alternativen sind am benutzerfreundlichsten?

Lösungsvarianten

Welche sinnvollen Lösungsvorschläge gibt es?

– Gehäuse:
   Selbst gefertigtes Gehäuse oder gekauftes Gehäuse
– Befestigungspositionen:
   Herkömmliche Position oder Position unter dem Messgerät
– Art der Steuerung:
   Koordinatenschalter oder Taster
   Schützschaltung oder LOGO! (SPS)

Vor- und Nachteile der verschiedenen Lösungen		
	Vorteile	**Nachteile**
Selbst gefertigtes Gehäuse	– Größe kann optimal angepasst werden	– Optik
Gekauftes Gehäuse	– evtl. günstiger – bessere Verarbeitung/ Bauart	– lange Bestelldauer
Position A (herkömmliche Position)	– leichtere Montage	– ungünstige Position – schlechte Bedienungsmöglichkeit – ist stark dem Kühlschmierstoff ausgesetzt
Position B (unter dem digitalen Messgerät)	– übersichtlich – ergonomische Position – kühlschmierstoffgeschützt	– aufwändigere Montage
Koordinatenschalter	– keine Schaltungsänderung notwendig	– umständliche Bedienung
Taster	– übersichtlicher – leichtere Bedienung	– Schaltung muss leicht abgeändert werden

Tabelle 5.2: Vor- und Nachteile der verschiedenen Lösungen

Was ist zu berücksichtigen?
– Welcher Zeitaufwand ist zu erwarten?
– Welche Materialien werden benötigt und woher sind sie zu beschaffen?
– Welche Kosten sind für die einzelnen Lösungen zu erwarten?
– Wie ist das Projekt am besten umzusetzen?

⇒ **Festlegung der Umsetzung des Projekts unter Berücksichtigung aller erarbeiteten Faktoren**

5.3.5 Entscheiden

Nachdem die Auszubildenden alle Informationen zusammengetragen haben und die Planungsunterlagen vollständig sind, führen sie mit dem Ausbilder ein Fachgespräch.

Dabei werden die entwickelten Alternativen nach Kosten (siehe Tabelle 5.3), Durchführbarkeit und Effizienz bewertet.

Die Alternativen				
Kosten	Alternative 1 gekauftes Gehäuse LOGO!	Alternative 2 gekauftes Gehäuse Schützsteuerung	Alternative 3 gebautes Gehäuse LOGO!	Alternative 4 gebautes Gehäuse Schützsteuerung
1) Gehäuse	225,00 Euro	225,00 Euro	483,06 Euro	483,06 Euro
2) Steuerung	672,96 Euro	316,10 Euro	672,96 Euro	316,10 Euro
3) Lohn	924,00 Euro	693,00 Euro	924,00 Euro	693,00 Euro
	1.821,96 Euro	1.234,10 Euro	2.080,02 Euro	1.492,16 Euro

Tabelle 5.3: Die Alternativen

Im vorliegenden Fall wurde die Alternative 2 ausgewählt.

Festlegung der Umsetzung
Unter Berücksichtigung der erarbeiteten Faktoren erscheinen folgende Lösungen am sinnvollsten:
– <u>Steuerung</u>: Schützsteuerung mit Tasterbedienpult
– <u>Gehäuse</u>: gekauftes Aluminiumgehäuse
– <u>Befestigungsposition</u>: unter dem digitalen Messgerät

Weiter wird die konkrete Vorgehensweise festgelegt und vereinbart:
a) Ziel- und Arbeitsplan (ZAK), siehe Tabelle 5.4 auf der nächsten Seite und
b) Arbeitspläne, siehe Abb. 5.7 auf der übernächsten Seite.

Arbeitsplanung warum?

Zweck der Arbeitsplanung

In diesem Zusammenhang kann bzw. muss die Frage thematisiert werden, warum Arbeitsplanung erfolgt und welche Bestandteile ein Arbeitsplan umfasst. Das in Abb. 5.7 wiedergegebene Muster folgt einer üblichen Grundstruktur, die in den einzelnen Unternehmen naturgemäß in der Form der Darstellung etwas variiert. Generell gilt:

Ein Arbeitsplan

… ist die gedankliche Vorwegnahme der zur Lösung einer Aufgabe notwendigen Tätigkeiten und umfasst Bestimmung und Bereitstellung der für die Tätigkeiten notwendigen Personal- und Sachmittel.

… beschreibt eine Folge von Arbeitsvorgängen (z. B. zur Herstellung eines Werkstücktyps).

… hat als Bestandteil eine Fertigungshilfsmittelliste bzw. Arbeitsmittelliste, die sämtliche Fertigungshilfsmittel, die zur Durchführung eines Arbeitsvorganges benötigt werden, enthält. Dazu gehören z. B. Werkzeuge, Vorrichtungen, Teilprogramme etc.

Vorteile einer guten Arbeitsplanung sind:

– Zeitgewinn,
– Kostenersparnis,
– Qualitätsverbesserung,
– Basis für die Erfolgskontrolle,
– Motivation für alle Beteiligten,
– Argumentationshilfe dem Kunden gegenüber.

Ziel- und Aktionsplan					
Nr.	Ziele	WAS macht	WER mit	WEM bis	WANN ?
1	Planung Industrie-mechaniker	Arbeitsplan	Lucas	Anna	47. KW
2	Planung Elektroniker	Arbeitsplan	Moritz	Jan	46. KW
3	Durchführung Industriemechaniker	Gehäuse	Anna	Lucas	48. KW
4	Durchführung Elektroniker	Verdrahtungen	Jan	Moritz	50. KW
5	Präsentation Industriemechaniker	Unterlagen	Lucas	Anna	51. KW
6	Präsentation Elektroniker	Unterlagen	Moritz	Jan	51. KW

Tabelle 5.4: Ziel- und Aktionsplan

Arbeitsplan

		Arbeitsplanung		Abteilung:	Arbeitsbeginn: 17.12., 6 Uhr
Name: Moritz; Jan		Aufgabe: Montage und Verdrahtung Bedienteil		TBB-SI	Arbeitsende: 17.12., 11 Uhr
Auftragstyp: (ankreuzen)	Fertigung	X	Reparatur		Blatt: 1

Reihenfolge Plan | Ist	Arbeitsschritte u. ausführende Person/Abtlg.	Zeitaufwand Plan | Ist	Service Arbeits- und Prüfmittel	Qualitätsmerkmale	Kennwerte, techn. Daten	Arbeitssicherheit	Bemerkungen
1	Alu-Druckgussgehäuse nach Zeichnung vorbereiten: – auf Maß anzeichnen – auf Maß bohren	15 min / 15 min	Anschlagwinkel Bleistift Stahlmaßstab Körner	Maße einhalten Entgraten Dichtungen gerade Ausrichtung	Drehzahl Bohrerdurchmesser	Arbeitsschutzkleidung Schuhe	Abfall getrennt entsorgen (Kupferschrott, Metallschrott, ölhaltige Abfälle)
2	Bedienteile und Meldeleuchten befestigen	20 min / 15 min	Bohrer Hammer	richtung Bedienteile	Zugentlastung der Verschraubung	Schutzbrille	
3	Kabelverschraubungen anbringen	10 min / 15 min	Stufenbohrer Schraubendreher	Aderendhülsen richtig quetschen +	richtige Leitungsauswahl (Querschnitt, Farbe, Typ)	Gehörschutz	
4	Verdrahten des Bedienteils – Kunststoffaderleitung anpassen und abisolieren – Kunststoffaderleitg. mit Aderendhülsen versehen – Kunststoffaderleitg. an Bedienteil anschließen	120 min / 150 min	2 x Gabelschlüssel Abisolierzange Aderendhülsenquetschzange Wasserwaage Treppenleiter Spannungsprüfer Durchgangsprüfer	richtig in der Klemme verschrauben Einzelheit „Z" anbringen Optik Beschriftung	Maße einhalten	Handschuhe	
5	Bedienteil an Maschine montieren	90 min / 80 min		Gehäuse muss dicht + staubgeschützt sein			
6	Leitungen einziehen und auflegen	15 min / 10 min		Verschraubung abdichten Zugentlastung anziehen			

Abb. 5.7: Arbeitsplan für die Teilaufgabe „Montage und Verdrahtung Bedienteil"

5.3.6 Ausführen

– Beschaffung der erforderlichen Materialien
– Bestimmung und Festlegung der Tasterpositionen
– Bearbeitung und Befestigung des Gehäuses
– Anpassung des elektrischen Schaltplanes an die Tastersteuerung
– Verdrahtung der neuen Tastersteuerung nach Schaltplan

Nachdem die Arbeiten verteilt und die Verantwortlichkeiten festgelegt sind, beginnt die Durchführung der Arbeiten. Die Auszubildenden arbeiten weitestgehend selbstständig und kontrollieren ihre Arbeitsergebnisse nach festgelegten Kriterien zu bestimmten Meilensteinen. Von Fall zu Fall werden Fachgespräche mit dem Ausbilder geführt. Dieser informiert sich laufend über den Stand der Arbeiten und achtet „von Ferne" auf Termine, Qualität etc.

5.3.7 Kontrollieren und Bewerten

Sind die gewünschten Funktionen gegeben?
– Nach ausreichender Überprüfung der Steuerung und einigen kleinen Verbesserungen sind alle gewünschten Funktionen erfüllt.

Ist die gewünschte Verbesserung eingetreten?
– Bei der Rücksprache mit diversen Maschinenbedienern wurde festgestellt, dass sowohl eine Verbesserung in der Übersichtlichkeit der Steuerung als auch in der Benutzerfreundlichkeit eingetreten ist.

Weiterhin können die vorgegebenen (geplanten) Zeiten mit den tatsächlich benötigten verglichen werden, als Darstellungsmittel bietet sich ein Säulendiagramm an (siehe Abb. 5.8).

Zur Bewertung eines durchgeführten Arbeitsauftrags im Rahmen der Ausbildung genügt es nicht, die Funktion oder die Qualität der Arbeitsergebnisse zu prüfen. Ebenso wichtig ist die **Erfolgskontrolle im Hinblick auf den Lernprozess**. Wurde das Ziel der vollständigen Handlung erreicht? Hatten die Auszubildenden Gelegenheit, sich selbst zu informieren und die Information zu verarbeiten? Wer kann darüber besser Auskunft geben als die Auszubildenden selbst? Der als Abb. 5.9. abgedruckte Fragebogen ist ein geeignetes Mittel um den Erfolg eines Praxisprojekts bzw. betrieblichen Auftrags zu überprüfen.

Erfolgskontrolle auch hinsichtlich des Lernprozesses

Je größer die Fläche in der Bewertungsspinne, umso erfolgreicher das Projekt.

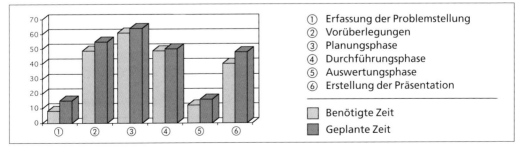

① Erfassung der Problemstellung
② Vorüberlegungen
③ Planungsphase
④ Durchführungsphase
⑤ Auswertungsphase
⑥ Erstellung der Präsentation

☐ Benötigte Zeit
☐ Geplante Zeit

Abb. 5.8: Zeitaufwand – Vergleich im Balkendiagramm

Fragebogen für Auszubildende

Projekt: Fräsmaschinensteuerung   **Durchführungszeitraum:** 46.–51. KW

durchführender Betrieb: Ausbildungswerkstatt

Wie war die zeitliche Verteilung der Teilaufgaben in dem Betriebsauftrag?

es entfielen auf Informieren	25	%
Planen	45	%
Ausführen	25	%
Kontrollieren/Bewerten	5	%

Im Praxisprojekt habe ich gelernt …

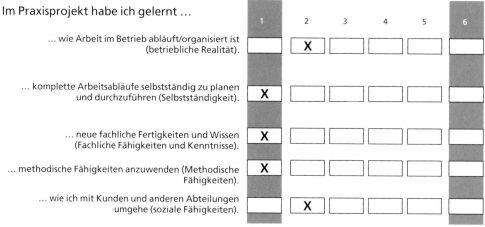

	1	2	3	4	5	6
… wie Arbeit im Betrieb abläuft/organisiert ist (betriebliche Realität).		X				
… komplette Arbeitsabläufe selbstständig zu planen und durchzuführen (Selbstständigkeit).	X					
… neue fachliche Fertigkeiten und Wissen (Fachliche Fähigkeiten und Kenntnisse).	X					
… methodische Fähigkeiten anzuwenden (Methodische Fähigkeiten).	X					
… wie ich mit Kunden und anderen Abteilungen umgehe (soziale Fähigkeiten).		X				

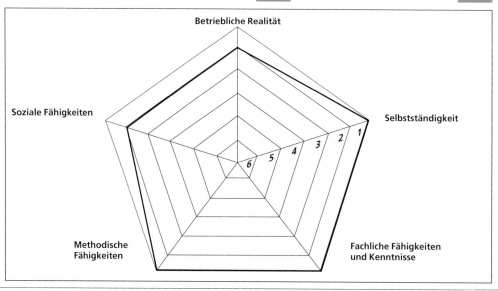

	1	2	3	4	5	6
Ich wurde im Projekt ausreichend betreut.		X				
Ich habe mit den Ausbildern Zielverein-barungen getroffen.			X			
Ich konnte bei der Aufgabe eigene Ideen und alternative Lösungsvorschläge einbringen und umsetzen.	X					
Meine Erwartungen an das Praxisprojekt wurden erfüllt.	X					
Ich glaube, mit dem Praxisprojekt auf meine zukünftigen Aufgaben als Fach-arbeiter gut vorbereitet zu werden.	X					

Traten Probleme bei der Durchführung des Projektes auf?

Lieferverzug bei der Beschaffung von Halbzeugen

Was könnte man besser machen?

Die Absprachen untereinander könnten besser organisiert werden.

Abb. 5.9: Fragebogen für die Auszubildenden (Quelle: Modellversuch Nr. D 2198.00)

Fragebogen für die Ausbilder/Ausbildungsbeauftragten

Projekt: Fräsmaschinensteuerung

durchführender Betrieb: Ausbildungswerkstatt

Auszubildender: 2 Elektroniker, 2 Industriemechaniker

Durchführungszeitraum: 2. Ausbildungsjahr

Lernprofil der Arbeitsaufgabe

	1	2	3	4	5	6
Die Projektarbeit bzw. deren Anforderungen waren typisch für die Facharbeit im Betrieb **(betriebliche Realität)**.		X				
Das Projekt beinhaltete alle Phasen einer **vollständigen Arbeitsaufgabe**:		X				

davon entfielen auf das **Informieren** …	10%	der Arbeitszeit
Planen …	40%	der Arbeitszeit
Entscheiden …	10%	der Arbeitszeit
Ausführen …	34%	der Arbeitszeit
Kontrollieren …	5%	der Arbeitszeit
Bewerten …	1%	der Arbeitszeit

	1	2	3	4	5	6
Die Auszubildenden mussten Arbeitsabläufe **selbstständig** planen und ausführen.	X					
Bereits erworbene sowie neue **fachliche Fertigkeiten und Kenntnisse** wurden im Projekt gefordert und mussten angewandt werden.	X					
Das Beherrschen **methodischer Fähigkeiten** wie das Lösen von Problemen bzw. die Informationsbeschaffung waren im Projekt stark gefordert.		X				
Soziale Fähigkeiten wie Kommunikation und Kooperation mit Kollegen und Kunden waren im Projekt stark gefordert.		X				
Verantwortungsvolles Handeln **(persönliche Arbeitshaltung)** der Auszubildenden wurde im Projekt stark gefordert.		X				
Das Projekt unterstützte den Auszubildenden, Geschäfts- und Arbeitsprozesse **(Arbeitsprozessorientierung)** im Betrieb zu verstehen und durchführen zu können.			X			

Der Zeitaufwand für das Praxisprojekt (Vorbereitung, Betreuung) war insgesamt vertretbar.

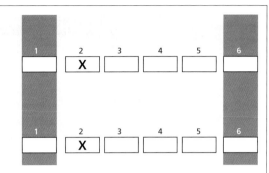

Das Praxisprojekt führte zu einer Verbesserung für den Betrieb und wurde auch von den Mitarbeitern des Betriebes akzeptiert.

Übertragen Sie Ihre Bewertung der entsprechenden Punkte in die Spinne. Vergleichen Sie die Ergebnisse mit dem Lernprofil der Checkliste.

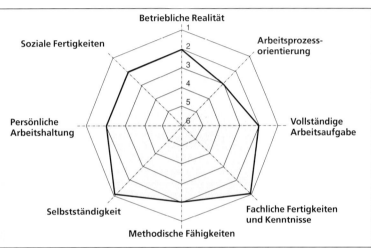

Welche Belastungen sind durch das Betriebsprojekt für Sie zusätzlich entstanden?

keine zusätzlichen Belastungen

Welchen Mehrwert hat das Projekt für den Betrieb/für Sie gebracht (ggf. in Euro)?

ca. 1.200,- Euro

Wo gab es Probleme?

Planungsablauf

Was ist beim folgenden Projekt zu beachten?

Bessere Zeitkoordination

Abb. 5.10: Fragebogen für die Ausbilder/Ausbildungsbeauftragten (Quelle: in Anlehung an BBiB-Modellversuch – Entwicklung eines Instruments zur Ermittlung des Qualifizierungsbedarfs der Auszubildenden in Prozessbetreuungsberufen)

5.3.8 Abschlussgespräch

Auch der Ausbilder sollte das Projekt und dessen Erfolg bewerten. Der vorseitig abgedruckte Fragebogen für Ausbilder kann die Beurteilung erleichtern. Auch hier gilt:

Je größer die Fläche in der Bewertungsspinne, umso erfolgreicher ist das Projekt verlaufen.

Abschließendes Fachgespräch

Das Ergebnis der Fragebögen ist Grundlage für das am Ende eines Projekts durchzuführende abschließende Fachgespräch. Der Ausbilder gibt in diesem Fachgespräch allen beteiligten Auszubildenden eine Rückmeldung zum

– fachlichen Ergebnis und
– zum Verlauf des Projekts bezüglich der Personal-, Sozial- und Methodenkompetenzen und der erlangten Fertigkeiten und Kenntnisse.

5.3.9 Rückkopplung und Aktualisierung

Abschließend beurteilt der Ausbilder das Projektergebnis bezüglich der erworbenen Kenntnisse, Fertigkeiten und der Schlüsselqualifikationen und die Auswirkungen auf den weiteren Verlauf der Ausbildung. Im Mittelpunkt steht die Frage: *Muss der Ausbildungsplan unter Berücksichtigung der Lernergebnisse angepasst werden?*

Lernübergangs-analyse durch die Auszubildenden selbst

Wenn ja, muss die Rückkopplung über die Veränderung des betrieblichen Ausbildungsplans erfolgen. Unterstützend bei dieser Frage ist eine „Lernübergangsanalyse" durch die Auszubildenden selbst. Auf den Punkt gebracht soll die Lernübergangsanalyse eine Aussage dahin gehend bringen: Was wusste der Auszubildende vor dem Projekt und was hat er dazugelernt?

Das Ergebnis des vorgestellten Projekts sieht aus Sicht der Beteiligten so aus:

Elektroniker:

1. Was habe ich an Kompetenzen (fachlich und überfachlich) mitgebracht?
   <u>fachlich:</u>
   – Quetschen von Aderendhülsen/Kabelschuhen
   – Abmanteln/Abisolieren von Leitungen
   – Leitungs-/Kabelauswahl (Querschnitt, Typ)
   – Schütze und Reihenklemmen anbringen
   – Verlegen von Leitungen (Zugentlastung, Schutzart)
   – Kanalverdrahtung
   – Stilllegung/Inbetriebnahme der Maschine
   – Erstellen der Pläne (Stromlaufpläne, Klemmenplan)
   – Vorschriften, die zu beachten sind (DIN VDE 0113)
   – 5 Sicherheitsregeln
   <u>überfachlich:</u>
   – Microsoft Excel und PowerPoint

Alle mitgebrachten Kompetenzen wurden vertieft.

2. Was habe ich durch das Projekt hinzugelernt?
   fachlich:
   – Elektrotechnische Kenntnisse verbessert (Kernqualifikationen)
     • Funktionen elektrischer Bauteile
     • Lesen und Erstellen von elektrischen Schaltplänen
     • Steuerungstechniken (SPS, Schützsteuerungen)
   – Erstellung von Kostenvoranschlägen
   – Bestellvorgänge
   überfachlich:
   – Erstellen einer Präsentation
   – Fähigkeiten der „freien Rede" verbessert
   – Methodisches Arbeiten

Industriemechaniker:

1. Was habe ich an Kompetenzen (fachlich und überfachlich) mitgebracht?
   fachlich:
   – Anreißen von Bohrungen
   – Bohren, Senken, Entgraten
   – Trenntechniken
   – Fügetechniken
   – Schweißtechniken
   – Technische Kommunikation, Skizzenanfertigen
   überfachlich:
   – Kenntnisse in Microsoft Office (PowerPoint, Excel, Word)

2. Was habe ich durch das Projekt hinzugelernt?
   fachlich:
   – Funktion und Aufbau eines Koordinatenschalters
   – Lesen von Schaltplänen und Zeichnungen
   – Veraltete Bezeichnungen und Bauteile
   – Verschiedene Arten der SPS-(LOGO!)-Bausteine, Programmierung
   – Ändern bzw. Anpassen einer bestehenden Schaltung
   – Erstellung von Kostenvoranschlägen
   – Stillstands- und Arbeitszeitenkalkulation
   – Bestellvorgänge
   – Vorgehensweise einer Projektplanung
   überfachlich:
   – Erstellen einer Präsentation
   – Fähigkeiten der „freien Rede" verbessert
   – Methodisches Arbeiten

Nicht vergessen werden soll, dass dies ein Querschnittsergebnis ist. Bei größeren Gruppen muss der Einzelfall berücksichtigt werden, nicht bezüglich des Ausbildungsplans, aber im Hinblick auf evtl. Einzelförderung.

Weiterführende Literatur

HOLZ, Heinz/KOCH, Johannes/SCHEMME, Dorothea: Lern- und Arbeitsaufgabenkonzepte von Theorie und Praxis. Bertelsmann. Bielefeld 1998.

HOWE, Falk/HEERMEYER, Reinhard/HEUERMANN, Horst/HÖPFNER, Hans-Dieter/RAUNER, Felix: Lern- und Arbeitsaufgaben für eine gestaltungsorientierte Berufsbildung (= Berufsbildung und Innovation, Bd. 1). Christiani. Konstanz 2002.

BBiB-MODELLVERSUCH D 2198.00: Entwicklung eines Instruments zur Ermittlung des Qualifizierungsbedarfs von Auszubildenden in Prozessbetreuungsberufen. Degussa AG. Marl 2004.

PAHL, Jörg-Peter: Perspektiven gewerblich-technischer Berufsschulen. Visionen, Ansprüche und Möglichkeiten. Kieser. Neusäß 2001.

KLEIN, Ulrich: PETRA. Projekt und transferorientierte Ausbildung. Grundlagen, Beispiele, Planungs- und Arbeitsunterlagen. Siemens AG. München 1990.

6 Ganzheitliche Entwicklungs- und Förderbeurteilung

LEITFRAGEN

① Wofür wird in der Berufsausbildung ein ganzheitliches Beurteilungssystem benötigt?

② Welche grundsätzlichen Anforderungen muss ein ganzheitliches Beurteilungssystem erfüllen?

③ Wie soll ein Beurteilungssystem aufgebaut sein, mit dem über die gesamte Ausbildungszeit die Entwicklung der Auszubildenden dokumentiert werden kann?

④ Welche Auswirkungen soll das Beurteilungssystem auf den Ausbildungsverlauf haben?

⑤ Warum soll der Auszubildende während der Ausbildung eine Rückmeldung über seinen Ausbildungsstand erhalten?

Jeder Mitarbeiter eines Unternehmens/einer Institution möchte darüber informiert sein, wie sein derzeitiger Leistungs- und Wissensstand durch seine Vorgesetzten bewertet wird. Im Zusammenhang mit einer **kontinuierlichen Personalentwicklung** kann der Mitarbeiter erkennen, ob es in seinen Leistungszielen Defizite gibt. Der Mitarbeiter kann aus entsprechenden Feedbacks erkennen, ob er Verhaltensänderungen vornehmen oder durch gezielte Weiterbildungsmaßnahmen seinen Wissensstand verändern muss, damit er die anstehenden Arbeitsaufgaben besser bewältigen kann.

Im Sinne jedes Mitarbeiters: Bewertung seines Leistungsstandes

Wenn jeder Mitarbeiter darüber informiert sein soll, wie seine Leistungen oder sein Verhalten am Arbeitsplatz bewertet wird, dann gilt das insbesondere für **Auszubildende**. Nach dem Berufsbildungsgesetz hat der Betrieb nicht nur die Aufgabe, den Auszubildenden das erforderliche Fachwissen zu vermitteln, sondern er hat auch einen definierten **Erziehungsauftrag**.

Der Leistungsstand und das Verhalten lassen sich nur über ein kontinuierlich angewandtes, ganzheitliches Beurteilungssystem darstellen.

6.1 Ganzheitliche Leistungsbeurteilung

Eine ganzheitliche Lernkontrolle und Leistungsbeurteilung im Sinne von „Fördern durch Fordern" ist eine schwierige pädagogische Aufgabe, zumal bisher nur wenige Beurteilungssysteme vorliegen, die überfachliche Ziele erfassen. Bereits vorliegende Konzepte sind entweder sehr komplex oder zu kompliziert oder sie erfüllen nicht den Anspruch einer ganzheitlichen Leistungsbeurteilung. Die Neuordnung der Berufe macht es erforderlich, entsprechende Konzepte zu entwickeln und Instrumente zu erstellen.

6.1.1 Anforderungsprofil einer ganzheitlichen Leistungs- beurteilung

Zwei Beurtei- lungsbereiche bei Auszubildenden

Die Beurteilung Auszubildender ist idealtypisch in zwei Bereiche zu gliedern:

– Leistungsbeurteilung (zeitpunktbezogene Beurteilung) zielt (als „Ausbil- dungsstandsmessung") auf die objektive Erfassung und Feststellung des Er- reichungsgrades von Arbeitsergebnissen und Qualifikationen in einer punk- tuellen Prüfung.

– Entwicklungsbeurteilung (zeitraumbezogene Beurteilung) hat diagnosti- sche Funktion, sie bildet die Grundlage für gezielte Förderungsmaßnahmen zur Kompetenzentwicklung.

Leistungs- controlling

Entwicklungsbeurteilung bedeutet Leistungscontrolling statt Leistungskontrol- le! Leistungscontrolling wird in diesem Zusammenhang verstanden als zu- kunftsgerichtete Begleitung und Koordination von didaktisch-methodischen und pädagogischen Entscheidungen. (Fehl-)Entwicklungen werden beobachtet, analysiert und rechtzeitig korrigiert. Damit wird deutlich, dass sich Beurteilun- gen in einer ganzheitlichen Ausbildung primär an den Zielsetzungen der Ent- wicklungsbeurteilung orientieren.

Man wird bei der ganzheitlichen Lernkontrolle und Leistungsbeurteilung auf we- niger eindeutig objektivierbare Kriterien abheben müssen, gleichwohl muss aber

Anforderungen an die Beurtei- lungsbereiche

auch Entwicklungsbeurteilung und Leistungscontrolling grundsätzliche Anfor- derungen erfüllen, um nicht den Anschein der Beliebigkeit zu erwecken:

– Objektive Beurteilung durch vorab festgelegte einheitliche Kriterien,

– zielgerichtete Beurteilung durch Orientierung an den Lern- bzw. Ausbil- dungszielen,

– transparente Beurteilung durch strukturierte Verlaufsbeobachtung,

– differenzierte Beurteilung durch Diagnose des persönlichen Ausbildungs- standes,

– systematische Beurteilung durch Nachweis der Qualifikationsentwicklung.

Diese Entwicklungsbeurteilung bildet die Grundlage für eine gezielte Förde- rung der Auszubildenden bis hin zur Abschlussprüfung, wobei auch Prüfungs- verfahren als integrativer Bestandteil dieser Förderung anzusehen sind.

6.1.2 Konzeption einer ganzheitlichen Leistungsbeurteilung

Mindest- anforderungen

Mindestanforderungen an die Konzeption einer ganzheitlichen Leistungsbeur- teilung sind, dass Auszubildende

– zu Lernbeginn präzise über die intendierten (übergeordneten) Lernziele und Beurteilungskriterien informiert werden bzw. diese Ziele selbst planen und so die Beurteilungskriterien mitentscheiden (Handlungsziele festlegen),

– im Lernprozess gezielt, d.h. nach vorstrukturierten und mitbestimmten Kri- terien, beobachtet werden und ggf. diese Verlaufsbeobachtung mit durch- führen,

– in der Rückkopplung (Feedback) ihren Arbeits- und Lernprozess gezielt re- flektieren und in einem Beurteilungsgespräch selbst bewerten.

a) **Planen (Handlungsziele festlegen)**

Auf der Grundlage des Ausbildungsplanes wird in einem Planungsgespräch zwischen Ausbilder und Auszubildenden das notwendige Qualifikationsprofil (Lernziele) für die durchzuführende Lern- bzw. Ausbildungsaufgabe formuliert. Diese Zielstellungen orientieren sich an einem ganzheitlichen Kompetenzprofil der Auszubildenden bezogen auf Fach-, Methoden-, Sozial- und Individualkompetenz und bilden die Grundlage einer ganzheitlichen Förder- und Entwicklungsbeurteilung. Dabei ist zu beachten, dass das Qualifikationsprofil der Arbeitsaufgabe bzw. das (ganzheitliche) Kompetenzprofil der Lerner immer gemeinsam von Ausbilder und Auszubildenden entwickelt und in einem „Lernkontrakt" (Arbeitsauftrag) festgeschrieben wird.

> Zielstellung orientiert sich am Kompetenzprofil des Auszubildenden

Ausgehend von den didaktisch-methodischen Entscheidungen der Lernplanung und Lernorganisation wird eine operationale Zielvereinbarung (= Handlungsbeschreibung) der konkret beobachtbaren Verhaltensweisen und Beurteilungskriterien gemeinsam mit den Auszubildenden festgelegt.

b) **Durchführen (Verlaufsbeobachtungen durchführen und Zielerreichungsgrad bestimmen)**

Die in der Planungsphase operational beschriebenen Ziele und damit auch konkret beobachtbaren Verhaltensmuster werden in den Einschätzungsbogen (vgl. Abb. 6.1) übertragen und sind Basis der Verlaufsbeobachtung. Die Verlaufsbeobachtung kann sich auf die Einschätzung einzelner Lernender oder die gesamte Lerngruppe beziehen, so dass grundsätzlich fünf verschiedene Einschätzungsfälle der Selbst-, Fremd- und Gruppenbeurteilung zu unterscheiden sind:

> Fünf Einschätzungsfälle

Fall A: Lehrender schätzt Lernenden ein
Fall B: Gruppenmitglied schätzt Lernenden ein
Fall C: Lernender schätzt sich selbst ein
Fall D: Lehrender schätzt Gruppe ein
Fall E: Lernende schätzen die Gruppe ein

Ziel der Verlaufsbeobachtung ist die Einschätzung des Erreichungsgrades der verschiedenen Kompetenzarten. Die Einschätzung kann sowohl lernbegleitend als auch im Anschluss an die Lerneinheit vorgenommen werden. Die Bewertung der Einzelkompetenzen erfolgt mittels einer fünfstufigen Skala im Einschätzungsbogen (vgl. Abb. 6.1).

c) **Bewerten (Beurteilungs- und Fördergespräch führen)**

Die Erreichungsgrade (Mittelwerte der Einzelkompetenzen) werden in den Rückmeldebogen übertragen – durch das Verbinden der einzelnen Punkte wird ein ganzheitliches Beobachtungsprofil erstellt (vgl. Abb. 6.2).

Einschätzungsbogen

Projekt:	Biegevorrichtung		Zeitraum: vom 06.01 bis 09.01
Ausbil.-beruf:	Werkzeugmechaniker		Ausbilder: R. May
Ausbil.-jahr:	3. Jahr		Einschätzungsfall: A
Azubi:	Jürgen Lehrenp		
Azubi-Kollege:	...		

Einschätzung: immer / oft / gelegentlich / selten / nie

Vereinbarte Handlungsziele/Kompetenzen

	Vereinbarte Handlungsziele/Kompetenzen	immer	oft	gelegentlich	selten	nie	Beobachtetes Verhalten
FK	Arbeitspläne erstellen		X				Funktionsplan wird selbständig erstellt
	Fertigung planen			X			Abstimmungsgespräche werden kaum geführt
	Vorrichtung fertigen	X					CNC-Programm läuft fehlerfrei
	Arbeitsergebnis bewerten	X					Exakte Funktions- und Qualitätsprüfung
MK	Funktionsprinzip entwickeln				X		beteiligt sich kaum an Gruppendiskussionen
	Bauprinzip auswählen					X	wenige Vorschläge / Beiträge eher destruktiv
	Störungen flexibel beheben						(Im Arbeitsprozess nicht beobachtbar !!!)
	Arbeitsergebnisse präsentieren					X	lehnt Präsentation trotz Rollenzuweisung ab
SK	Informationsfluss beachten					X	spricht von sich aus kaum jemanden an
	Gruppenmitglieder einbeziehen				X		wirkt sehr „einzelkämpferisch"
	Arbeitskollegen unterstützen				X		— " —
	Arbeitsklima verbessern				X		— " —
IK	Verantwortung übernehmen			X			nur verantwortlich für „eigenes Werkstück"
	Arbeitsschutzbestimmungen beachten	X					arbeitet sehr routiniert und sicherheitsbewusst
	Konzentriert arbeiten		X				arbeitet (auch bei Stress) ohne Hektik

Dortmund, 09.01
Ort, Datum

R. May
Ausbilder/-in

Jürgen Lehrenp
Auszubildende/-r

Abb. 6.1: Einschätzungsbogen (Quelle: Ott, Grundlagen des beruflichen Lernens und Lehrens, S. 226)

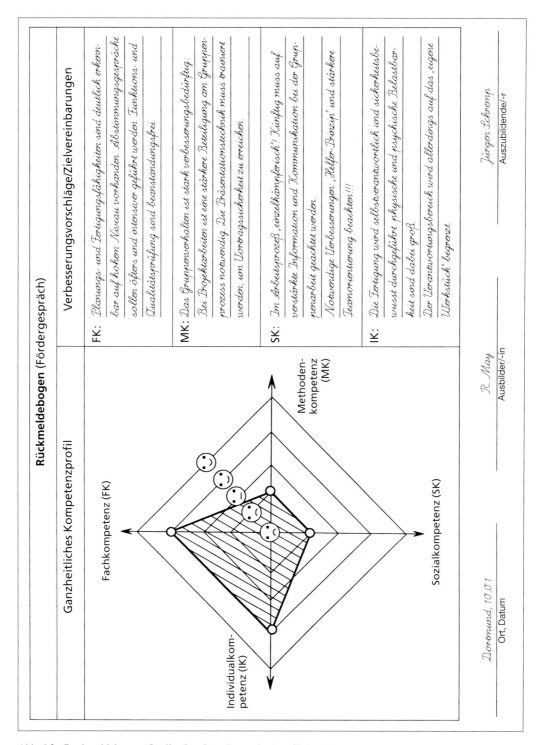

Abb. 6.2: Rückmeldebogen (Quelle: Ott, Grundlagen des beruflichen Lernens und Lehrens, S. 227)

Das abschließende Beurteilungsgespräch Einschätzungs- und Rückmeldebogen bilden die Grundlage für das abschließende Beurteilungsgespräch. Hierbei werden der Ausbildungsstand objektiv beschrieben und ggf. Lernschwierigkeiten benannt sowie individuelle Lernhilfen angeboten und zeitlich fixiert. Ausbilder und Auszubildende müssen dazu gemeinsam einleuchtende Symptome benennen, die auf einen Lernfortschritt schließen lassen. Das Rückmeldegespräch zielt auf den Abgleich zwischen Selbst-, Fremd- und ggf. auch Gruppenbeurteilung („Triangulation"). Vereinbarungen und Verbesserungsvorschläge hinsichtlich Fach-, Methoden-, Sozial- und Individualkompetenz werden im Rückmeldebogen protokolliert.

Das Rückmeldegespräch wird situationsabhängig mit einzelnen Lernenden, einer Teilgruppe oder der gesamten Gruppe geführt und grundsätzlich in folgende Phasen gegliedert:

Phasen des Rückmeldegesprächs

Gesprächsphasen	Gesprächsinhalte
1. Kontaktphase:	Zeitrahmen und Ziele des Gespräches werden vereinbart. Damit sollen Einigkeit und Offenheit im Gespräch erreicht werden.
2. Orientierungsphase:	Ein Rückblick auf das zu bewertende Qualifikations- respektive Kompetenzprofil wird vorgenommen, um den „Soll/Ist-Vergleich" vorzubereiten.
3. Analysephase:	Auf der Basis der Selbst-, Fremd- und Gruppenbeurteilung wird geprüft, ob die vereinbarten Lern- und Arbeitsziele erreicht wurden. Beobachtete Probleme werden diskutiert (z. B. Art der Aufgabenstellung, Arbeitsumstände, Verhalten des Ausbilders und des Auszubildenden).
4. Lösungsphase:	Für die künftige Arbeit werden Folgerungen abgeleitet und längerfristige Ziele, Verantwortungsbereiche, Verbesserungen im Arbeits- und Führungsverhalten vereinbart.
5. Abschlussphase:	Die Gesprächsergebnisse werden zusammengefasst und protokolliert. Abschließend wird der Gesprächsverlauf reflektiert, um „Spielregeln" (Verbesserungsmöglichkeiten) für künftige Fördergespräche zu ermitteln.

6.2 Ganzheitliches Beurteilungssystem

Jegliche Vermittlung von beruflichen Kenntnissen und Fertigkeiten ohne Überprüfung des Lernerfolges macht wenig Sinn.

Beurteilungskriterien: festzulegen nach der Priorität innerhalb des Betriebs Bei der Entwicklung eines ganzheitlichen Beurteilungssystems werden die für den Betrieb wichtigen Beurteilungskriterien festgelegt. Dazu muss überlegt werden, was, wie, wann und in welchem Umfang beurteilt werden soll. Dabei ist auch zu berücksichtigen, wie die aus dem Beurteilungssystem zusammengetragenen Daten zusammengefasst und ausgewertet werden. Für eine bestmögliche Lernfortschrittskontrolle eines einzelnen Auszubildenden ist es sinnvoll, detaillierte, d. h. auf kleine Zeitabschnitte bezogene, Informationen über den Lernfortschritt zu dokumentieren. Bei einer größeren Anzahl von Auszubildenden bedeutet das allerdings einen sehr hohen Zeit- und Verwaltungsaufwand. Handhabbare Beurteilungssysteme sollen daher nicht nur pädagogischen Gesichtspunkten (nach möglichst objektiver und valider Beurteilung jedes Auszubildenden) genügen, sondern auch ökonomische Aspekte miteinbeziehen.

Sinnvoll: detaillierte Dokumentation des Lernfortschritts

Das Beurteilungssystem muss grundlegende Kriterien wie Ausbildungsordnung, Prüfungsanforderungen, Firmenphilosophie, betriebliche Beurteilungsprinzipien und verbindliche Ausbildungsinhalte beachten. Außerdem ist am Ende der Ausbildung eine Gesamtbeurteilung erforderlich, die auch Grundlage für eine Entscheidung über die Weiterbeschäftigung des Auszubildenden nach der Prüfung sein kann.

Anforderungen an das Beurteilungssystem

In der prozessorientierten Ausbildung darf das Beurteilungssystem nicht nur die Fertigkeiten und Kenntnisse berücksichtigen, sondern muss ebenso Schlüsselqualifikationen einbeziehen.

Die Beurteilung der persönlichen, sozialen und methodischen Kompetenzen ist allerdings weitaus schwieriger als die der in Lehrgängen oder Tests feststellbaren fachbezogenen Fertigkeiten und Kenntnisse. Die Diskussion über Beurteilungsmöglichkeiten von Schlüsselqualifikationen wird seit Jahren von den am Bildungsprozess Beteiligten kontrovers geführt. Wenn fachübergreifende Kompetenzen in modernen Produktions- und Verwaltungsprozessen aber Grundlage für eine anforderungsgerechte Facharbeit sind, wird eine Beurteilung gerade dieser fachübergreifenden Kompetenzen unumgänglich sein.

Die Frage ist: *Mit welchen Hilfsmitteln werden diese sog. „Soft Skills" im Ausbildungsalltag messbar und dokumentierbar?*

Beurteilung von „Soft Skills"

6.2.1 Kriterien eines ganzheitlichen Beurteilungssystems

Eine große Hilfe ist hierbei ein „Einschätzungsbogen" wie oben beschrieben. Natürlich gibt es weit mehr Beobachtungskriterien als in diesem Bogen aufgeführt werden. Weitere Kompetenzen und die dazugehörigen Beurteilungskriterien sind in Tabelle 6.1 auf den folgenden drei Seiten aufgelistet.

Der Beurteilungserfolg und die Aussagekraft des Beurteilungssystems hängen ganz entscheidend von der „diagnostischen Kompetenz" der Beurteiler ab. Wenn ein Beurteilungssystem wirkungsvoll sein soll, bedingt dies geschulte und in diesem System unterwiesene Fachkräfte. Die Gültigkeit der festgestellten Leistungen und vor allem des Gesamtergebnisses hängt aber auch von der Anzahl der Beurteiler ab. Ein einzelner Beurteiler kann z. B. aus persönlichen Gründen, negativen Rahmenbedingungen oder vorübergehenden defizitären Leistungen eines Auszubildenden zu fragwürdigen Ergebnissen kommen. Wenn aber über einen längeren Beurteilungszeitraum (im Regelfall dreieinhalb Jahre) ein Auszubildender von mehreren Beurteilern mit einem gleichen Beurteilungssystem beurteilt wird, ist die Wahrscheinlichkeit groß, dass das Gesamtbeurteilungsergebnis dem tatsächlichen Stand des Auszubildenden in all seinen Leistungs- und Verhaltensfacetten entspricht.

Anforderungen an den Beurteiler

Fachkompetenzen (FK)

Kompetenzen	Beurteilungskriterien
Problemlösungsfähigkeit	Erfasst und analysiert Situationen schnell und umfassend, erkennt auftauchende Probleme; beherrscht Planungs- und Problemlösungstechniken zur Bewältigung beruflicher Situationen; geht systematisch, zielstrebig und analytisch vor
Analytisches Denken	Systematisches, umsichtiges und zweckmäßiges Vorgehen; behält die Übersicht; erkennt und begreift schnell betriebliche Zusammenhänge
Planungsfähigkeit	Kann Arbeits- und Prozessschritte unter Berücksichtigung von Einflussfaktoren benennen; ist in der Lage, strukturierte Planungen aufzubauen; reagiert bei Planabweichungen umsichtig
Technische Kenntnisse	Kennt Verfahrensabläufe und kann sie beschreiben; hat System- und Prozesskenntnisse und kann sie auf ähnliche Systeme transferieren
Systemkenntnisse	Bemerkt Unregelmäßigkeiten im täglichen Arbeitsablauf; unterscheidet Ursache und Wirkung sowie kritische/unkritische Auswirkungen auf Arbeitsabläufe
Zielgerichtetes Handeln	Hat eine schnelle Auffassungsgabe; arbeitet sich schnell und sicher in neue Sachgebiete ein; merkt sich Arbeitsaufträge, Störungsbilder und besondere Vorkommnisse; arbeitet sorgfältig, sicher und konzentriert über längere Zeiträume
Genaues Arbeiten	Arbeitet gewissenhaft, sorgfältig und zuverlässig; trägt gemeinsame Entscheidungen aktiv mit; übernimmt Verantwortung für die erzielten Ergebnisse
Rationelles Arbeiten	Geht sinnvoll mit Maschinen, Werkzeugen und Arbeitsmitteln um; plant Arbeitsabläufe rationell unter Berücksichtigung wirtschaftlicher Faktoren
Qualitätssicherung	Erzielt durch vorausschauendes Planen und Handeln Termintreue; informiert sich über Qualitätsstandards; sichert die Qualität der eigenen Arbeit durch sorgfältiges und genaues Vorgehen; erkennt Fehler und Qualitätsmängel, meldet und veranlasst deren Behebung
Sicherheitsbewusstsein	Hält Verfahrens- und Betriebsanweisungen/Sicherheitsvorschriften ein; ist umsichtig gegenüber möglichen Gefahrenquellen (z. B. Heben, Tragen; Gesundheitsschutz am Arbeitsplatz)
Sauberkeit am Arbeitsplatz	Hält seinen Arbeitsplatz sowie seine Werkzeuge bzw. Arbeitsmittel immer in einwandfreiem Zustand; achtet auf Funktionsfähigkeit und Ordnung
Optimieren von Arbeitsabläufen	Kennt technische und wirtschaftliche Zusammenhänge und deren Abläufe, gibt selbstständig wertvolle Anregungen zur Verbesserung und setzt sich entschlossen für die Durchführung ein

Ökologisches Grundwissen	Informiert sich über Umweltschädigungen; kennt die Notwendigkeit eines sparsamen Umgangs mit Energien, Rohstoffen und Materialien
Arbeitsplatzbezogene Umweltschutzkenntnisse	Beobachtet den eigenen Arbeitsplatz und dessen Umgebung unter dem Gesichtspunkt des Umweltschutzes; macht Vorschläge für umweltbewusste Handlungsweisen
Umweltbewusstes Handeln	Unterstützt aktiv die umweltbewusste Entsorgung der Reststoffe

Methodenkompetenzen (MK)

Kompetenzen	Beurteilungskriterien
Problemlösungsfähigkeit	Erkennt und benennt das Wesentliche an einem Problem; beschafft fehlende Informationen; sucht systematisch nach Lösungen; wägt Stärken und Schwächen gefundener Lösungen ab
Planungsfähigkeit	Kann Details zur Planung ziel- und sachbezogen beschaffen, bewerten, auswählen und strukturieren sowie in die Planung einbeziehen
Informationen auswerten können	Kann Informationen aus Fachbüchern, Tabellen, Unterlagen und elektronischen Medien beschaffen, erarbeiten und sachbezogen auswerten
Lerntechniken anwenden können	Erkennt eigene Lernschwierigkeiten und Lernschwächen und kann sie durch Anwendung geeigneter Lerntechniken überwinden; entwickelt Konzentrationsfähigkeit bei der Bewältigung neuer Arbeitsgebiete

Personalkompetenzen (PK)

Kompetenzen	Beurteilungskriterien
Motivation	Ist fleißig und gewissenhaft, erledigt seine Aufgaben immer vollständig und sorgfältig, geht voll in seiner Aufgabe auf; zeigt Ausdauer, auch wenn eine Arbeit nicht auf Anhieb gelingt
Selbstbewusstsein	Entwickelt Vertrauen in die eigene Person und Handlungsfähigkeit, erkennt seine Handlungsspielräume; ist aufgeschlossen gegenüber neuen Ideen und Entwicklungen; probiert neue Ideen aus, stellt sie aber auch ggf. in Frage
Eigeninitiative	Geht direkt, offen und freundlich auf andere zu; bietet sich an, Aufgaben zu übernehmen; meldet die Erledigung von Arbeitsaufgaben und fragt nach neuen Aufgaben; sucht selbst nach Hilfe, wenn er nicht weiter weiß; erfragt zusätzliche Informationen bei technischen und organisatorischen Fragen

Entscheidungsfähigkeit	Wählt zügig und sicher eine angemessene Lösung aus und setzt diese zielgerichtet um
Selbstkontrolle	Erkennt eigene Wissens- und Fertigkeitslücken, ist nicht überheblich, überschätzt sich nicht
Weiterbildungsfähigkeit und -bereitschaft	Lernt aus eigener Erfahrung und eignet sich neues Wissen an; setzt sich aktiv mit den sich ständig ändernden Techniken und Verfahrensweisen auseinander; erkennt die Notwendigkeit des lebenslangen Lernens
Kreativität	Hat sehr viel Phantasie und sucht nach neuen Ideen, sucht in vielen Denkrichtungen nach Lösungsansätzen
Flexibilität	Passt das eigene Vorgehen angesichts neuer Anforderungen und Aufgaben an; nutzt eine große Bandbreite an Verhaltensmöglichkeiten
Umweltbewusstsein	Informiert sich und andere, motiviert zu umweltbewusstem Verhalten

Sozialkompetenzen (SK)

Kompetenzen	Beurteilungskriterien
Kommunikationsfähigkeit	Hört aufmerksam zu; fragt nach, wenn etwas nicht verstanden wird; informiert und holt selbst Informationen ein; liefert sachgemäße und verständliche Gesprächsbeiträge
Kooperationsfähigkeit	Erledigt gewissenhaft seinen Anteil an der Gruppenarbeit; unterstützt Kollegen bei der Arbeit, nimmt selbst bei Bedarf Hilfe an; stimmt sich mit Kollegen ab; hält die betrieblichen Regeln und Absprachen ein
Sorgfalt, Gewissenhaftigkeit	Arbeitet genau und auch unter schwierigen Arbeitsbedingungen sorgfältig
Verantwortungsbereitschaft	Übernimmt innerhalb der Gruppe Verantwortung für Projekte und Arbeitsaufträge; geht verantwortlich mit Werkzeugen und Arbeitsmitteln um; kennt die Wichtigkeit der Einhaltung von Verordnungen und Vorschriften
Zuverlässigkeit	Erledigt Arbeiten termingerecht und vollständig; ist pünktlich; ist innerhalb der Gruppe ein verlässlicher Partner
Fähigkeit zu Kritik und Selbstkritik	Nimmt Kritik als Anregung und Motivation für zukünftige Verbesserungen auf; kritisiert sachlich und fundiert

Tabelle 6.1: Kompetenzen und Beurteilungskriterien

Für eine objektive und pädagogisch wirksame Beurteilung ist es wichtig, dass der Auszubildende sowohl über die Ausbildungsinhalte als auch über die Beurteilungskriterien offen und für ihn nachvollziehbar informiert wird.

Offenlegung der Beurteilungskriterien für den Auszubildenden

Die nach einer Ausbildungssequenz erfolgte Beurteilung durch den Ausbilder oder den Ausbildungsbeauftragten ist auf jeden Fall mit dem Auszubildenden zu besprechen. Der Auszubildende soll hierbei die Möglichkeit erhalten, auf einzelne Beurteilungskriterien einzugehen und seinerseits Änderungsvorschläge in dem einen oder anderen Punkt der Beurteilung zu machen.

Diese Vorgehensweise vergrößert die **Transparenz** und **Akzeptanz** der Beurteilung und fördert gleichzeitig die **Fähigkeit zur Selbsteinschätzung und Kritikfähigkeit** der Auszubildenden. Durch die Auseinandersetzung mit unterschiedlichen Beurteilern in unterschiedlichsten Ausbildungsabschnitten gewinnt der Auszubildende einen guten Überblick über die Defizite aber auch Erfolge seiner bisherigen Arbeit und kann im Sinne der Eigenverantwortung selbst geeignete Bildungsmaßnahmen ergreifen, die zum Ausgleich eventueller Mängel führen.

Entscheidend dabei ist, dass dem Auszubildenden Gründe für die Bewertung anhand von vorab formulierten und feststehenden Kriterien erläutert werden.

Eine Beurteilung wird in der Regel nur dann akzeptiert, wenn die Ergebnisse weitestgehend objektiv, nachvollziehbar, vergleichbar und transparent sind.

Das nachstehende Beurteilungssystem ist zur Beurteilung in allen technischen, gewerblichen, industriellen und kaufmännischen Berufen geeignet, wenn die Ausbildung handlungs- und arbeitsprozessorientiert verläuft.

Nach jedem Lehrgang, Betriebsprojekt, betrieblichen Auftrag oder einem betrieblichen Einsatz wird eine Leistungsbeurteilung durchgeführt. Die Beurteilung erfolgt durch den Ausbilder oder den Ausbildungsbeauftragten, anhand der in der Tabelle 6.1 aufgeführten Kompetenzen und den zugehörigen Beurteilungskriterien. Ziel ist die Beurteilung der beruflichen Handlungskompetenz und die Persönlichkeitsentwicklung der Auszubildenden.

Die Anforderungen in den einzelnen Berufen sind hinsichtlich ihrer Struktur allerdings sehr unterschiedlich. So muss z. B. ein Elektroniker für Betriebstechnik, der für Wartungs- und Reparaturarbeiten eingesetzt wird, sehr hohe Prozess- und Betriebskenntnisse besitzen, während diese bei einem Elektroniker im Handwerk geringer sein können. Aufgrund der sehr kundennahen Arbeitsweise kommt es hier aber auf eine ausgeprägte Sozialkompetenz an, die durch hohe Kommunikationsfähigkeit mit dem Kunden gekennzeichnet ist.

Unterschiedliche Anforderungen in den einzelnen Berufen

Beispiele für mögliche Sollprofile geben Abb. 6.3 und 6.4 wieder.

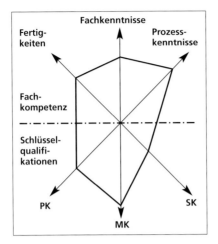
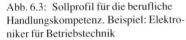
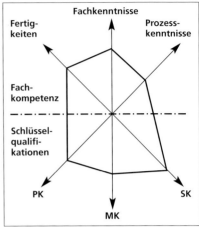

Abb. 6.3: Sollprofil für die berufliche Handlungskompetenz. Beispiel: Elektroniker für Betriebstechnik

Abb. 6.4: Sollprofil für die berufliche Handlungskompetenz. Beispiel: Elektroniker im Handwerk

6.2.2 Durchführung einer ganzheitlichen Beurteilung

Bei der Durchführung einer ganzheitlichen Beurteilung sind mehrere wichtige Beurteilungsaspekte zu beachten:

a) Beurteilungszeitpunkte
b) Beurteilungsbereiche
c) Beurteilungsmaßstäbe
d) Beurteilungsverfahren

a) **Beurteilungszeitpunkte**

Regelmäßige Beurteilung – Die Beurteilung erfolgt regelmäßig zum Ende eines jeden Ausbildungsabschnittes, mindestens jedoch nach Ablauf von drei Monaten. Ausbildungsabschnitte sind sachlich und/oder zeitlich zusammenhängende Teile der betrieblichen Berufsausbildung nach Maßgabe des Ausbildungsplanes.

Fördergespräche – Unabhängig von dieser Regelung werden auf Grundlage dieses Beurteilungssystems erstmalig zum Ende der Probezeit und weiterhin zum Ende des jeweiligen Ausbildungsjahres Fördergespräche geführt, bei denen die Ergebnisse der regelmäßigen Beurteilungen berücksichtigt werden. Gegebenenfalls werden bei den Fördergesprächen Fördermaßnahmen und Lernhilfen vereinbart und dokumentiert. Die Dokumentation erfolgt auf dem Formblatt „Dokumentation Ausbildungsstand" (Abb. 6.5) und ist vom Ausbilder und vom Auszubildenden zu unterschreiben.

– Soweit das Erreichen des Ausbildungszieles gefährdet erscheint, sind geeignete pädagogische Maßnahmen zu prüfen und einzuleiten.

– Von der regelmäßigen Beurteilung können Auszubildende ausgenommen werden, die zum Beurteilungszeitpunkt an weniger als der Hälfte der regelmäßigen Ausbildungszeit des Ausbildungsabschnittes teilgenommen haben. Die Gründe für die Nichtbeurteilung sind anzugeben.

Dokumentation Ausbildungsstand (Fördergespräch)	EBT

Name: Mustermann, Ralf

	Ende Probezeit		Ende 1. Aj.		Ende 2. Aj.		Ende 3. Aj.	

A. Leistungsstand Technikzentrum

	Ausreichend oder besser	Nicht ausreichend	Ausreichend oder besser	Nicht ausreichend	Ausreichend oder besser	Nicht ausreichend	Ausreichend oder besser	Nicht ausreichend
Kenntnisse	x		x					
Fertigkeiten	x		x					
Betriebs- und Prozesskenntnisse	/		x					
Schlüsselqualifikationen	x		x					

Empfohlene Fördermaßnahmen ⟶ auf der Rückseite eintragen!

Abteilung/Betrieb

	Ausreichend oder besser	Nicht ausreichend	Ausreichend oder besser	Nicht ausreichend	Ausreichend oder besser	Nicht ausreichend	Ausreichend oder besser	Nicht ausreichend
Kenntnisse		/		/				
Fertigkeiten								
Betriebs- und Prozesskenntnisse								
Schlüsselqualifikationen								

Empfohlene Fördermaßnahmen ⟶ auf der Rückseite eintragen!

B. Berufsschule

	Ausreichend oder besser	Nicht ausreichend	Ausreichend oder besser	Nicht ausreichend	Ausreichend oder besser	Nicht ausreichend	Ausreichend oder besser	Nicht ausreichend
	x			x				

Empfohlene Fördermaßnahmen ⟶ auf der Rückseite eintragen!

C. Hinweise auf Verhaltensänderungen/positive Entwicklungen:

Herr Mustermann ist bemüht, seine Defizite auszugleichen.

Kenntnisnahme:				
Datum:	30.11.	21.07.		
Auszubildender:	*Mustermann*	*Mustermann*		
Stammausbilder:	*Brasit*	*Brasit*		

Abb. 6.5: „Dokumentation Ausbildungsstand"

b) **Beurteilungsbereiche**
– Die Beurteilung erfolgt nach den Beurteilungsbereichen:
    – Fachkompetenz (Fertigkeiten, Kenntnisse, Betriebs-/Prozesskenntnisse)
    – Persönliche Kompetenz
    – Sozialkompetenz
    – Methodenkompetenz
  Dabei sind insbesondere die Anforderungen der jeweiligen Ausbildungsordnung zu berücksichtigen.
    Grundlage für die jeweilige Beurteilung ist das Sollprofil für den jeweiligen Beruf (siehe noch einmal Abb. 6.3 und 6.4).

c) **Beurteilungsmaßstäbe**
Beurteilungs- – Die Beurteilung in den einzelnen Beurteilungsbereichen erfolgt in jeweils vier
stufen   Beurteilungsstufen. Den Beurteilungsstufen sind Punktwerte hinzugefügt.
             – Die Beurteilungsstufen bzw. das Punktwertverfahren sind wie folgt definiert:

Beurteilungsstufen	Beschreibung	Punktwert
A	Liegt wesentlich über den Anforderungen.	100–85
B	Liegt über den Anforderungen.	unter 85–65
C	Entspricht den Anforderungen.	unter 65–50
D	Liegt unter den Anforderungen.	unter 50–0

Tabelle 6.2

Detaillierte Beschreibungen zu den Beurteilungsstufen finden sich in Tabelle 6.3. Die Ausweisung in Punktwerten erleichtert die statistische Auswertung und die Erstellung einer Rankingliste (z. B. für eine Jahrgangsbestenwahl).

d) **Beurteilungsverfahren**
– Der Beurteiler füllt den Beurteilungsbogen (Abb. 6.6 auf der übernächsten Seite) aus und unterschreibt ihn.
– Der Beurteiler teilt dem/der Auszubildenden sein Beurteilungsergebnis mit und bespricht die Gründe seiner Beurteilung.
– Der/die Auszubildende bestätigt durch seine/ihre Unterschrift auf dem Beurteilungsbogen die Kenntnisnahme der Beurteilung und ihre Erläuterung.
– Die Beurteilungsbögen und das Beurteilungsergebnis werden zur Ausbildungsakte genommen.

Übernahme-   Die Gesamtergebnisse der einzelnen Leistungsbeurteilungen werden gesam-
gespräch auf der melt und zum Ende der Ausbildungszeit zusammengefasst. Aufgrund der Be-
Grundlage der   urteilungen über den gesamten Ausbildungszeitraum erfolgt am Ende der Aus-
Beurteilungen   bildungszeit ein Übernahmegespräch, für das die Erkenntnisse aus den
                Beurteilungsgesprächen die Grundlage bilden.

Die Kompetenzen ...

- **... liegen wesentlich über den Anforderungen**
  - Hervorragender Wissensstand (vielfältiges und souveränes Wissen) und hervorragende Fertigkeiten (vertiefte Kenntnisse, sicherer Umgang)
  - Der/Die Auszubildende hat ein ausgeprägtes Verständnis für praktische Arbeitsanforderungen und ist sowohl besonnen als auch selbstkritisch hinsichtlich der Brauchbarkeit verschiedener Vorgehensweisen
  - Der/Die Auszubildende kann komplexe und für ihn/sie neuartige Problemstellungen angemessen strukturieren, selbstständig Lösungsalternativen entwickeln, bewerten und auswählen
  - Vollkommen selbstständiger Arbeitseinsatz möglich, wenn rechtlich unbedenklich

---

- **... liegen über den Anforderungen**
  - Detaillierter Wissensstand und umfassende Fertigkeiten (sicheres Können)
  - Der/Die Auszubildende hat ein umfassendes Verständnis für praktische Arbeitsanforderungen und die Brauchbarkeit verschiedener Vorgehensweisen
  - Der/Die Auszubildende kann Erfahrungen und Lösungsansätze auf neue Sachverhalte übertragen
  - Weitgehend selbstständiger Arbeitseinsatz möglich

- **... entsprechen den Anforderungen**
  - Erweitertes Grundwissen und erweiterte Grundfertigkeiten
  - Der/Die Auszubildende hat ein allgemeines Verständnis für praktische Arbeitsanforderungen und die Brauchbarkeit verschiedener Vorgehensweisen
  - Der/Die Auszubildende kann die ausgeführten Arbeitsschritte in der richtigen Reihenfolge benennen, beschreiben und begründen
  - Noch kein selbstständiger Arbeitseinsatz möglich

- **... liegen unter den Anforderungen**
  - Der/Die Auszubildende hat Lücken im Grundwissen und Mängel bei den Grundfertigkeiten
  - Der/Die Auszubildende kann nur begrenzt Arbeiten nach Unterweisung ausführen und seinen/ihren Arbeitserfolg kontrollieren
  - Der/Die Auszubildende kann die ausgeführten Arbeitsschritte nicht immer in der richtigen Reihenfolge benennen und beschreiben
  - Ein selbstständiger Arbeitseinsatz ist ausgeschlossen

Tabelle 6.3: Beurteilungsstufen

	Beurteilung – Auszubildende –	

Name: Mustermann, Rolf　　　**Beurteilungszeitraum vom:** 01.03.　　**bis:** 28.05.

Beruf: Elektroniker

Ausbildungsbetrieb/-abteilung: Ausbildungswerkstatt

A. Aufgaben/Tätigkeiten: Grundlagen der Messtechnik, Schützschaltungen, Grundlagen der Elektronik, Schutzmaßnahmen, Schützsteuerungen für elektrische Maschinen

B. Beurteilungsmerkmale

Beurteilungsstufen

liegen wesentlich über den	liegen über den	ent-spechen den	liegen unter den
		Anforderungen	

Fachkompetenz

1. Fachkenntnisse:
Inwieweit sind die an diesem Ausbildungsplatz erforderlichen Fachkenntnisse vorhanden?

		57	

2. Fertigkeiten (Praktisches Können):
Inwieweit wird die Ausführung der gestellten Aufgaben systematisch vorbereitet (Planung)?
Inwieweit werden die Aufgaben in Bezug auf die Arbeitsqualität ausgeführt und eigenständig kontrolliert (Ausführung)?

– Planung

		62	

– Ausführung

	68		

3. Betriebs-/Prozesskenntnisse

	78		

4. Schlüsselqualifikationen

4.1 Persönliche Kompetenz:

		62	

4.2 Sozialkompetenz:

85			

4.3 Methodenkompetenz

	68		

Punktwerte: (Orientierungshilfe)

100–92	unter 92–81	unter 81–67	unter 67–50	unter 50–30	unter 30–0
Sehr gut	gut	befriedigend	ausreichend	mangelhaft	ungenügend

C. Hinweise

1. zu besonderen fachlichen Interessen und Fähigkeiten

....

....

....

2. für ergänzende/weiterführende Ausbildungs- und Lernhilfen
(besonders, wenn Kenntnisse und Fertigkeiten unter den Anforderungen liegen)

Empfehlung zur weiteren Förderung und zu Fördermaßnahmen
(zur Förderung besonderer Stärken, zum Abbau von Schwächen, zur Behebung von Mängeln)

Ausbildungsbegleitende Hilfen (AbH), Vorlage der Berufsschul-Hausaufgaben

....

....

D. Betriebsspezifische Unterweisungen

Arbeitssicherheitsunterweisung ist nach Sicherheitshandbuch erfolgt. Datum: _01.03._	Betriebliche Umweltschutzinformation ist erfolgt. Datum: _01.03._
Unterschrift Auszubildende/-r: _____	Unterschrift Auszubildende/-r: _____
Ausbilder/-in bzw. Ausbildungsbeauftragte/-r: _____	Ausbilder/-in bzw. Ausbildungsbeauftragte/-r: _____

E. Ausbildungsnachweis regelmäßig geführt: ja

F. Stellungnahme des/der Auszubildenden

....

....

....

....

Datum	Beurteiler/-in	Datum	Ausbilder/-in bzw. Ausbildungsbeauftragte/-r	Datum	Auszubildende/-r Beurteilung wurde besprochen
		28.05. *Prasit*		28.05. *Mustermann*	

Abb. 6.6: Beurteilung – Auszubildende

Weiterführende Literatur

OTT, Bernd: Grundlagen des beruflichen Lernens und Lehrens. Ganzheitliches Lernen in der beruflichen Bildung. Cornelsen. Berlin 2004 (2. Auflage).

CRAMER, Günter/SCHMIDT, Hermann/WITTWER, Wolfgang (Hrsg.): Ausbilder-Handbuch. Aufgaben, Konzepte, Praxisbeispiele. Deutscher Wirtschaftsdienst. Köln 1994.

RIPPER, Jürgen/WEISSCHUH, Bernd: Ausbildung im Dialog. Das ganzheitliche Beurteilungsverfahren für die betriebliche Berufsausbildung. Christiani. Konstanz 1999.

EBBINGHAUS, Margit/SCHMIDT, Jens M.: Prüfungsmethoden und Aufgabenarten. Bundesinstitut für Berufsbildung. Bertelsmann. Bielefeld 1999.

KURATORIUM DER DEUTSCHEN WIRTSCHAFT FÜR BERUFSBILDUNG (Hrsg.): Neue Strukturen und Prüfungen in der Berufsausbildung. Dokumentation über die Tagung der gewerblich-technischen Ausbildungsleiter am 21./22. Oktober 1999. Bonn.

Teil III – Methoden der Neuordnung:

7 Handlungsorientierte Ausbildungsmethoden
8 Problemorientierte Ausbildungsmethoden
9 Methodenkoffer zur Handlungskompetenz

7 Handlungsorientierte Ausbildungsmethoden

LEITFRAGEN

① Welche „zentralen Methoden" gibt es in der betrieblichen Aus- und Weiterbildung?

② Gibt es in der betrieblichen Ausbildungspraxis drei Anwendungsfälle für Selbstlerntechniken, Kooperationstechniken und Kreativitätstechniken?

③ In welche Ablaufschritte gliedert sich die Moderationstechnik?

④ Was sind die wichtigsten Visualisierungselemente und Aspekte der Präsentation?

⑤ Welche Anwendungsfälle für eine Entscheidungssimulation, Verhaltenssimulation und Anwendungssimulation sind in der betrieblichen Ausbildung denkbar?

Die Kenntnis und der erfahrungsgeleitete Umgang mit handlungsorientierten Ausbildungsmethoden sind zentrale Voraussetzungen für die angestrebte Selbstlernkompetenz und eigenverantwortliches Arbeiten in den neu geordneten Berufen. Im Folgenden werden deshalb Ausbildungsmethoden und Lerntechniken vorgestellt, die in der betrieblichen Ausbildungspraxis einen breiten Raum einnehmen.

7.1 Standardmethoden

Die Forderung, dass Auszubildende ihre Ausbildungsaufträge immer häufiger in Eigenverantwortung planen, durchführen und kontrollieren, war Anlass für die Mannesmann-Demag, verschiedene Ausbildungsmethoden hinsichtlich ihrer Förderung von Schlüsselqualifikationen zu untersuchen:

- **Lehrgangs-Methode**
- **Leittext-Methode**
- **Projekt-Methode**

7.1.1 Lehrgangs-Methode

Die Lehrgangs-Methode reicht von der Vier-Stufen-Methode über die zunehmende Verwendung von Selbstlernmaterialien bis hin zu kombinierten Unterweisungsverfahren. Die Vier-Stufen-Methode geht von der Tätigkeitsanalyse erfahrener Arbeiter aus. Die Arbeitsanalyse ist die Grundlage für die Arbeitssystembeschreibung, bei der Arbeitsaufgabe (Lernziele), Arbeitsablauf, Arbeitsplatz, Arbeitsmittel, Arbeitsumgebung, Arbeitsmethode und Arbeitsorganisation vom Ausbilder geplant bzw. vorentschieden werden.

Vier-Stufen-Methode

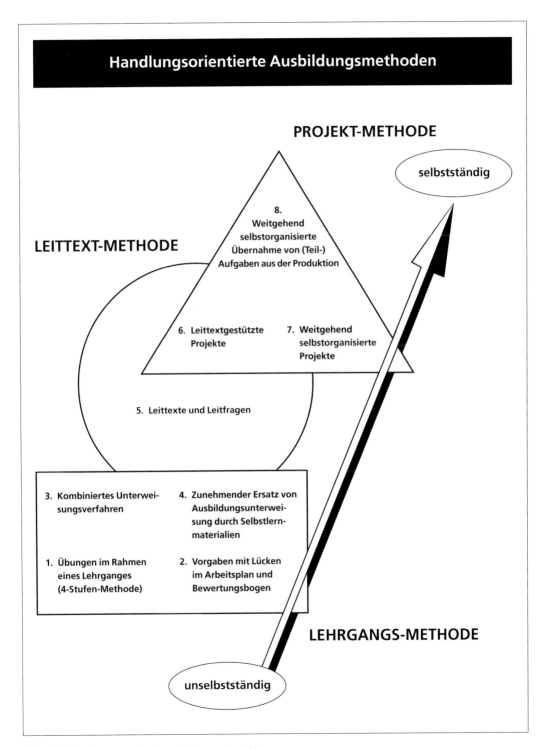

Abb. 7.1: Handlungsorientierte Ausbildungsmethoden

Auf der Basis der Arbeitsanalyse wird bei der Vier-Stufen-Methode der Unterweisungsplan erstellt:

Lernabschnitte	Ablauf/Kernpunkte	Begründungen
WAS wird gelernt?	WIE wird es gemacht?	WARUM wird es so gemacht?

Die Arbeitsunterweisung ist in vier Stufen gegliedert:

a) **Vorbereiten:** In dieser Stufe ist vorwiegend der Ausbilder aktiv. Er erklärt die Arbeitsaufgabe, nennt die Lernziele und stellt die Arbeitsmittel bereit. Durch Fragen und Impulse klärt er die Vorkenntnisse und weckt Interesse.

b) **Vormachen:** Der Ausbilder soll den gesamten Arbeitsvorgang „flüssig vormachen" und dabei erklären, WAS er WIE und WARUM macht. Durch wiederholtes, schrittweises Vormachen lenkt er die Aufmerksamkeit auf die wesentlichen Kernpunkte der Unterweisung.

c) **Nachmachen:** Der Auszubildende wiederholt die Arbeitsschritte (Imitationslernen). Dabei erklärt er die einzelnen Lernabschnitte, beschreibt die Kernpunkte und begründet sein Vorgehen. Bei gravierenden Fehlern kann der Ausbilder sofort eingreifen. Kontroll- und Beurteilungsfragen ermöglichen eine Einschätzung des Zielerreichungsgrades der Arbeitsunterweisung.

d) **Selbstständiges Anwenden:** Durch wiederholte Übung wird das Gelernte gefestigt und gesichert. Durch erneuten Vollzug wird Lernfortschritt beobachtet und Routinebildung angestrebt.

Vier-Stufen-Methode

			Selbstständig anwenden
		Nachmachen und erklären lassen	
	Vormachen/Erklären		
Vorbereiten			
1. Arbeitsmaterial bereitstellen 2. Vorstellen und persönlichen Kontakt herstellen 3. Lernziel nennen 4. Vorkenntnisse klären 5. Lernziel im organisatorischen Zusammenhang darstellen 6. Interesse wecken (motivieren)	1. Vormachen und erklären WAS–WIE–WARUM 2. Dosierte Lernschritte 3. Lernhilfe geben 4. Wiederholung 5. Wesentliche Punkte herausstellen	1. Nachmachen lassen, WAS–WIE–WARUM erklären lassen 2. Kontroll- und Beurteilungsfragen stellen 3. Fehler korrigieren 4. Wiederholung 5. Sicherheit geben 6. Lob/Tadel	1. Selbstständig ausführen lassen 2. Helfendes Eingreifen 3. Erfolgskontrolle 4. Lob, Anerkennung 5. Hinweis auf weitere Tätigkeit

Abb. 7.2: Vier-Stufen-Methode

7.1.2 Leittext-Methode

Die Leittext-Methode ist grundsätzlich in die sechs Stufen einer vollständigen Handlung gegliedert:

(1) **Informieren:** In dieser Anfangsphase werden Leitfragen und Leittexte eingesetzt, die den Auszubildenden darüber informieren, was getan werden soll. Durch systematische Analyse der Zeichnung und der Auftragsunterlagen soll er die auszuführenden Arbeiten gedanklich erfassen.

(2) **Planen:** Hier geht es um die Festlegung und Organisation der Arbeitsabläufe in einem Arbeitsplan. Der Arbeitsplan wird gewöhnlich von einer Lerngruppe erstellt.

(3) **Entscheiden:** Auf dieser Stufe werden der Fertigungsweg und die Betriebsmittel festgelegt und die erarbeiteten Entscheidungsvorlagen mit dem Ausbilder durchgesprochen.

(4) **Ausführen:** In dieser Phase wird das Werkstück gefertigt. Der Fertigungsprozess soll weitgehend selbstständig vom Auszubildenden geleistet werden und kann ggf. auch arbeitsteilig erfolgen.

(5) **Kontrollieren:** Die Überprüfung der fachgerechten Anfertigung eines Kontrollbogens durch den Auszubildenden (Selbstbewertung) und durch den Ausbilder (Fremdbewertung).

(6) **Bewerten:** Die Kontrolle ist die Grundlage für ein Bewertungsgespräch mit dem Ausbilder über die durchgeführte Arbeit. Dabei werden Gründe für Mängel und Abweichungen ermittelt und besprochen.

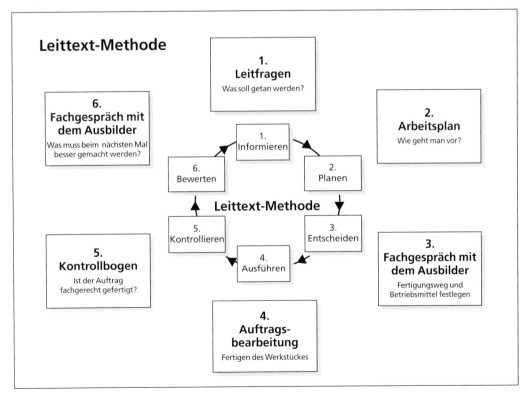

Abb. 7.3: Leittext-Methode

7.1.3 Projekt-Methode

Unter einem Projekt wird ein Ausbildungsvorhaben verstanden, bei dem die Auszubildenden einen komplexen Gegenstand möglichst im Team herstellen oder eine fest umrissene, praxisrelevante Aufgabe erfüllen.

Problemstellung und Zielvereinbarungen

Die Projektmethode beginnt mit der Problemstellung (Projektaufgabe) bzw. den Zielvereinbarungen (Projektziele). Die Problemstellungen in Form von Arbeits- bzw. Gestaltungsaufgaben reichen von leittextgestützten Projekten über selbstorganisierte Projekte bis hin zu der Übernahme von (Teil-)Aufgaben aus der Produktion.

Projektdurchführung: drei Schritte

Die Projektdurchführung gliedert sich (nach dem dreiphasigen Handlungsmodell) in
– Planen,
– Durchführen und
– Kontrollieren.
Der Problemlösungsprozess erfolgt in Lern- und Reflexionsschleifen und besteht aus der
– Auftrags-Übergabe-Situation,
– selbstständig-produktiven Erarbeitung,
– Präsentation und Besprechung der Arbeitsergebnisse.

Projektauswertung

Voraussetzung für die Projektauswertung ist natürlich, dass im **Projektverlauf** wichtige Planungs- und Fertigungsunterlagen **dokumentiert** und **visualisiert** werden.

Der Ausbilder beschränkt sich auf seine „Moderatorenrolle", d. h., er beobachtet (Verlaufsbeobachtung), protokolliert und gibt ggf. „Hilfe zur Selbsthilfe". Die Verlaufsbeobachtung ist Grundlage für das Abschlussgespräch. Die Bewertung der Projektaufgabe erfolgt in Form der Selbstbewertung (durch die Gruppenmitglieder) und als Fremdbeurteilung (durch den Ausbilder). Diese Bewertung ist Anlass für ein „Fördergespräch", in dem Auffälligkeiten benannt und ggf. Verbesserungsvorschläge unterbreitet werden.

Um den sehr facettenreichen Begriff „Handlungsorientierung" methodisch umzusetzen, werden die gewünschten Schlüsselqualifikationen mit den vorhandenen Ausbildungsmethoden verglichen, um daraus eine spezifische Förderung von Schlüsselqualifikationen zu erkennen.
Hierbei wird deutlich, dass
– die Lehrgangs-Methode kaum bzw. eine geringe Förderung von Schlüsselqualifikationen zulässt,
– die Leittext-Methode überwiegend eine bedeutsame Förderung von Schlüsselqualifikationen ermöglicht,
– die Projekt-Methode eine ausgesprochen intensive und bedeutsame Förderung bewirkt.

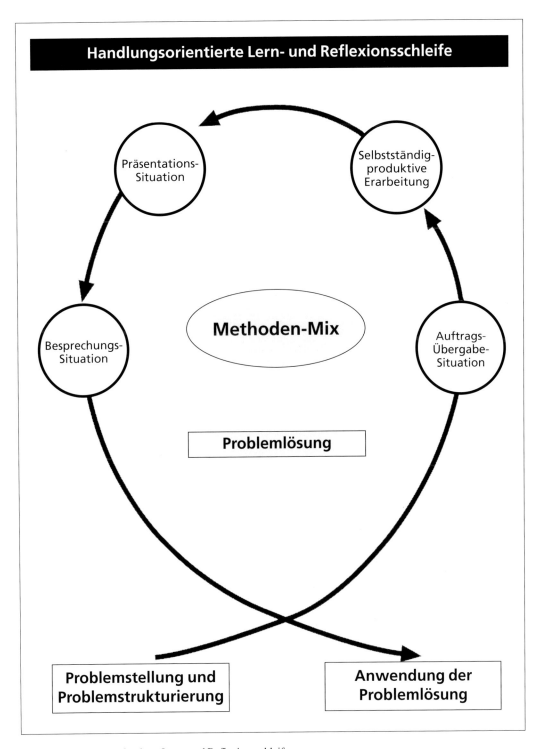

Abb. 7.4: Handlungsorientierte Lern- und Reflexionsschleife

7.2 Moderationsmethoden

Die Moderationsmethode wurde für interaktive Arbeit mit und in der Gruppe entwickelt.

Sie hat zum Ziel, Abläufe zu strukturieren und alle Teilnehmer möglichst aktiv am Arbeits-, Problemlösungs- und Entscheidungsprozess zu beteiligen (Synergieeffekte).

Der Moderator fungiert während der Moderation nicht als Vorgesetzter, sondern er ist vielmehr gleichwertiges Gruppenmitglied. Er leitet lediglich die Arbeitssitzung, deshalb ist der Moderator auch nicht mit besonderer Weisungsbefugnis oder Entscheidungskompetenz ausgestattet.

7.2.1 Moderationszyklus

Moderationsablauf in sechs Schritten

Der Ablauf der Moderation ist prinzipiell in sechs Abschnitte gegliedert:

(1) **Einstieg:**

In diesem ersten Moderationsabschnitt geht es darum, ein entspanntes Arbeitsklima zu schaffen und die gemeinsame Arbeit zu strukturieren. Geeignete „Einstiegshilfen" sind beispielsweise
  – Kennenlernen-Matrix: Name, Funktion, Vorlieben …
  – Steckbrief: Name, Beruf, Hobbys, Lebensstationen …
  – Trailer: Einstimmung in den Problembereich, Fragestellungen …
  – Erwartungsabfrage: Ich erwarte von diesem Seminar …

(2) **Themenorientierung:**

Das Themensammeln ist der erste inhaltliche Moderationsschritt. Anhand einer präzisen Fragestellung werden die Gedanken der Teilnehmer auf die gemeinsame Zielrichtung gelenkt. Durch „Kartenabfrage" (eine Idee pro Karte) werden die Einfälle der Teilnehmer gesammelt und von der Gruppe nach inhaltlichen Schwerpunkten geordnet. Dadurch gewinnt man „Cluster" (= Ideenbündel) von Wünschen, Einfällen oder Problemen.

(3) **Themenordnung:**

In diesem Arbeitsschritt wird festgelegt, in welcher Reihenfolge bzw. mit welcher Priorität die Themen bearbeitet werden sollen. Auf der Basis der Clusterbildung (z. B. Problemlandschaft) wird ein Themenspeicher angelegt, der durch „Einpunkt- oder Mehrpunktabfrage" in eine Rangreihe gebracht wird.

(4) **Themenbearbeitung:**

In diesem Schritt wird in Kleingruppenarbeit das Thema/Problem bearbeitet. Dabei sind viele Methoden der Problembearbeitung mit unterschiedlicher Zielsetzung bei der Lösungsfindung denkbar.

(5) **Maßnahmenplanung:**

Auf der Basis der Themenbearbeitung wird ein Aktionsplan bzw. die Vorgehensplanung entwickelt.

(6) **Abschluss:**

In der Abschlussphase wird der Gruppenprozess reflektiert und ggf. ein „Meilensteinplan" zur Zielverfolgung beschlossen.

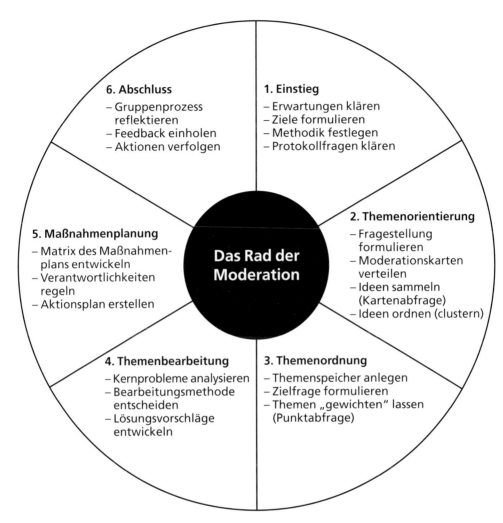

Abb. 7.5: Das Rad der Moderation

In der Praxis wird die Moderationsmethode oft bei Problemlösungs- bzw. Entscheidungsfindungsprozessen verwendet. Dabei empfiehlt sich ein Vorgehen in fünf Schritten:

- Situationsanalyse: Das aktuelle Problem wird klar definiert und beschrieben.
- Zielplanung: Die erreichbaren Ziele werden festgelegt und mit Prioritäten versehen.
- Problemanalyse: Die Problemursachen werden untersucht und explizit benannt.
- Entscheidungsfindung: Die Entscheidungen zum weiteren Vorgehen werden getroffen und begründet.
- Aktionsplan: Es wird festgelegt, wer was zu welchem Zeitpunkt zu tun oder zu veranlassen hat.

7.2.2 Visualisierungstechniken

Es gibt in der Praxis vier wichtige Visualisierungselemente: Form, Farbe, räumliche Zuordnung und Schrift.

a) **Form:** Zur Darstellung von differenzierten Sachverhalten eignen sich vielfältige Formen der Moderationskarten, wie z. B. Rechtecke, Streifen, Ovale, Kreise usw. Symbole können dazu eine gute Ergänzung sein, wie z. B. Blitz, Ausrufezeichen, Fragezeichen, Wolke, Sonne usw.

b) **Farbe:** Durch planvollen und gezielten Einsatz der Farben von Moderationskarten sind gezielte Hervorhebungen und Zuordnungen leicht darstellbar. Dabei sollte die Anzahl der Farben überschaubar bleiben und die „psychologische Farbwirkung" beim Einsatz in der Moderation beachtet werden:

Farbe	Farbwirkungen	Einsatz in der Moderation
Grün	– ausgleichend – passiv, neutral – beruhigend	– Feedback geben – Konsens festhalten – Zusammenfassungen schreiben
Blau	– kalt, passiv – leidenschaftslos – seriös	– Fakten präsentieren – Tatsachen erläutern – Informationen geben
Weiß	– Anfang – Klarheit – Einfachheit	– Rahmen beschreiben – Organisation festlegen – offene Punkteliste
Gelb	– sanft reizend – kommunikativ – kreativ, aktiv	– in der Phase der Ideenfindung – bei Kreativitätstechniken – um vorhandenes Wissen auszuheben
Orange	– gesellig – reizend, aktiv – verströmend	– in der Vertiefungsphase – bei der Lösungssuche – bei der Arbeit auf der Beziehungsebene

Tabelle 7.1: „Psychologische Farbwirkungen"

c) **Räumliche Zuordnung:** Die räumliche Zuordnung von Karten dient der inhaltlichen Strukturierung der Visualisierungsbeiträge. Neben vielfältigen Kompositionsregeln, wie z. B. Reihung, Rhythmus, Ballung und Streuung sind auch vielfältige gebundene Darstellungen möglich, wie z. B.
   – Baum für hierarchische Zeichnungen,
   – Tabelle für Vergleich und Gegenüberstellung von Aussagen,
   – Netzwerk für schnelles Erfassen von Abhängigkeiten (vgl. Abb. 7.6).

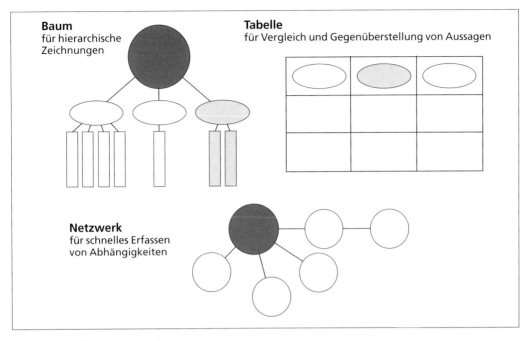

Abb. 7.6: Visualisierungsbeispiele

d) **Schrift:** Die Schrift soll aus ca. acht Metern Entfernung noch gut lesbar sein, denn eine solche Raumgröße ist für ca. 20 Personen notwendig. Deshalb seien beim Beschreiben der Karten und Plakate folgende „Tipps für eine lesbare Handschrift" zu beachten:

Abb. 7.7: Tipps für eine lesbare Handschrift

7.2.3 Präsentationstechniken

Für die Planung, Durchführung und Bewertung einer Präsentation sind bestimmte Aspekte zu beachten:

a) **Planung der Präsentation**

Die Planung einer Präsentation gliedert sich in mehrere Phasen, Schritte und damit verbundene Leitfragen.

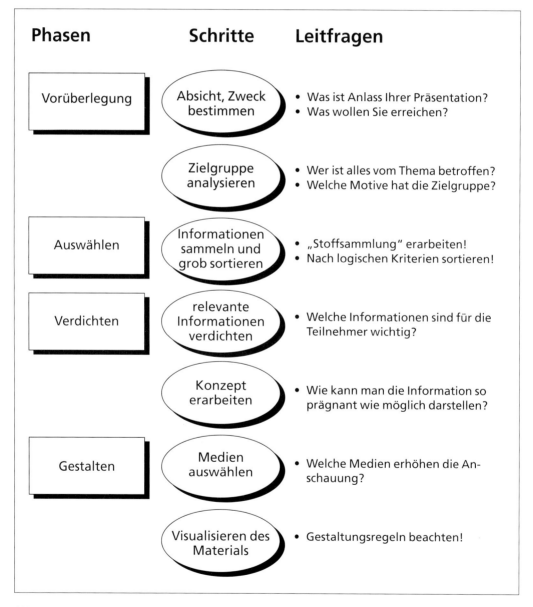

Abb. 7.8: Planung einer Präsentation

b) Durchführung der Präsentation

Es gibt natürlich zahlreiche Präsentationsmöglichkeiten, im Folgenden werden daher nur exemplarisch einige Beispiele aufgelistet.

Präsentationsmöglichkeiten von Arbeitsergebnissen (Auswahl)

- **Wandzeitungen oder Lernplakate**, die von einem Gruppenvertreter erläutert werden.
- **„Fish-Pool":** Eine Gruppe sitzt in der Mitte und diskutiert ihre Ergebnisse. Jeder Zuhörer, der mitdiskutieren will, kann sich auf einen Stuhl setzen.
  Variante: Je ein Gruppenvertreter sitzt im Fish-Pool, diese Gruppe diskutiert unter der Leitfrage die Teilaspekte der jeweiligen Gruppen (schwierigere Form).
- **„Expertenbefragung":** Die „Experten" sitzen vorne und lassen sich befragen, entweder durch vorbereitete Fragen einzelner Mitglieder oder durch Fragen aus dem Plenum.
- **Markt der Möglichkeiten:** Ausstellung der Arbeitsergebnisse bzw. der hergestellten Produkte, Bilder, Texte, Modelle usw.
- **Gruppenpuzzle (Mischgruppen):** In jeder der neu gebildeten Gruppen ist jede alte Gruppe durch mindestens einen Teilnehmer vertreten; diese Gruppen tauschen die Arbeitsergebnisse aus und diskutieren sie.
- **Szenen- oder Rollenspiel:** Die Gruppe kleidet ihre Ergebnisse in ein erfundenes Spiel, evtl. mit Möglichkeiten zur Befragung der Rollenspieler.

Bei der Durchführung einer Präsentation sind **„zehn goldene Tipps"** hilfreich:

Zehn goldene Tipps für eine gute Präsentation

① Kein Vortrag ohne einen Einstieg!
② Sage oder zeige den Zuhörern, was auf sie zukommt!
③ Lass dein Publikum nicht nur hören, sondern auch sehen!
④ Nur gut lesbare Plakate und Folien erhöhen das Interesse!
⑤ Weniger ist häufig mehr auf einem Plakat („3 W's" – wenig, wichtig und wuchtig)!
⑥ Probe die Präsentation vor bekanntem Publikum!
⑦ Schau dein Publikum während der Präsentation an!
⑧ Sprich deutlich, laut genug und nicht zu schnell!
⑨ Drücke dich verständlich aus, erkläre Fremdwörter!
⑩ Runde deinen Vortrag ab. Der letzte Eindruck ist wichtig!

c) Bewertung einer Präsentation

Die Bewertung und Reflexion einer durchgeführten Präsentation kar fe des nachstehenden Beobachtungsbogens durchgeführt werden 7.9 auf der folgenden Seite).

Beobachtungsbogen	Entspricht den Anforderungen				
	☺	☺	😐	☹	☹
Fachkompetenz					
1. Fachliche Darstellung: Bewertet wird die Auswahl und Korrektheit der vorgetragenen Inhalte und das Aufzeigen von Querverbindungen.					
2. Fachliche Diskussion: Bewertet werden klare Antworten bei Nachfragen (z. B. nach Fachausdrücken) und Querverweise auf andere Arbeitsergebnisse.					
Methodenkompetenz					
3. Struktur und Gliederung: Bewertet werden Gliederung (roter Faden) und Zeiteinteilung des Vortrages sowie ein Überblick vorweg und eine Zusammenfassung am Schluss.					
4. Medieneinsatz: Bewertet wird der treffende und geschickte Einsatz von Medien, Funktions- und Demonstrationsobjekten sowie die sichere Medienhandhabung.					
Individual- und Sozialkompetenz					
5. Auftreten und Körpersprache: Bewertet wird Stil und Sicherheit des Auftretens, Ausstrahlen persönlicher Begeisterung, Herstellen von Aufmerksamkeit (Blickkontakt) und Spannung bei den Zuhörern.					
Kommunikationsfähigkeit: ...ertet wird das Eingehen auf Zuhörer durch ...sung von Sprachstil und Tempo, flexibles ...gen bei Unterbrechungen und eine ver- ...e Sprache.					
...tionsfähigkeit: ...d die Fähigkeit, in der Gruppe ko- ...treten, Mitvortragende zu unter- ...e, Anregungen sowie andere ...enmeinungen fair darzustellen.					
BEO...	GESAMTBEWERTUNG:				

Abb. 7.5

7.3 Computerunterstützte Methoden

Die Bezeichnung „Computerunterstütztes Lernen (CUL)" wird für die unterschiedlichsten Anwendungen verwendet. Der Bogen spannt sich von Computerspielen über Lernprogramme bis hin zu Virtual Reality. Demnach heißt CUL jede Art von Lernen, die mit Hilfe einer Hard- und Software-Anordnung zustande kam und die explizit für Lehr- und Lernzwecke entwickelt wurde. CUL steht als Sammelbegriff für eine Vielzahl methodenkonzeptioneller Varianten:

Eine Vielzahl methodenkonzeptioneller Varianten

1) **Tutorielle Unterweisung**: Dargebotene Lerninhalte werden durch Verständnisfragen abgesichert und von der Lernsoftware analysiert. Die Arbeitsergebnisse des Lernenden können gespeichert und am Ende zur Lernerfolgskontrolle verwendet werden.

2) **Übungsprogramme** dienen der Einübung und Festigung vorhandenen Wissens. Aus einem Aufgabenpool werden dem Lerner Fragen (unterschiedlichen Schwierigkeitsgrads) präsentiert, die Antwort wird analysiert.

3) **Simulation**: Durch Intervention des Lerners wird das Lernsystem jeweils in einen neuen Zustand versetzt – dabei ist zwischen Entscheidungs-, Verhaltens- und Anwendungssimulationen zu unterscheiden (siehe Tabelle 7.2).

4) **Hypertext und Hypermedia**: Hypertexte brechen die lineare Struktur eines Leittextes auf, indem sie einzelne Worte bzw. Textpassagen in Beziehung zu anderen Texten setzen. Hypermedia-Systeme beziehen auch andere Medien (Bild, Ton und Film), die man unter dem Sammelbegriff Multimedia zusammenfasst, in das Lernsystem mit ein. Demzufolge wird Hypermedia mitunter auch als eine Mischform aus Hypertext und Multimedia definiert.

5) **Intelligente tutorielle Lernsysteme**: Sie beanspruchen im Dialog mit dem Lerner, das jeweils notwendige Lernangebot mit dem Wissen eines Experten bereitzustellen, um so eine vollständige Simulation menschlichen Lernens zu erreichen.

Entscheidungssimulation	Verhaltenssimulation	Anwendungssimulation
Ein Modell eines realen oder fiktiven Systems wird abgebildet, in das der Lerner durch Veränderung vorgegebener Daten eingreifen kann.	Sie zielt auf die Vorbereitung und Reflexion sozialkommunikativen Handelns, allerdings sind die Entscheidungsalternativen nicht offen, sondern modellhaft verkürzt.	Sie verfolgt das Ziel, die Bedienung technologischer Systeme einzuüben. Der Lerner führt seine Eingaben genauso durch wie in der echten Situation, seine Fähigkeiten werden aber durch entsprechende Übungs- und Transferphasen stabilisiert und im Fehlerfalle korrigiert.
Beispiel: Fahr- oder Flugsimulator	**Beispiel:** Bewerbungsgespräch	**Beispiel:** CNC- oder SPS-Programmierung

Tabelle 7.2: Formen der Computersimulation

„Blended Learning" In den letzten Jahren ist „Blended Learning" (engl. „blend", d. h. mixen oder vermischen) in der beruflichen Aus- und Weiterbildung bekannt geworden. Gemeint ist damit, dass sich Präsenz- und Distanzphasen beim Lernen abwechseln. Die Präsenzphasen beziehen sich auf die klassischen Lernformen der betrieblichen Aus- und Weiterbildung, wie z. B. Seminare oder Lehrgänge. In den Distanzphasen werden alle technischen Möglichkeiten des E-Learnings eingesetzt, wie z. B.: Mailsysteme, Diskussionsforen, Chats, Whiteboards oder Konferenzsysteme.

Eine gesicherte allgemein gültige Bewertung über die „Wirkungen" von multimedialen Lernarrangements und Lernumgebungen ist wegen der Komplexität von Lernprozessen grundsätzlich nicht möglich. Allerdings muss CUL immer im umfassenderen Kontext des ganzheitlichen Lernens diskutiert werden und deshalb grundlegende Aspekte des „offenen" Lernens beachten:

Voraussetzungen für den Einsatz von CUL

a) Selbstregulierung und Selbststeuerung des Lerners beim Lernprozess

b) Individualisierung der Lerninhalte, der Lernstruktur und Lernumgebung

c) Kommunikation und Interaktion zur Verwirklichung sozial-kommunikativer Lernziele

Weiterführende Literatur

ARNOLD, Rolf/KRÄMER-STÜRZL, Antje: Berufs- und Arbeitspädagogik. Leitfaden der Ausbildungspraxis in Produktions- und Dienstleistungsberufen. Cornelsen. Berlin 2001 (2. Auflage).

KLEIN, Ulrich: PETRA. Projekt- und transferorientierte Ausbildung. Grundlagen, Beispiele, Planungs- und Arbeitsunterlagen. Siemens AG. Berlin, München 1990.

NASHAN, Ralf/OTT, Bernd: Unterrichtspraxis Metall- und Maschinentechnik. Dümmler. Bonn 1990.

PÄTZOLD, Günter: Lehrmethoden in der beruflichen Bildung. Sauer. Heidelberg 1996 (2. Auflage).

EULER, Dieter: Didaktik des computerunterstützten Lernens. Praktische Gestaltung und theoretische Grundlagen. BW. Nürnberg 1992.

8 Problemorientierte Ausbildungsmethoden

LEITFRAGEN

① Welche Arten von technischen Problemen können in der betrieblichen Praxis auftreten?

② Worin liegt das Wesentliche der problemorientierten Ausbildungsverfahren?

③ Welche problemorientierten Ausbildungsverfahren kennen Sie?

④ Welche Lernphasen sind bei problemorientierten Ausbildungsverfahren zu unterscheiden?

⑤ In welchen Sozialformen kann die Problemlösung erfolgen?

⑥ Unter welchen Perspektiven können die Auszubildenden den (sozio-)technischen Gestaltungsprozess reflektieren?

8.1 Bedeutung der Problemorientierung für den Ausbildungsprozess

Für einen Auszubildenden liegt ein technisches Problem vor, wenn er z. B. für einen Störfall (aufgrund seines Fachwissens) nicht unmittelbar eine Lösung finden kann und die Fallbearbeitung von ihm eine vollständige Handlung im Sinne von Planen, Durchführen und Kontrollieren fordert.

In der betrieblichen Praxis können zwei Arten von technischen Problemen auftreten:

Zwei Arten von technischen Problemen

– Auf der einen Seite gibt es Probleme, für deren Lösung bekannte Handlungsstrukturen zur Verfügung stehen, die (sinnvoll eingesetzt) zu einer Lösung führen, z. B. zu einem technischen Experiment, einer Konstruktion oder einer technischen Analyse. Der Lösungsprozess vollzieht sich bei dieser Problemart durch schrittweises und auf das Lösungsziel ausgerichtetes „analytisches Denken".

– Auf der anderen Seite gibt es Probleme, denen zunächst kein unmittelbarer technischer Lösungsprozess zugeordnet werden kann – diese Problemart erfordert zur Lösung „genetisches Denken".

Für beide Problemarten muss der Ausbilder den Auszubildenden eine Hilfestellung zur Problemlösung geben.

Hilfestellungen durch den Ausbilder

Im ersten Fall sind die Lernphasen so zu gestalten, dass sie dem Auszubildenden eine problemlösende Handlungsstruktur deutlich machen.

Im zweiten Fall bieten Kreativitätstechniken den Auszubildenden Anregungen zum Problemlösen bzw. Hilfen zur Bewältigung von Problemdetails.

Wesentliche Aspekte problemorientierter Ausbildungsverfahren

Das Wesentliche der problemorientierten Ausbildungsverfahren liegt darin, dass der Auszubildende

- mit einer technischen Denkaufgabe konfrontiert wird (Problemstellung),
- das Problem erkennt und die Problemstellung über eine Zielanalyse und Ist-analyse in einen Problemlösungsalgorithmus umsetzt (Problemanalyse),
- verschiedene Lösungsprinzipien strukturiert, formuliert und gegeneinander abwägt (Problemlösungsplanung),
- das Problem möglichst eigenständig löst und dabei benötigte Informationen und Hilfsmittel selbstständig beschafft sowie Lernschritte und Arbeitsweisen festlegt (Problemlösung),
- die Problemlösungsstrategie reflektiert sowie sowohl den Problemlösungsprozess als auch das Arbeitsergebnis kritisch bewertet (Problemlösungsbewertung) und
- für das durchgeführte Lern- und Arbeitsverfahren eine allgemeine Problemlösungsstruktur entwickelt (Transfer zur Handlungsstruktur).

Unterschiedliche problemorientierte Ausbildungsverfahren | Aus dieser prinzipiellen Handlungsstruktur des problemlösenden Lernens können unterschiedliche problemorientierte Ausbildungsverfahren abgeleitet werden, verstanden als „praktizierte Lehr- bzw. Lernstrategien, die typische Verlaufsphasen aufweisen und durch ihre spezifische Lerneffektivität und didaktische Reichweite gekennzeichnet sind":
- Experimentieraufgabe
- Fertigungsaufgabe
- Konstruktionsaufgabe
- Technische Analyse

8.2 Lernphasen problemorientierter Ausbildungsverfahren

8.2.1 Problemstellung

In der problemorientierten Ausbildung lassen sich die in der Praxis auftretenden Probleme (didaktisch reduziert) in einer motivierenden Ausgangssituation nutzen, indem der Ausbilder ein technisches Problem in Form einer Denkaufgabe präsentiert. Dabei sind folgende Anforderungen an ein didaktisch begründetes technisches Problem zu stellen:

Anforderungen an ein didaktisch begründetes technisches Problem

- Das Problem soll aus dem Arbeits- oder Lebensumfeld der Auszubildenden erwachsen und für technische Systeme exemplarisch sein.
- Das Problem soll von den Auszubildenden in einer vertretbaren Zeit zu einer akzeptablen und vorzeigbaren Lösung geführt werden.
- Das Problem soll so geartet sein, dass die Auszubildenden das erworbene Sach- und Handlungswissen in ihr bestehendes Wissensgefüge einordnen können.
- Das mit dem Problem transferierte Sach- und Handlungswissen soll dem Ausbildungsplan entsprechen.

Klassifizierung technischer Problemstellungen

In didaktischer Betrachtungsweise lassen sich technische Problemstellungen durch ihre unterschiedlichen Schwerpunktsetzungen im technischen Gestaltungsprozess klassifizieren:

- **Experimentieraufgabe (Untersuchungsauftrag):** Bei Brücken ist wegen der Längendehnung von Festkörpern auf der einen Uferseite ein Festlager und auf der anderen Uferseite ein Loslager eingebaut. Wie kann die Längendehnung von Festkörpern experimentell bestimmt werden?
- **Fertigungsaufgabe (Fertigungsauftrag):** Für alle Drehmaschinen des Ausbildungszentrums ist jeweils eine Ablage herzustellen, die Messzeuge aufnehmen kann.
- **Konstruktionsaufgabe (Neugestaltung eines Bauteiles):** Aus Platzgründen soll in einer Garage ein Fahrrad an die Wand gehängt werden, die entsprechende Hängevorrichtung ist zu entwerfen.
- **Technische Analyse (Demonstration eines technischen Ablaufes):** Das Funktionsprinzip und die Energieumsetzung einer Windkraftanlage sind zu analysieren und zu präsentieren.

8.2.2 Problemstrukturierung

Um die Lösungsfindung nicht dem Zufall zu überlassen, wird mit einer Erfassung der Problemstruktur begonnen. Der Ausbilder sollte die kreativen Aspekte dieses Schrittes nutzen und deshalb das Problem nicht im kleinschrittigen „Frage-Antwort-Unterricht" aufzeigen, sondern die Auszubildenden veranlassen, die Problemlage selbst zu analysieren, damit ihnen die Erkenntnisfunktion der Problemsituation bewusst wird (Problemanalyse). Es ist einleuchtend, dass Problemlösungsprozesse abreißen und in sich zusammenfallen, wenn die Auszubildenden lediglich „impulsiv raten" oder „blind probieren". Deshalb ist es erforderlich, die in der Problemanalyse gewonnenen ersten Einsichten in die Problemstruktur zu vertiefen. Die Problemstrukturierung kann deshalb weiter in zwei Phasen unterteilt werden: Problemanalyse und Problemlösungsplanung.

Problemstrukturierung in zwei Phasen

8.2.3 Problemanalyse

Die Analyse der Problemstruktur folgt der lernpsychologischen Erkenntnis, dass Menschen bei der Problembewältigung mehr oder weniger bewusst auf Vorerfahrungen zurückgreifen. In jedem Lerngegenstand lässt sich ein logischer Zusammenhang erkennen, d. h. der Lerngegenstand hat eine Sachstruktur. Ähnlich verhält es sich mit den planmäßigen Verhaltensweisen – den Lernstrukturen.

Analysieren mit Hilfe von Vorerfahrungen

In der problemorientierten Ausbildung gehören Sachstrukturen und Lernstrukturen zusammen: Über geeignete Problemstellungen werden **Strategien des Problemlösens** entwickelt und zugleich wird einsichtiges, strukturiertes Wissen vermittelt. Es gilt, Altes mit Neuem zu verbinden, sich ständig am Arbeitsziel zu orientieren, Ergebnisse geordnet darzustellen und Strategien bewusst zu machen. Durch diese „verstehende Analyse" erhält der Auszubildende eine Wissensbasis für berufliche Handlungskompetenz. In den verschiedenen Ausbildungsverfahren erfolgt die Problemstrukturierung anhand entsprechender Aufgabenstellungen:

Aufgabenstellungen zur Problemstrukturierung

- Experimentieraufgabe: Welcher der beobachteten (aber unbekannten) Zusammenhänge ist experimentell zu untersuchen?
- Fertigungsaufgabe: Welche Formen, Maße, Oberflächen, Toleranzen, Werkstoffe, Stückzahlen usw. werden im Pflichtenheft gefordert?

– Konstruktionsaufgabe: Welche Funktion und Anforderung hat der Konstruktionsgegenstand zu erfüllen?
– Technische Analyse: Welches Ziel wird mit der Demonstration bzw. Präsentation des technischen Systems verfolgt?

8.2.4 Problemlösungsplanung

Erlernen von Systemwissen

Ein Problem kann erst in seiner ganzen Tragweite erfasst werden, wenn sich Auszubildende auf ein Systemwissen stützen können, das die Zusammenhänge und Beziehungen zwischen dem Einzelwissen herstellt. In der problemorientierten Ausbildung gilt es deshalb, „Zugriffsformen der Auszubildenden" von sehr einfachen Impulshandlungen (Raten, blindes Probieren) über gezieltes Probieren und systematisches Suchen hin zu hochstrukturierten Handlungen (Teilzielplanung, Feldplanung) aufzubauen. Dabei bietet der Ausbilder Lernhilfen, die den Gedanken- und Erfahrungsschatz des Problemlösers anregen, wie z. B. etwa das Hervorheben relevanter Elemente oder die Gliederung der Lerninhalte.

Analytisch-synthetisches Vorgehen

Der Regelfall der Erarbeitung von Einsichten in die Struktur eines technischen Problems liegt im analytisch-synthetischen Vorgehen. Dabei werden zunächst die in der Problemstellung enthaltenen Strukturmomente aufgedeckt. Das Problem wird dann eingegrenzt, indem festgestellt wird, was gegeben ist, was gesucht wird und was zu einer Lösung unbedingt erforderlich ist. Die Auszubildenden äußern ihre Meinung, bringen ihre betrieblichen Vorerfahrungen und allgemeinen Lebenserfahrungen ein, stellen Vermutungen an, formulieren Hypothesen und stellen sie in der Gruppe zur Diskussion. In der sachlichen Auseinandersetzung werden sie gefordert, ihre Meinung zu begründen und zu erleben, wie diese in Frage gestellt, bestätigt oder abgelehnt wird. Bei alledem gilt das Grundprinzip, dass der Ausbilder dem selbstständigen Nachdenken und Arbeiten der Auszubildenden Raum, Zeit und Lauf lässt, z. B. bei der

– Experimentieraufgabe: Planung von Aufbau, Durchführung und Auswertung des Experimentes
– Fertigungsaufgabe: Wahl eines Fertigungsverfahrens, Arbeitsplanerstellung
– Konstruktionsaufgabe: Suche geeigneter Lösungsprinzipien, Konzepterstellung
– technischen Analyse: Auswahl geeigneter Analyseverfahren, z. B. mit Hilfe der Ishikawa-Analyse oder der 6-3-5-Methode

8.2.5 Problemlösung

Entwicklung von Problemlösungen:
– Phantasie
– Erfahrungswerte
– Verwertung neuer Informationen

In der Strukturierungsphase haben die Auszubildenden erkennen können, dass Lösungsideen mehr sind als Produkte des Zufalls und dass ein Lösungsbeitrag begründet sein soll und den eingangs formulierten Bedingungen nicht widersprechen darf. Problemlösungen entstehen durch konkrete und formale Operationen in Verbindung mit Intuition und Phantasie, dem Kombinieren und Abwandeln von Erfahrungen und dem Verwerten neuer Informationen. Da jedes Problem seinen eigenen didaktischen Stellenwert hat und jeder Lösungsweg auch davon abhängt, über welche Grundfertigkeiten der Auszubildende verfügt, kann eine allgemeine Verlaufsstruktur des Lösungsweges nicht dargelegt werden.

Bezogen auf die unterschiedlichen Lernverfahren in der problemorientierten Ausbildung erfordert die Problemlösung bei der
– Experimentieraufgabe: Durchführung des Experimentes, Dokumentation der Ergebnisse und Übertragung der Ergebnisse auf die Problemstellung
– Fertigungsaufgabe: Fertigung nach selbst erstelltem Arbeitsplan und Bewertung des Arbeitsergebnisses und des Arbeitsprozesses
– Konstruktionsaufgabe: Entwicklung und Auswahl von Bauprinzipien, Erstellung der Gesamtzeichnung mit Stücklistenerfassung
– technischen Analyse: Durchführung der Analyse und Dokumentation der Ergebnisse

Je nach Komplexität der Problemstellung und -struktur kann die mitunter recht umfangreiche Problemlösung in unterschiedlichen Sozialformen erfolgen:

Mögliche Sozialformen für die Problemlösung

– Einzelarbeit: Jeder Auszubildende plant, erstellt und kontrolliert die Problemlösung selbst in eigener Verantwortung.
– Einzelarbeit in Gruppen: Eine Gruppe plant gemeinsam die Problemlösung. Dann übernimmt jeder in Eigenverantwortung die Erstellung seines Handlungsproduktes und Kontrolle der Problemlösung.
– Partnerarbeit: Zwei Auszubildende planen, erstellen und kontrollieren ein Handlungsprodukt in eigener Verantwortung.
– Gruppenarbeit: Eine Lerngruppe bearbeitet autonom den (selbst) gestellten Arbeitsauftrag und erstellt ein gemeinsames Handlungsprodukt.

8.2.6 Anwendung der Problemlösung

Anwendung ist die letzte Phase einer problemorientierten Ausbildung. Sie ist darauf gerichtet, die Lernergebnisse im Gedächtnis der Auszubildenden zu verankern, Geläufigkeit anzubahnen und eine Automatisierung des „Handlungsmusters" anzustreben. In dieser Phase erfolgt je nach Problemstellung ein(e)
– Anwendung als relativ selbstständiges Operieren mit dem Lösungsweg und der Problemlösung unter neuen Bedingungen bzw. in neuen Situationen mit dem Ziel eines tieferen Verständnisses der Problemlösung und des Problemlöseprozesses,
– Transfer als Übertragung der erfassten und begriffenen strukturellen Züge des Lösungsweges und der Lösung mit dem Ziel, identische Momente in anderen Problemsituationen zu erkennen.

Demnach kann die Anwendung der Problemlösung in zwei Phasen erfolgen:
– Problemlösungsbewertung
– Transfer zur Handlungsstruktur

8.2.7 Problemlösungsbewertung

Bezogen auf die intendierten problemorientierten Lernverfahren werden in dieser Phase sowohl die Arbeitsergebnisse als auch der Arbeitsprozess bewertet. Erwartet wird z. B. bei der
– Experimentieraufgabe: Aussagen zur Eignung des Experimentes und zur Qualität der Ergebnisse

– Fertigungsaufgabe: Aussagen zur Qualität des Produktes
– Konstruktionsaufgabe: Aussagen zur Erfüllung der geforderten Funktion und der technischen Anforderungen
– technischen Analyse: Aussagen über die Brauchbarkeit der Ergebnisse und Eignung der Analyseverfahren

Technik-
bewertung

Dabei gilt es insbesondere, die Auswirkungen des gestalteten Systems kritisch zu bewerten, denn die Auseinandersetzung mit „Technikfolgen" ist in der problemorientierten Ausbildung eine zentrale didaktische Kategorie: Technikbewertung bedeutet im Sinne einer VDI-Richtlinie „das planmäßige, systematische, organisierte Vorgehen, das

– den Stand einer Technik und ihre Entwicklungsmöglichkeiten analysiert,
– unmittelbare und mittelbare technische, wirtschaftliche, gesundheitliche, ökologische, humane, soziale und andere Folgen dieser Technik und möglicher Alternativen abschätzt,
– aufgrund definierter Ziele und Werte diese Folgen beurteilt oder weitere wünschbare Entwicklungen fordert,
– Handlungs- und Gestaltungsmöglichkeiten daraus herleitet und ausarbeitet, so dass begründete Entscheidungen ermöglicht und gegebenenfalls durch geeignete Institutionen getroffen und verwirklicht werden können". (VDI-Richtlinie 3780, Abschnitt 2)

Reflexion des (sozio-)technischen Gestaltungsprozesses

In diesem Sinne reflektieren die Auszubildenden den (sozio-)technischen Gestaltungsprozess unter mehreren Perspektiven:

– Technologische Perspektive: War die Problemlösungsstruktur optimal?
– Ökologische Perspektive: Welche Auswirkungen hat das technische System auf die Umwelt?
– Ökonomische Perspektive: Wie hoch liegen die Gesamtkosten des Systems, gäbe es auch preiswertere Lösungen?
– Politisch-soziale Perspektive: Welche Auswirkungen hat das technische System z. B. auf Arbeitsplätze und Gesellschaft?
– Geistig-normative Perspektive: Ist das erstellte System technisch sinnhaft und ethisch legitim?

8.2.8 Transfer zur Handlungsstruktur

Menschliches Handeln orientiert sich immer an einer grundlegenden Handlungsstruktur bzw. Handlungsschemata, die am Ende des Problemlösungsprozesses zu reflektieren sind, um damit einen nachhaltigen Lerntransfer zu ermöglichen. In diesem Sinne geht es in der problemorientierten Ausbildung darum, für die verschiedenen Lernverfahren eine allgemeine Struktur zu entwickeln, bezogen auf die

– experimentelle Bearbeitung von Problemstellungen,
– Lösung ähnlicher Fertigungsaufgaben,
– Lösung ähnlicher Konstruktionsaufgaben,
– Durchführung ähnlicher Analysen.

Diese allgemeinen Verlaufsstrukturen problemorientierter Lernverfahren sind in der nachstehenden Tabelle 8.1 in einer Synopse zusammengestellt.

Problemorientierte Ausbildungsverfahren

Verlaufsstruktur von problemorientierten Ausbildungsverfahren	Experimentieraufgabe	Fertigungsaufgabe	Konstruktionsaufgabe	Technische Analyse
Problemstellung	Darstellung eines Untersuchungsauftrages	Fertigungsauftrag (Erstfertigung, Optimierung u. Ä.)	Konstruktionsauftrag (Neugestaltung, Veränderung u. Ä.)	Demonstration eines technischen Ablaufes
Problemanalyse	Welcher der beobachteten und unbekannten Zusammenhänge ist experimentell zu untersuchen?	Welche Formen, Oberflächen, Werkstoffe, Stückzahlen usw. werden gefordert?	Welche Funktion und Anforderung hat der Gegenstand der Konstruktion?	Welches Ziel wird mit der Demonstration verfolgt?
Problemlösungsplanung	Planung von Aufbau, Durchführung und Auswertung des Experimentes	Wahl eines geeigneten Fertigungsverfahrens und Arbeitsplanerstellung	Suche geeigneter Lösungsprinzipien und Konzepterstellung	Auswahl einer geeigneten Analysemethode (Systembetrachtung, Erstellung von Ishikawa-Diagrammen, 6-3-5-Methode u. Ä.)
Problemlösung	Durchführung eines Experimentes, Dokumentation der Ergebnisse und Übertragung der Ergebnisse auf die Problemstellung	Fertigung nach Arbeitsplan	Konstruktion und Stücklistenerfassung	Durchführung der Analyse und Dokumentation der Ergebnisse
Problembewertung	Aussage zur Eignung des Experimentes und zur Qualität der Ergebnisse	Aussagen zur Qualität des Produktes	Aussage zur Erfüllung der geforderten Funktion und der Anforderungen	Aussage über Brauchbarkeit der Ergebnisse des Analyseverfahrens
Transfer zur Handlungsstruktur	Entwicklung einer allgemeinen Struktur zur experimentellen Bearbeitung von Problemstellungen	Entwicklung einer allgemeinen Struktur zur Lösung ähnlicher Fertigungsaufgaben	Entwicklung einer allgemeinen Struktur zur Lösung ähnlicher Konstruktionsaufgaben	Entwicklung einer allgemeinen Struktur zur Durchführung ähnlicher Analysen

Abb. 8.1: Verlaufsstrukturen problemorientierter Ausbildungsverfahren

8.3 Praxisbeispiele problemorientierter Ausbildungsverfahren

Ziele:
– Fachkompetenz
– Methoden-
kompetenz
– Individual- und
Sozialkompetenz

Problemorientierte Ausbildung zielt zunächst auf die Vermittlung von elementarem Wissen und verallgemeinerten Erkenntnissen über Fachinhalte (Fachkompetenz). Weiter verfolgt sie fundamentale Denktätigkeiten und fachspezifische Verfahren, die zu eigenständiger Lösung von Problemen befähigen (Methodenkompetenz). Schließlich fordert sie die Auszubildenden durch die Einbindung in allgemeine Lebenssituationen zur Erschließung und kritischen Beurteilung ihrer Lebenswelt sowie zu individuellen Verhaltensweisen und Reflexion der Folgewirkung heraus (Individual- und Sozialkompetenz).

Anforderungen
an die Lernumge-
bungen

„Daraus lassen sich bestimmte Forderungen an Lernumgebungen für problemorientierte Ausbildung ableiten:

– Die Auszubildenden lernen selbstgesteuert, indem sie in zunehmendem Maße selbst über Lernzeiten, Lernmethoden, Lernstoff und Lernziele entscheiden.

– Die Auszubildenden sind aktiv-konstruktiv am Lernprozess beteiligt, anstatt ihm nur passiv zu folgen.

– Das Lernen ist situativ, indem es immer in einen spezifischen Kontext eingebunden wird und nicht abstrakt bleibt.

– Das Lernen ist sozial und kooperativ, da es als interaktives Geschehen verstanden und praktiziert wird.

– Und bei alledem sind Ausbilder/innen nicht überflüssig, sondern leiten in angepasstem Maße an und bieten gezielt instruktionale Unterstützungen" (HENSE; MANDL; GRÄSEL, 2001, S. 7).

Um die unterschiedlichen Verlaufsstrukturen besser zu erkennen, werden auf den folgenden Seiten die vier problemorientierten Ausbildungsverfahren auf ein gemeinsames Problem – „Befestigungswinkel für Platinen" – angewendet (siehe Abb. 8.2 bis 8.5).

Weiterführende Literatur
HENSE, Jan/MANDL, Heinz/GRÄSEL, Cornelia: Problemorientiertes Lernen. Warum der Unterricht mit neuen Medien mehr sein muss als Unterrichten mit neuen Medien. In: Computer + Unterricht. 11. Jg., H. 44/4. Quartal 2001, S. 6-11
LEHBERGER, Jürgen/LORF, Michael/PYZALLA, Georg: Werkzeuge für die Unterrichtsplanung – Metalltechnik. R. Lehberger. Attendorn 2001.
NASHAN, Ralf/OTT, Bernd: Unterrichtspraxis Metall- und Maschinentechnik. Dümmler. Bonn 1995.
SCHMALY, Winfried/WILKENING, Fritz: Technikunterricht. Klinkhardt. Bad Heilbrunn/Obb. 1995 (2. Auflage).
BADER, Reinhard/BONZ, Bernhard (Hrsg.): Fachdidaktik Metalltechnik. Berufsbildung konkret. Schneider-Verlag Hohengehren. Baltmannsweiler 2001.

Technisches Experiment

Phasen des technischen Experimentes	Befestigungswinkel für Platinen
Erhalt eines Auftrages oder Entdecken einer nur durch Versuch zu klärenden Fragestellung	Mit Hilfe eines einfachen Werkzeuges sollen Profile aus Aluminium gebogen werden. 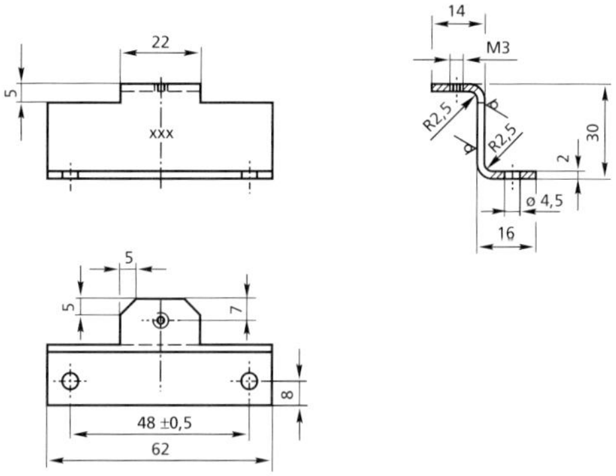 Es tritt Rückfederung auf und die Winkel von 90° können nicht eingehalten werden.
Formulieren der experimentell zu klärenden Fragestellung	Um welchen Winkel und mit welchem Radius ist das Material zu biegen, damit nach Rückfederung die vorgegebenen Maße erreicht werden?
Planen des Experimentes: – Bestimmung der Variablen, – Planen des Versuchsaufbaus, – Festlegung der Versuchsdurchführung, – Festlegung der Versuchsauswertung	Variable: Biegewinkel Geplante Versuchsdurchführung: Proben werden um Formstücke aus Metall mit verschiedenen Winkeln gebogen. Winkel am Werkstück werden nach Rückfederung gemessen. Geplante Versuchsauswertung: Diagrammerstellung
Durchführung des Experimentes	Durchführung entsprechend Planung; Protokollieren der Ergebnisse
Auswertung des Experimentes und Formulierung einer allgemein gültigen Aussage	Darstellung der Ergebnisse in Diagrammen, $R = f(r)$; $\alpha = f(\alpha 1)$
Nutzung der Aussage, Reflexion über Konsequenzen	Wahl des geeigneten Biegewinkels und Biegeradius entsprechend den dargestellten Diagrammen
Wertung des Experimentes	Fehlerbetrachtung, Festlegung des Gültigkeitsbereiches der Ergebnisse

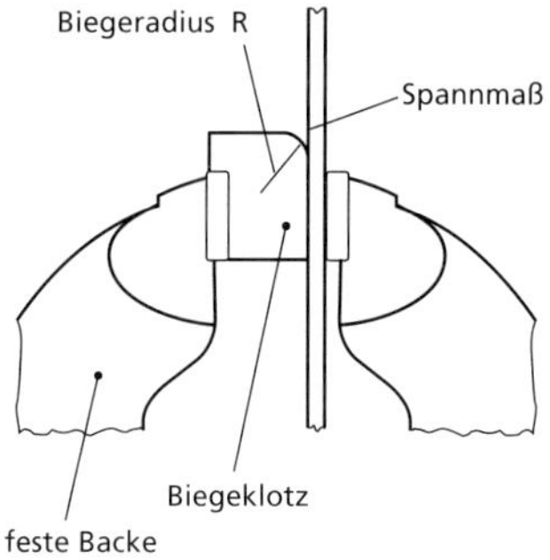

Abb. 8.2: Technisches Experiment

Fertigungsaufgabe

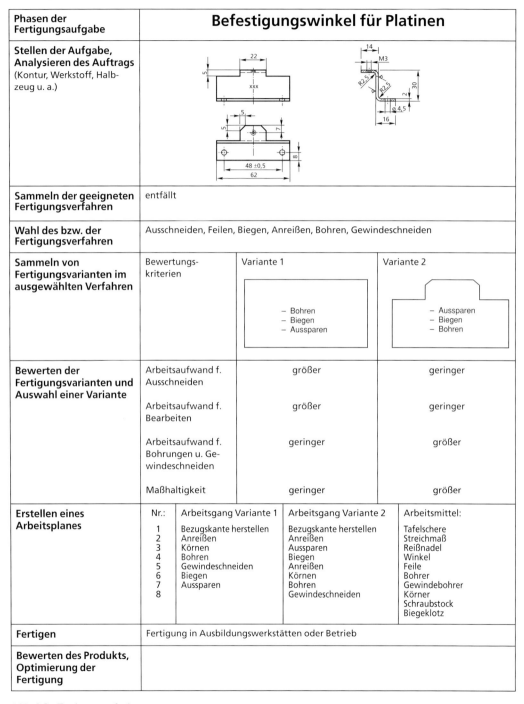

Phasen der Fertigungsaufgabe	**Befestigungswinkel für Platinen**		
Stellen der Aufgabe, Analysieren des Auftrags (Kontur, Werkstoff, Halbzeug u. a.)			
Sammeln der geeigneten Fertigungsverfahren	entfällt		
Wahl des bzw. der Fertigungsverfahren	Ausschneiden, Feilen, Biegen, Anreißen, Bohren, Gewindeschneiden		
Sammeln von Fertigungsvarianten im ausgewählten Verfahren	Bewertungskriterien	Variante 1	Variante 2
		– Bohren – Biegen – Aussparen	– Aussparen – Biegen – Bohren
Bewerten der Fertigungsvarianten und Auswahl einer Variante	Arbeitsaufwand f. Ausschneiden	größer	geringer
	Arbeitsaufwand f. Bearbeiten	größer	geringer
	Arbeitsaufwand f. Bohrungen u. Gewindeschneiden	geringer	größer
	Maßhaltigkeit	geringer	größer
Erstellen eines Arbeitsplanes	Nr.: Arbeitsgang Variante 1	Arbeitsgang Variante 2	Arbeitsmittel:
	1 Bezugskante herstellen 2 Anreißen 3 Körnen 4 Bohren 5 Gewindeschneiden 6 Biegen 7 Aussparen 8	Bezugskante herstellen Anreißen Aussparen Biegen Anreißen Körnen Bohren Gewindeschneiden	Tafelschere Streichmaß Reißnadel Winkel Feile Bohrer Gewindebohrer Körner Schraubstock Biegeklotz
Fertigen	Fertigung in Ausbildungswerkstätten oder Betrieb		
Bewerten des Produkts, Optimierung der Fertigung			

Abb. 8.3: Fertigungsaufgabe

Konstruktionsaufgabe

Phasen der Konstruktionsaufgabe	**Befestigungswinkel für Platinen**
Erstellen der Aufgabe, Festlegen der Funktion	Es ist eine Abkantvorrichtung für Befestigungswinkel zu konstruieren. Stückzahl: 1.200 Stück Material: EN AW – 5020
Erstellen der Anforderungsliste	– günstige Kantlage – einfacher Aufbau, preiswert – Maßhaltigkeit (Tol: ISO 2768) – keine Klemmgefahr beim Spannen
Sammeln von Lösungsvarianten zur Erfüllung der einzelnen Anforderungen	z. B: Winkligkeit, Maßhaltigkeit der Kantung: Anschlag, Matrize preiswert: Werkstoff S235 JER, einfachwirkende Zylinder
Erarbeiten von Lösungsvarianten zur Erfüllung der einzelnen Anforderungen	Auswahl-kriterien 1 2 3

Bewertung der Vorschläge **Maßstab, z. B.** **1 (günstig) bis 3 (ungünstig)**		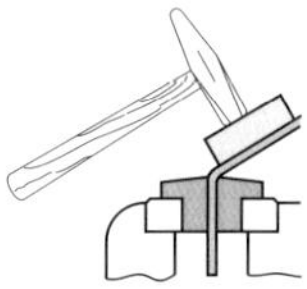 1 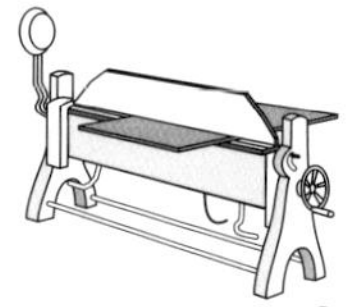	2 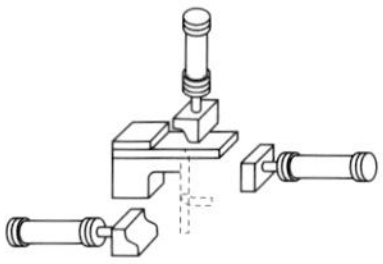	3
	Herstellungsaufwand (Zeit)	1	2	3
	Herstellungsaufwand (Material)	1	2	3
	Stabilität der Vorrichtung	3	1	2
	Günstige Kantlage	3	2	1
	Handling beim Kanten	3	2	1
	Produktivität	3	2	1

Gewählt: Vorschlag 3, automatisierte Produktion

Konstruktive Gestaltung (Zeichnung, Modell, Muster)	Skizze
Beurteilung der Konstruktion, Optimierung	

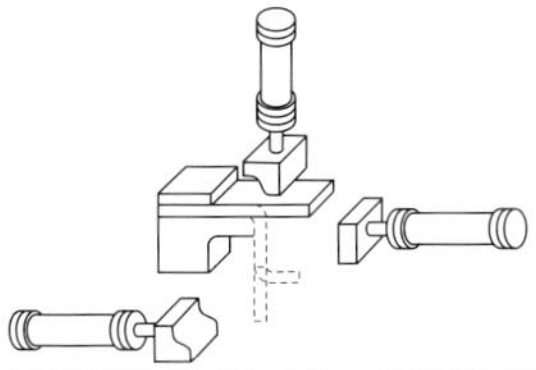

Abb. 8.4: Konstruktionsaufgabe

Technische Analyse

Phasen der Analyseaufgabe	**Befestigungswinkel für Platinen**
Stellen der Aufgabe	Für die Herstellung des abgebildeten Winkels im Rahmen einer Serienfertigung ist eine Fehlerquellenanalyse durchzuführen. Die Fehler sind entsprechend ihrer Bedeutung zu wichten. 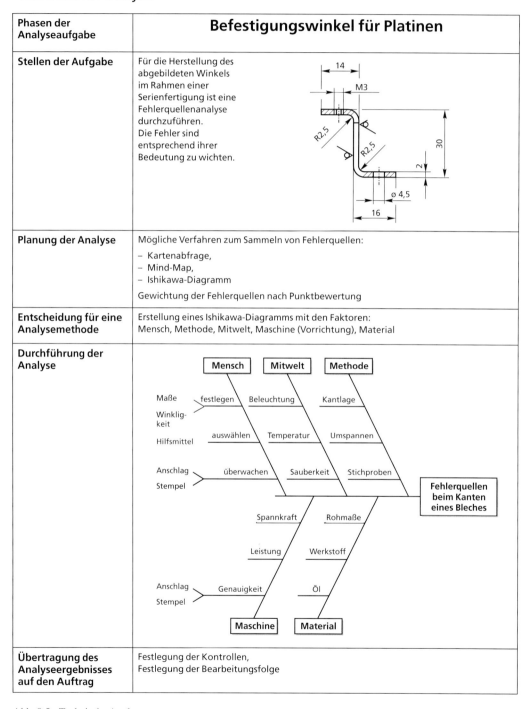
Planung der Analyse	Mögliche Verfahren zum Sammeln von Fehlerquellen: – Kartenabfrage, – Mind-Map, – Ishikawa-Diagramm Gewichtung der Fehlerquellen nach Punktbewertung
Entscheidung für eine Analysemethode	Erstellung eines Ishikawa-Diagramms mit den Faktoren: Mensch, Methode, Mitwelt, Maschine (Vorrichtung), Material
Durchführung der Analyse	
Übertragung des Analyseergebnisses auf den Auftrag	Festlegung der Kontrollen, Festlegung der Bearbeitungsfolge

Abb. 8.5: Technische Analyse

9 Methodenkoffer zur Handlungskompetenz

LEITFRAGEN

① Welche Arbeitstechniken wenden Sie in der betrieblichen Ausbildung häufig an?

② Welche Lern- und Arbeitstechniken muss ein Auszubildender beherrschen, damit er eine vollständige Handlung ausführen kann?

③ Welche Planungs- und Arbeitstechniken sind über die vorgestellten Beispiele hinaus nach Ihrer Meinung in der Ausbildungspraxis wichtig?

Berufliche Handlungskompetenz ist Zielorientierung und Leitbegriff der Neuordnungsdiskussion. Zur Förderung der Handlungskompetenz wurde (in Kap. 4) ein sechsstufiges Handlungsmodell entwickelt:

Das sechsstufige Handlungsmodell

1. Informieren
2. Planen
3. Entwickeln
4. Ausführen
5. Kontrollieren
6. Bewerten

Damit Auszubildende möglichst selbstständig „vollständig Handeln" können, müssen sie über einen (erweiterungsfähigen) „Methodenkoffer" verfügen, der sich an den einzelnen Stufen des vorstehenden Handlungsmodells orientiert. Im Folgenden werden grundlegende Techniken skizziert, die als (erweiterungsfähiges) Werkzeug für den Handlungsprozess dienen können.

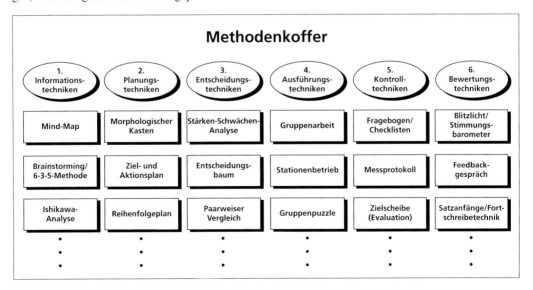

Abb. 9.1: Methodenkoffer

9.1 Informationstechniken

Informationstechniken sollen helfen, das Auftragsziel und den Arbeitsumfang festzulegen und die Kundenwünsche zu strukturieren und zu gewichten.

9.1.1 Mind-Map

Ideen entwickeln und Ergebnisse strukturiert festhalten

Mind-Map ist eine Methode, mit der sowohl Ideen entwickelt als auch Ergebnisse strukturiert festgehalten werden können. Ausgehend von einem Begriff, Sachverhalt oder Problem werden Teilaspekte und Teilprobleme zugeordnet und dargestellt. Meist schreiben Sie das Thema in die Mitte des Blattes und kreisen es ein. Richten Sie die „Äste" ein und notieren Sie darüber Ihre Ideen oder Ergebnisse (GROSSBUCHSTABEN). Sie führen dazu thematische Oberbegriffe, sog. Schlüsselwörter, ein. Jeder Hauptast bezieht sich auf ein Schlüsselwort. Richten Sie nach Bedarf weitere „Äste" und „Zweige" ein. Diese Nebenäste stellen eine zweite Gedankenebene dar (in Druckbuchstaben schreiben). Weitere Gedankenebenen sollten, so oft es geht, durch Bilder und Symbole anstatt durch Schlüsselwörter gekennzeichnet werden. Verwenden Sie ggf. unterschiedliche Farben (für Nebenäste eines Hauptastes dieselbe Farbe) und nutzen

Zeichen und Symbole nutzen

Sie auch Zeichen und Symbole. Die Mind-Map kann jederzeit ergänzt werden. In der in Abb. 9.2 dargestellten, etwas abgewandelten Form entspricht die Mind-Map in etwa der Struktur (Arbeitsweise) des menschlichen Gehirns.

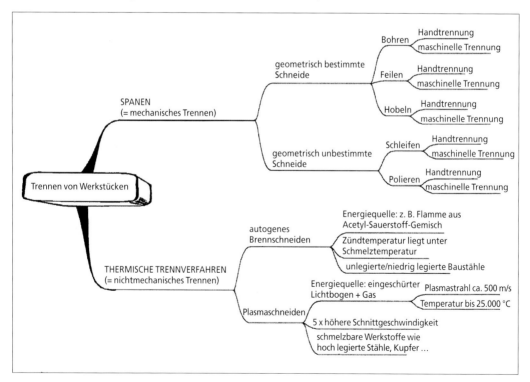

Abb. 9.2: Mind-Map

9.1.2 Brainstorming/6-3-5-Methode

Brainstorming (Gedankensturm) ist eine Kreativitätstechnik, die die Erzeugung von neuen, ungewöhnlichen Ideen in einer Gruppe von Menschen fördern soll. Dazu werden spontane Einfälle zu einer Fragestellung oder Problemlösung zusammengetragen.

Beim **Brainstorming** wird darauf geachtet, dass alle Faktoren, die die Produktion neuer Ideen hemmen, minimiert sind bzw. alle den Kombinationsprozess fördernden Faktoren garantiert sind. Teilnehmer sollen ohne jede Einschränkung Ideen produzieren und/oder mit anderen Ideen kombinieren. Dazu werden in einer Gruppe alle spontanen Einfälle („Geistesblitze") der Teilnehmer kommentarlos in beliebiger Form notiert, ohne dass dabei schon Kommentare oder Bewertungen abgegeben werden. Erst nach Abschluss des Brainstormings werden die gesammelten Ideen auf ihre Stichhaltigkeit und Verwendbarkeit überprüft.

Untersuchungen haben gezeigt, dass schon die Äußerung einer Idee die Ideenfindung der anderen Teilnehmer beeinflusst. Daher ist es sinnvoll, vor dem eigentlichen Brainstorming eine Phase einzuschieben, in der jeder Teilnehmer seine Ideen zu Papier bringt, um danach zunächst gänzlich unbeeinflusst davon berichten zu können.

Die **6-3-5-Methode** ist eine Weiterentwicklung des Brainstormings. Man geht davon aus, dass die Kreativität einer Gruppe steigt, wenn die Idee eines Teilnehmers aufgegriffen und verarbeitet wird. Bei dieser Methode erfolgt dies in schriftlicher, durch ein Formular geordneter Form. Sechs Teilnehmer schreiben auf ein Formular jeweils drei Lösungsvorschläge zur gestellten Aufgabe. Sie orientieren sich dabei an schon notierten Ideen oder entwickeln neue. Dafür haben sie fünf Minuten Zeit. Daher auch der Name der Methode.

Marginalien: Erzeugung neuer, ungewöhnlicher Ideen

Die 6-3-5-Methode

Problem: Übertragung von Drehbewegungen		Datum: 05.08. Blatt-Nr. .../Müller
Welle (Idee 1 von Herrn Müller)	*Keilriemen* (Idee 2 von Herrn Müller)	*Kette* (Idee 3 von Herrn Müller)
Getriebe (Weiterverfolgung von Idee 1 oder neue Idee durch Herrn Schulz)	*Zahnriemen* (Weiterverfolgung von Idee 2 oder neue Idee durch Herrn Schulz)	*Seil* (Weiterverfolgung von Idee 3 oder neue Idee durch Herrn Schulz)
Kardangelenk (Weiterverfolgung von Idee 1 oder neue Idee durch Herrn Schumann)	*Transformator* (Weiterverfolgung von Idee 2 oder neue Idee durch Herrn Schumann)	*Zahnrad* (Weiterverfolgung von Idee 3 oder neue Idee durch Herrn Schumann)
...	...	...

Abb. 9.3: Brainstorming/6-3-5-Methode

9.1.3 Ishikawa-Analyse

Bei der Ishikawa-Analyse werden Problemursachen nicht monokausal gesehen, sondern im komplexen Zusammenwirken von Einzelursachen betrachtet. Man geht von der Grundannahme aus, dass sich (technische) Probleme in der Regel auf vier Ursachen zurückführen lassen: 1. Mensch, 2. Methode, 3. Maschine, 4. Material.

Vier Ursachen technischer Probleme

Ausgehend vom Grundproblem bzw. dem Zielaspekt werden „rückwärts gerichtet" Problemursachen gesammelt und entlang der Äste (Ursachengruppen) in das so genannte „Fischgräten-Diagramm" eingetragen. Um die Problemursache näher zu präzisieren, können in einem weiteren Schritt wechselseitige Beziehungen einzelner Aspekte durch Verbindungslinien in dem Diagramm kenntlich gemacht werden. So wird beispielsweise der Faktor „Qualitätsmängel erfordern Nacharbeit" von dem Faktor „Qualifikation der Mitarbeiter" beeinflusst.

Das hauptsächliche Einsatzfeld einer Ishikawa-Analyse sind technische Probleme. Je nach Anwendungsfall können die Begriffe „Maschine" und „Material" freier gewählt werden. Auch viele nicht-technische Problemstellungen lassen sich gut nach Ishikawa analysieren und darstellen, wenn man im Auge behält, dass das Instrument lediglich zur systematischen Erfassung und Darstellung dient sowie nachweisliche Ursachen-Wirkungs-Zusammenhänge abbildet, aber keine Begründungen liefert.

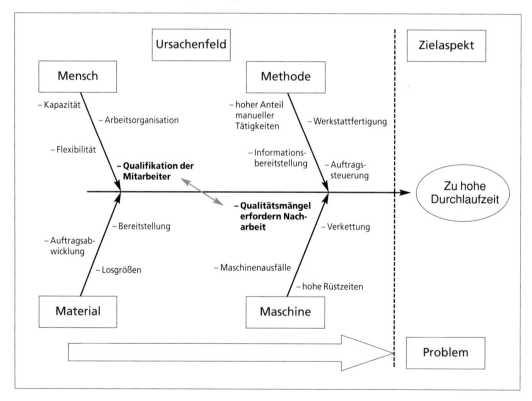

Abb. 9.4: Ishikawa-Analyse

9.2 Planungstechniken

Planungstechniken zielen einerseits darauf, Unterlagen, Hilfsmittel und Materialien für den Arbeitsauftrag zu entwickeln. Andererseits gilt es aber auch, die Arbeitsaufgaben im Team zu verteilen. Wir stellen im Folgenden eine Auswahl von
drei Planungstechniken vor: Morphologischer Kasten, Ziel- und Aktionsplan
sowie Reihenfolgeplan.

Zerlegung eines komplexen Problems in überschaubare Teile

9.2.1 Morphologischer Kasten

Der morphologische Kasten ist ein universelles Instrument, das bei vielfältigen
Problemgattungen als Lösungshilfe dient. Ein komplexes Problem wird in überschaubare Teilprobleme bzw. Ablaufschritte zerlegt. Für jedes Teilproblem werden mehrere Lösungsprinzipien gesammelt und im morphologischen Kasten/
Raster (= Matrix der Teilprobleme mit entsprechenden Lösungen) zusammengestellt. Durch unterschiedliche Kombination der Teillösungen ergeben sich
viele neue Lösungsvarianten für das Gesamtproblem.

Das Verfahren beinhaltet folgende fünf Schritte:
1. Das Problem wird definiert, analysiert und in die wesentlichen Teilaspekte
   zerlegt. Diese Teilaspekte müssen variiert werden können und das gesamte
   Spektrum der Möglichkeiten, die im Problem stecken, abdecken.

Fünfschrittiges Verfahren

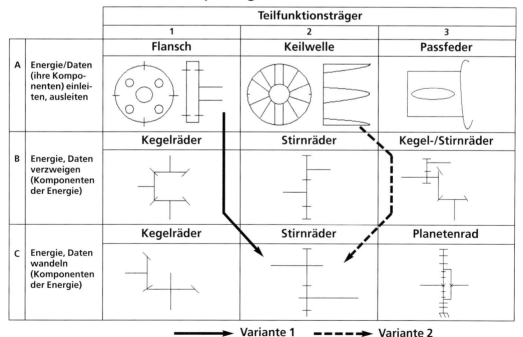

Abb. 9.5: Morphologischer Kasten

2. Den Teilaspekten werden Merkmale zugeordnet und in die erste Spalte der Matrix übertragen. Die (aus Komplexitätsgründen) maximal sieben ausgewählten Merkmale sollen möglichst unabhängig voneinander sein, auf sämtliche Lösungsvarianten zutreffen und für das Gesamtproblem relevant sein. Dieser Schritt ist der kritischste und kann durch den Einsatz weiterer Kreativitätstechniken wie Mind-Map unterstützt werden.
3. Für jedes Merkmal werden seine möglichen Ausprägungen bestimmt und in die Matrixfelder rechts neben dem zugehörigen Merkmal eingetragen. Bei zu hoher Komplexität (= zu viele Merkmalsausprägungen) ist eine Reduktion in Teilmatrizen sinnvoll.
4. Jede mögliche Kombination einzelner Merkmalsausprägungen wird in der Matrix durch Pfeile miteinander verbunden.
5. Die in Schritt 4 identifizierten Alternativen werden auf technische Machbarkeit und Wirtschaftlichkeit überprüft, um die optimalen Lösungen auswählen zu können.

Bei allen Schritten ist darauf zu achten, dass eine vorzeitige Bewertung unterbleibt. Merkmalsausprägungen können nämlich für sich genommen suboptimale Lösungen darstellen, in Kombination mit anderen aber sehr gute Gesamtlösungen liefern.

9.2.2 Ziel- und Aktionsplan

Strukturierung eines Arbeitsprozesses

Ein Ziel- und Aktionsplan dient zur Strukturierung des Ablaufes eines Arbeitsprozesses.

Nachdem zuerst die Ziele gefunden und dann sorgfältig formuliert wurden, geht es darum, sie auch umzusetzen, denn von allein erfüllen sich Zielformulierungen nicht. Vor allem für die Umsetzung von großen Zielen braucht man einen konkreten Plan.

Ein Ziel- und Aktionsplan beschreibt in knapper und übersichtlicher Form:

WAS macht WER bis WANN mit WEM und WOMIT? Konkret heißt das:
WAS ist zu tun (Zielvereinbarungen),
WER trägt die Verantwortung für die Durchführung (Zielverantwortlicher),
WANN muss das Ergebnis vorliegen (Termin), mit
WEM arbeitet der Zielverantwortliche zusammen (Kooperationspartner) und
WOMIT soll das Ziel erreicht werden (Ressourcen)?

Meilensteinplan

Ein Aktionsplan erfordert es, systematisch über das Erreichen eines Zieles nachzudenken und die konkreten Schritte auf dem Weg dorthin zu planen. Ein Aktionsplan enthält jeden Schritt auf dem Weg zu diesem Ziel. Damit wird es überschaubarer, denn ein Ziel besteht aus vielen kleinen Einzelschritten, die allein für sich genommen meist problemlos zu bewältigen sind. Anhand des Aktionsplanes sieht man genau, was noch erledigt werden muss, um das Ziel zu erreichen, und kann gleichzeitig ablesen, was schon geschafft wurde auf dem Weg zum Ziel (Meilensteinplan).

Ziel- und Aktionsplan zur Fertigung eines Produkts

WAS	macht WER	bis WANN	mit WEM	WOMIT
Wahl der Maschine(n)	Auszubildender 1	1. PT	Meier	Arbeitsplan
Wahl der Messmethode	Auszubildender 2	2. PT	Krüger	Arbeitsplan
Festlegung der Bearbeitungsschritte				Arbeitsplan
Voreinstellungen	Meister	2. PT	Meier	Maschinenhandbuch
Arbeitsvorbereitung	Auszubildender 1	3. PT	Krüger	Maschinenhandbuch
Meilenstein 1: Produkt ist fertig geplant, Maschinen sind auf Produktfertigung eingestellt				
Material zur Maschine bringen	Auszubildender 2	4. PT	Meier	Gabelstapler
Material in Maschine einbringen	Meister	5. PT	Krüger	Laufband
Maschine einstellen/anstellen	Auszubildender 1	1. PT	Meier	Maschinenhandbuch
Maschine kalibrieren	Meister	2. PT	Meier	Maschinenhandbuch
Ausführung/Fabrikation	Auszubildender 1	3. PT	Krüger	Maschinenhandbuch/Arbeitsplan
Meilenstein 2: Produkt ist gefertigt, Vorbereitungen zur abschließenden Qualitätskontrolle sind getroffen				
Messen	Auszubildender 2	4. PT	Meier	Messgerät
Messung kontrollieren	Meister	5. PT		Messgerät
Sortieren	Auszubildender 2	2. PT	Krüger	Lagerplan
Stapeln und Lagern	Auszubildender 1	2. PT	Auszubildender 2	Lagerplan
Meilenstein 3: Produkt ist abschließend kontrolliert und zur Abholung/zum Verschicken gepackt				

Abb. 9.6: Ziel- und Aktionsplan zur Fertigung eines Produkts (PT = Projekttag)

9.2.3 Reihenfolgeplan

Ein Soll-Istwert-Vergleich dient dazu, die eigene Arbeitssituation zu analysieren und Zielvorstellungen möglichst genau zu definieren. Dazu werden zunächst die Ziele des zu planenden Arbeitsprozesses genau ausgearbeitet. Die Zielversion wird dann verglichen mit der derzeitigen Arbeitssituation, wie sie die Projektteilnehmer bewerten. Positiva und Negativa der Ist-Situation werden aufgelistet. Ausgehend von dieser Analyse kann man nun zu erwartende Widerstände im Arbeitsprozess verbalisieren bzw. eine genauere Planung der noch zu erledigenden Arbeitsschritte vornehmen. Die Ergebnisse des Soll-Istwert-Vergleichs werden dazu näher erläutert. Dies geschieht im Gruppenprozess oder in der Einzelanalyse der eigenen Arbeitsplanung. Aus der Betrachtung und Diskussion der so sichtbaren Situationsanalyse wird entweder im Gespräch oder auch in einer weiteren Einzelarbeit wie in der ersten Phase ein gewünschter zukünftiger Stand benannt und auch wieder schriftlich fixiert.

Analyse der Arbeitssituation und Definition von Zielvorstellungen

Die Frage „Wie können wir die Kluft zwischen Ist- und Sollstand überbrücken?" führt dazu, Handlungs- und Verhaltensmöglichkeiten zu entwickeln, die eventuell in Kleingruppen operational differenziert werden.

In relativ kurzer Zeit lassen sich so Situationen intersubjektiv definieren, Problemlösungsansätze ermitteln und Handlungen planen.

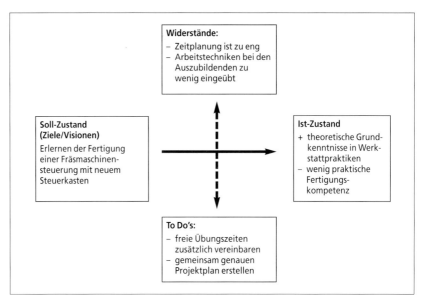

Abb. 9.7: Visualisierung zum Reihenfolgeplan

9.3 Entscheidungstechniken

Optimale
Gestaltung des
Arbeitsprozesses

Entscheidungstechniken werden benötigt, um den Arbeits- und Fertigungsprozess optimal zu gestalten – z. B. mit Hilfe von einer Stärken- und Schwächenanalyse, einem Entscheidungsbaum oder dem paarweisen Vergleich.

9.3.1 Stärken- und Schwächenanalyse (SWOT)

Die SWOT-Analyse ist ein einfaches Analyseschema zur Selbst- oder Gruppenanalyse einer Arbeitsaufgabe, eines Projektes, der eigenen Fähigkeiten etc. SWOT steht dabei für:

Strengths   = Stärken
Weaknesses   = Schwächen
Opportunities = Chancen
Threats   = Risiken/Bedrohungen

Im ersten Schritt müssen gegenwärtige Stärken und Schwächen des Arbeitsplans in entsprechende Felder des SWOT-Schemas (s. u.) eingetragen werden. Danach werden unter Einbezug externer Einflüsse auf die Aufgabe (z. B. Bedingungen des lokalen Umfeldes) die möglichen Chancen und zu erwartenden Risiken in das Schema übertragen.

Zur Veranschaulichung des
Ist-Zustands von
Projekten

Durch das Nachdenken über diese vier Bereiche – was sind Stärken, Schwächen, Chancen und Risiken? – kann der Ist-Zustand von Arbeitsaufträgen und Projekten auf plastische Weise bewusst gemacht werden. Ausgehend von dieser Analyse (mit einer Betonung auf den Stärken) kann man sich anschließend der Weiterentwicklung des Projektes/der Aufgabe zuwenden.

STÄRKEN	SCHWÄCHEN
– umweltfreundlich – privat nutzbar (Hausbau) – energiesparend – ressourcenschonend	– teure Anschaffung – relativ wetterabhängig – geringe Verbreitung (Umsetzung)
CHANCEN	RISIKEN
– saubere Energiepolitik – Klimawandel	– andere Energiequellen

Abb. 9.8: Beispiel – Einsatz von Solarzellen

9.3.2 Entscheidungsbaum

Diese Methode wird dazu genutzt, um einen mehrstufigen Entscheidungspro- **Als Denkhilfe:**
zess samt den gegebenen Entscheidungsalternativen darzustellen. Der Ent- **Überblick über**
scheidungsbaum dient als Denkhilfe, indem mit ihm – ähnlich wie mit einer **die Entschei-**
Landkarte – ein Überblick über die Entscheidungslage ermöglicht wird. Dabei **dungslage**
können die einzelnen Stufen des Prozesses sowohl eine zeitliche als auch eine
logische Abfolge des Entscheidungsgeschehens abbilden. Diese Darstellung ist
besonders dann interessant, wenn verschiedene alternative Entscheidungswege
mit unterschiedlichen Wahrscheinlichkeiten und Erwartungswerten vorliegen.
Die Struktur des Entscheidungsbaumes umfasst die folgenden Grundzüge: **Struktur des Ent-**
a) Entscheidungsknoten (die Entscheidungsalternativen zweigen hier ab), **scheidungsbaums**
b) Zufallsknoten (eine Alternative kann nicht mit Bestimmtheit festgelegt werden),
c) Endknoten (stellen Entscheidungsergebnisse dar),
d) Äste (zur Darstellung der in Betracht gezogenen Alternativen),
e) Zufallsäste (Äste, die solche Alternativen aufgreifen, die unter bestimmten
   Wahrscheinlichkeiten zu betrachten sind).

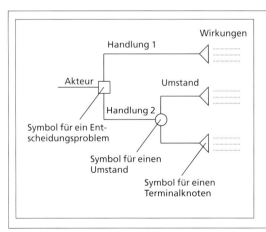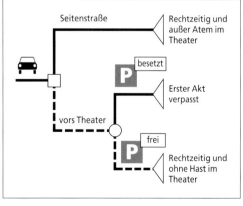

Abb. 9.9: Entscheidungsbaum

9.3.3 Paarweiser Vergleich

Methode zur
Variantenauswahl

Der paarweise Vergleich ist eine Methode zur Variantenauswahl. Stehen bei einer Entscheidung mehrere Varianten zur Auswahl, so können diese durch paarweise Vergleiche systematisch gegenübergestellt werden. Zur Entscheidung werden dabei die Ausprägungen diverser Varianten verglichen, indem sie jeweils direkt gegenübergestellt werden. Es erfolgt ein 1:1-Vergleich. Aus der Summe der Einzelvergleiche lässt sich eine Rangfolge der Varianten ableiten. Das Ergebnis fördert den Konsens in einem Team, welches aus einem Pool von Möglichkeiten die wichtigsten herausgreifen/herausfiltern soll. Die visualisierte Gegenüberstellung der Lösungsalternativen kann eine Hilfestellung bei der Entscheidungsfindung sein. Allerdings sind Entscheidungen oft komplex mit unüberschaubaren Abhängigkeiten und Widersprüchen. Daher müssen mehrere voneinander unabhängige Kriterien vorliegen, die unterschiedliche Gewichtungen besitzen. Der paarweise Vergleich kann auch zur Ermittlung des Gewichtungsfaktors von Auswahlkriterien eingesetzt werden, die dann die Grundlage zur Entscheidung z. B. mit Hilfe der Nutzwertanalyse darstellen.

Varianten B A	Planeten-getriebe	Stirnrad-getriebe	Kegelrad-getriebe	Gesamt-bewertung
Planetengetriebe		0	0	0
Stirnradgetriebe	2		0	2
Kegelradgetriebe	2	2		4
0 = Variante A ist schlechter als Variante B 1 = Variante A und B sind gleich gut 2 = Variante A ist besser als Variante B Daraus folgt die Rangreihe: 1. Kegelradgetriebe; 2. Stirnradgetriebe; 3. Planetengetriebe				

Abb. 9.10: Variantenvergleich

Kriterien B A	Laufruhe	Maximale Kraft-übertragung	Demontage-freundlichkeit	Gewichtungs-faktoren
Laufruhe		0	0	0
Maximale Kraftübertragung	2		0	2
Demontage-freundlichkeit	2	2		4
0 = Kriterium A ist unwichtiger als Kriterium B 1 = Kriterium A und B sind gleich wichtig 2 = Kriterium A ist wichtiger als Kriterium B				

Abb. 9.11: Kriterienvergleich

9.4 Ausführungstechniken

Ausführungstechniken steuern die Durchführung des Arbeitsauftrages, wie z. B. Gruppenarbeit, Stationenbetrieb oder Gruppenpuzzle.

9.4.1 Gruppenarbeit

Bei einer Gruppenarbeit lassen sich in der Regel die Phasen
- „Vorbereitung",
- „Durchführung" und
- „Nachbearbeitung" (Auswertung)
- unterscheiden.

Jede Phase muss vom (Seminar-)Leiter entsprechend vorbereitet werden, damit die Gruppenarbeit effektiv sein kann. Für die Phase der Vorbereitung gilt z. B.: *Vorbereitung der Gruppenarbeit*
- zum Arbeitsauftrag passende Materialien bereitstellen (Literatur, Folien, Stifte, Plakate …);
- Gruppenbildung bzgl. Zusammensetzung (z. B. nach Zufall, nach Interesse, nach Sympathie), Gruppengröße (4–6 Teilnehmer/Gruppe sind optimal), Arbeitsplatz der einzelnen Gruppen etc. genau klären;
- klare und eindeutige Angaben bzgl. Zielsetzung, Zeitrahmen, Arbeitsauftrag und Art der Ergebnissicherung/-präsentation machen.

Für die Phase kann es sinnvoll sein, strukturierende Arbeitshilfen zur Verfügung zu stellen. So kann z. B. ein Gruppenthema vom Leiter bereits in Unterpunkte vorstrukturiert werden oder das Vorgehen durch eine vorgefertigte Pro/Contra-Liste geführt werden.

Auch eine Funktionszuweisung an die einzelnen Gruppenmitglieder kann für den Arbeitsprozess förderlich sein (z. B. Protokollant, Wortführer etc.). Eine solche Rollenverteilung vermindert Unsicherheiten und schafft Transparenz.

Verhalten des Gruppenleiters

Der Gruppenleiter selbst kann bei „unterbesetzten" Gruppen mitarbeiten, reihum Hilfestellung anbieten oder sich während der Durchführungsphase ganz zurückziehen – in jedem Fall sollte er sein Vorgehen der Gruppe vorher ankündigen/erklären.

Arbeitsergebnisse

Gruppenarbeitsergebnisse sollten in jedem Fall schriftlich festgehalten und präsentiert werden (optimal: Vervielfältigung für alle Teilnehmer).

Es empfiehlt sich, eine Diskussions- oder Fragerunde erst anzuschließen, wenn alle Gruppen ihre Ergebnisse vorgestellt haben. Die Ergebnisse sollten von nur jeweils einem Gruppenmitglied vorgetragen werden. Es kann hilfreich sein, unterschiedliche methodische Vorgaben bzgl. der Ergebnispräsentation zu machen oder allen Gruppen ein Formblatt für einen Kurzbericht zur Verfügung zu stellen. Abb. 9.12 veranschaulicht die Zusammenführung von mehreren Arbeitsergebnissen. *Ergebnispräsentation*

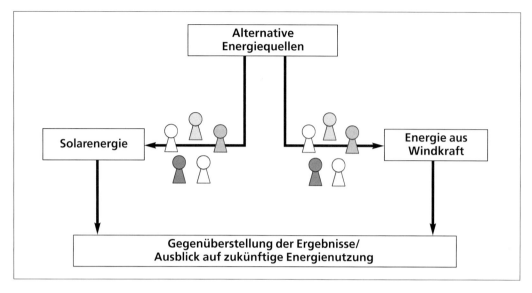

Abb. 9.12: Zusammenführung von Gruppenergebnissen

9.4.2 Stationenbetrieb

Für größere
Gruppen geeignet

Der Stationenbetrieb eignet sich, um ein Thema differenziert in all seinen Facetten einer größeren Gruppe zugänglich zu machen.

Hierzu werden einzelne Arbeits-/Lernstationen aufgebaut. An jeder Station findet sich eine Karte mit Stationsnamen und genauer Arbeitsanweisung sowie Material zur Durchführung des Arbeitsauftrages. Der Arbeitsauftrag kann für Zweier-, Dreier- oder Vierergruppen ausgelegt sein (möglichst gleiche Gruppengröße an allen Stationen). Es ist von Vorteil eine Station mehr, als Gruppen eingeteilt sind, aufzubauen (also z. B. fünf Gruppen à vier Personen, aber sechs Stationstische). Die Gruppen führen die Arbeitsaufträge aus und wechseln nach einer bestimmten (festgelegten) Zeit zu einem anderen Tisch.

Nachdem jede Gruppe alle Stationen durchlaufen hat, werden die Arbeitsergebnisse zusammengetragen. Die Präsentation der Ergebnisse kann methodisch vielfältig variiert werden.

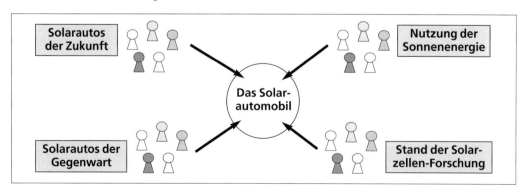

Abb. 9.13: Beispiel für einen Stationenbetrieb

9.4.3 Gruppenpuzzle

Das „Gruppenpuzzle" wird in drei Phasen gegliedert, wie aus Abb. 9.14 ersichtlich.

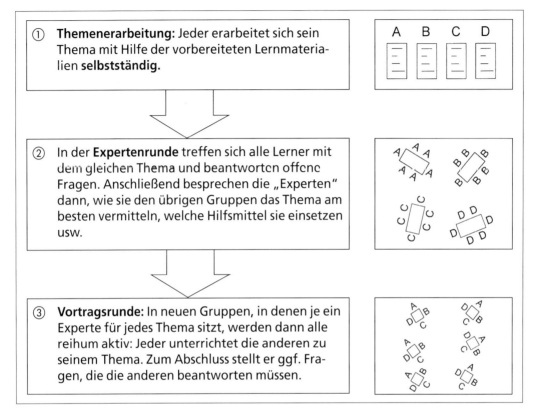

① **Themenerarbeitung:** Jeder erarbeitet sich sein Thema mit Hilfe der vorbereiteten Lernmaterialien **selbstständig.**

② In der **Expertenrunde** treffen sich alle Lerner mit dem gleichen Thema und beantworten offene Fragen. Anschließend besprechen die „Experten" dann, wie sie den übrigen Gruppen das Thema am besten vermitteln, welche Hilfsmittel sie einsetzen usw.

③ **Vortragsrunde:** In neuen Gruppen, in denen je ein Experte für jedes Thema sitzt, werden dann alle reihum aktiv: Jeder unterrichtet die anderen zu seinem Thema. Zum Abschluss stellt er ggf. Fragen, die die anderen beantworten müssen.

Abb. 9.14: Gruppenpuzzle

9.5 Kontrolltechniken

Kontrolltechniken ermöglichen, die Qualitäts- und Zielerfüllung des Arbeitsauftrages zu dokumentieren und die Arbeitsergebnisse zu präsentieren, wie z. B. Checkliste, Messprotokoll und Zielscheibe.

9.5.1 Checkliste

Eine Checkliste kann sowohl zur Kontrolle der eigenen Arbeitsplanung als auch zur Findung neuer Lösungsansätze dienen. Systematisch werden mit einer solchen Liste einzelne Arbeitsschritte und Problempunkte des Arbeitsauftrages abgehandelt. Man kann so kontrollieren, ob ein Arbeitsschritt erfüllt oder beendet worden ist (siehe Abb. 9.15).

- zur Kontrolle der Arbeitsplanung
- zur Findung neuer Lösungsansätze

Eine Checkliste ist vor allem dann von Nutzen, wenn eine detaillierte Arbeitsschrittplanung vorliegt (z. B. ein Ziel- und Aktionsplan).

Checkpoint	ja	nein
Unterrichtsziele klar formuliert	✔	
Kopien in ausreichender Zahl vorhanden	✔	
Gefahrenquellen im Raum beseitigt	✔	
Material für das Experiment vorbereitet:		✘
– Reagenzgläser (6)	✔	
– Bunsenbrenner (3)	✔	
– Schutzbrillen (8)		✘
– Chemikalien	✔	
Raumbelegung geklärt		✘
Zeitplan abgesichert (Eckstunde)	✔	
Hausaufgaben formuliert	✔	

Abb. 9.15: Checkliste

Es kann sinnvoll sein, eine Checkliste auch mit einem Zeitplan zu koordinieren. Dies gilt vor allem im Hinblick auf die Arbeitsschritte, die noch zu erledigen sind.

In der technischen Ausbildung werden Checklisten auch als Prüfpläne bezeichnet.

Ein Beispiel für einen solchen Prüfplan ist in Abb. 9.16 dargestellt.

zu messendes Element	Maßtoleranz	Prüfgeräte	o.k.	nicht o.k.
Ø 74	-0,03/-0,05	Grenzrachenlehre	✔	
Ø 50	-0,03/-0,05		✔	
Ø 47,2	+/-0,3	Grenzrachenlehre	✔	
Ø 40	+/-0,3		✔	
Ø 22	+/-0,2		✔	
Ø 9 4 x	+/-0,1	Grenzrachenlehre	✔	
Lage 120°	+/-1°	Anschlagwinkel		✘
Ø 60	+/-0,3	Grenzrachenlehre	✔	
120° (3 Bohrungen kontrollieren)	+/-1°	Anschlagwinkel		✘
30°	+/-1°			✘

Abb. 9.16: Prüfplan (Beispiel)

9.5.2 Messprotokoll

Ein Messprotokoll dient zur Kontrolle und zum Nachweis eines beispielsweise experimentellen Arbeitsauftrages. Erhobene oder gemessene Werte werden in einer Tabelle festgehalten und nach Möglichkeit grafisch dargestellt.

Kontrolle und Nachweis eines Arbeitsauftrages

Ein Messprotokoll sollte folgende Informationen enthalten:
– Versuchsbezeichnung,
– Ort und Datum,
– Experimentator(en),
– Darstellung des Messaufbaus (Skizze),
– Geräteliste (mind. Bezeichnung und Serien-Nr.),
– Messwerte,
– äußere Bedingungen (Temperatur, Luftdruck …),
– besondere Beobachtungen.

Inhalt eines Messprotokolls

Bei der grafischen Darstellung ist zum einen darauf zu achten, dass die Skaleneinteilung den ermittelten Werten angepasst wird.

Im dargestellten Beispiel (Abb. 9.17) liegen die gemessenen Temperaturen zwischen 9 °C und 22 °C. Eine Skala mit Werten von 1 bis 100 wäre in diesem Fall nicht aussagekräftig. Des Weiteren ist darauf zu achten, dass die Einteilung so gewählt wird, dass „Ausreißer" (hier der Wert 12:30 Uhr: 17,9 °C) auch als solche zu erkennen sind.

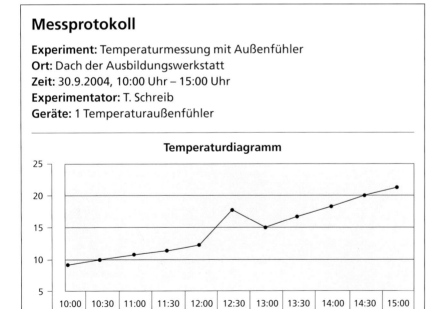

Abb. 9.17: Messprotokoll

9.5.3 Zielscheibe

Feedback-
methode

Eine Zielscheibe kann zur Evaluation und visualisierten Bewertung der eigenen Arbeitsleistung oder als Feedback-/Rückmeldungsgrundlage für andere genutzt werden. Dabei wird die Zielscheibe auf einen Papierbogen (Flipchart) gemalt und wie auf einer Darts-Scheibe mit Kreisen versehen (äußerer Kreis 5 Punkte, innerer Kreis 1 Punkt oder nach Noten; siehe Abb. 9.18). Zusätzlich wird die Zielscheibe wie ein Kuchen durch vertikale und horizontale Linien aufgeteilt. Die „Kuchenstücke" werden mit Bereichen oder Themen, die bewertet werden sollen, beschriftet.

Beispiele für mögliche auszuwertende Bereiche

Eigener Lernerfolg, Methodik, Inhalt und Struktur einer Veranstaltung etc.

Vorgehen bei der Bewertung

Die Bewertung erfolgt zum Beispiel durch Klebepunkte, wobei jeweils ein Klebepunkt in ein Teilstück platziert wird. Danach kann entweder direkt über das Ergebnis diskutiert werden oder die Ergebnisse werden, in einer weiteren Scheibe grafisch dargestellt/zusammengefasst.

Die Wertigkeit und Formulierung der Leitfragen muss eindeutig sein (z. B. „wenig zufrieden" = 1 Punkt; „sehr zufrieden" = 5 Punkte zur Frage „Wie zufrieden bin ich mit …?").

Die Bewertung kann öffentlich (alle bewerten gleichzeitig), anonym (abseits der Gruppe) oder nachvollziehbar (mit Initialen auf den Punkten) geschehen.

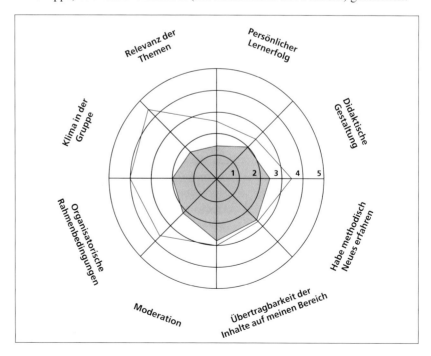

Abb. 9.18: Zielscheibe

9.6 Bewertungstechniken

Bewertungstechniken erlauben die Auswertung des abgeleisteten Arbeitsauftrages, z. B. mit Hilfe Blitzlicht/Stimmungsbarometer, Feedbackgespräch oder Satzanfängen/Fortschreibetechnik.

9.6.1 Blitzlicht/Stimmungsbarometer

Die Teilnehmer äußern sich nach einem Abschnitt/nach Ende der Veranstaltung etc. reihum oder z. B. mit Hilfe eines „Sprechsteins", der jeweils an den nächsten Teilnehmer weitergegeben wird, zum Gesamtablauf (oder zu einem Teilaspekt) der Veranstaltung. Jeder darf nur eine kurze Stellungnahme (z. B. nur einen Satz) abgeben. Äußerungen werden von den anderen nicht kommentiert.

Kurze Stellungnahmen, die nicht kommentiert werden

> **Wichtig, vor allem für Gruppen ohne „Blitzlichterfahrung", sind Regeln, die die Konstruktivität des Blitzlichts wahren sollen.**

Es geht zwar um subjektive Empfindungen, diese dürfen aber nicht in Äußerungen über die Persönlichkeit von Gruppenteilnehmern oder des Gruppenleiters münden. Vor allem negative Eindrücke müssen sachlich vorgetragen werden. Eine Besprechung mit der gesamten Gruppe kann sich anschließen.

Die Tendenz der Äußerungen kann auch mit Hilfe eines „Stimmungsbarometers" visualisiert werden. Dazu wird an einem Flipchart ein Pfeil-Raster zur Verfügung gestellt, an dem die Teilnehmer mit Kreuzen oder Punkten bestimmte Aspekte der Veranstaltung bewerten (z. B. auf einer Skala, einem Verlaufspfeil etc.).

Beispiel

Abb. 9.19: Blitzlicht/Stimmungsbarometer

9.6.2 Feedbackgespräch

Ein Feedbackgespräch dient in der Regel zur Beurteilung einer Person bzw. von deren Arbeitsleistung. Dabei ist es wichtig, dass sich die Gesprächspartner an vereinbarte Regeln halten, deren Grundlage der gegenseitige Respekt und Wertschätzung sind. Es kann sinnvoll sein, den Fokus der Beobachtung und Rückmeldung einzugrenzen und abzusprechen. Geeignet sind vor allem Verhaltensweisen, deren Veränderung in der Kompetenz der Feedback nehmenden Person liegt. Das Ansprechen von persönlichen Eigenschaften sollte hingegen vermieden werden.

Grundlage: gegenseitiger Respekt

Keine persönlichen Eigenschaften ansprechen

Das Feedbackgespräch ist terminiert und zeitlich begrenzt. Es findet in einer Umgebung statt, in der sich die Teilnehmenden möglichst wohl fühlen und nicht gestört werden. Die beobachtete Situation und das Feedbackgespräch sollten möglichst nahe beisammen liegen, damit für beide Gesprächsteilnehmenden der Anlass zum Feedback noch aktuell ist.

Regeln für die Feedback gebende Person

Die Feedback gebende Person
- hält sich an die vereinbarten Gesprächspunkte,
- gibt Ich-Botschaften,
- beschreibt möglichst konkret und auf ein bestimmtes Verhalten bezogen, gibt Rückmeldungen, die
- nachprüfbar sind,
- analysiert und interpretiert nicht,
- gibt keine allgemeinen Wertungen ab (z. B. bezüglich der gesamten Persönlichkeit)
- teilt Gefühle und Vermutungen als solche mit,
- spricht positive Verhaltensweisen ebenso an wie störende,
- konzentriert sich in ihrer Rückmeldung auf Wesentliches und überschwemmt den Partner oder die Partnerin nicht mit ihren Botschaften.

Regeln für die Feedback nehmende Person

Die Feedback nehmende Person
- hört offen zu,
- lässt den Gesprächspartner/die Gesprächspartnerin ausreden,
- rechtfertigt und verteidigt sich nicht,
- fragt nach,
- kann sich vorbehalten, das Gehörte zuerst einmal zu überdenken,
- akzeptiert nicht unkritisch das Gehörte, sondern setzt sich damit auseinander,
- teilt ihre Reaktion auf das Gehörte mit und gibt am Schluss des Gesprächs ein Feedback darüber, wie sie das Gespräch erlebt hat.

Das Feedback kann gegebenenfalls auch schriftlich erfolgen, wobei dieselben Regeln gelten. Hier ein Beispiel für einen Feedbackbogen:

Feedbackbogen

Von: _____   Für: _____

Wie war der Lernprozess aufgebaut/strukturiert (roter Faden)?

Wie passten Ziel/Inhalt/Methode/Medien zusammen?

Was war für meinen Lernprozess hinderlich/förderlich? Welche Wirkungen waren zu spüren?

Evtl. Verbesserungswünsche

Abb. 9.20: Beispiel für einen Feedbackbogen

9.6.3 Fortschreibetechnik

Der Seminarleiter schreibt Satzanfänge zum Thema oder zur Veranstaltung auf Karten/Plakate/Wandtafel. Die Teilnehmer sollen die Sätze individuell vervollständigen und an eine Flipchart, Pinnwand etc. heften. Die Äußerungen der anderen können auch jeweils ergänzt werden. Durch diese Meinungsäußerungen ergibt sich eine Reflexion des Themas/der Veranstaltung, die im Plenum weiter diskutiert werden oder direkt zur Umstrukturierung genutzt werden kann.

Die Satzanfänge können sehr speziell, provozierend oder offen formuliert werden. Vor allem eine weit gefasste Formulierung kann zum Perspektivwechsel und zur Einbeziehung alternativer Lösungswege genutzt werden.

Diese methodische Variante des „Feedbacks" kann auch anonym durchgeführt werden und ist in jeder Phase eines Seminars einsetzbar; zu Beginn, um Wünsche, Vorkenntnisse und Erwartungen zu erfragen, im Seminarverlauf, um einzelne Teilabschnitte/Themenbereiche zu bewerten, am Ende, um ein Seminar und seine Ergebnisse abschließend zu analysieren.

Beispiel:

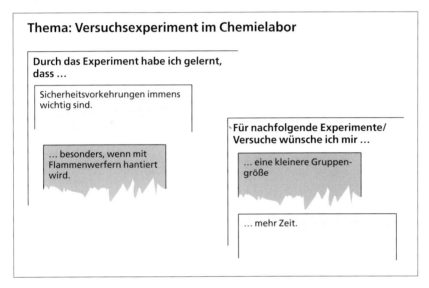

Thema: Versuchsexperiment im Chemielabor

Durch das Experiment habe ich gelernt, dass ...

Sicherheitsvorkehrungen immens wichtig sind.

... besonders, wenn mit Flammenwerfern hantiert wird.

Für nachfolgende Experimente/ Versuche wünsche ich mir ...

... eine kleinere Gruppengröße

... mehr Zeit.

Abb. 9.21: Fortschreibetechnik

Weiterführende Literatur

WITTNER, Wolfgang (Hrsg.): Methoden der Ausbildung. Didaktische Werkzeuge für Ausbilder. Dt. Wirtschaftsdienst. Köln 2000.
LANDESINSTITUT FÜR SCHULE UND WEITERBILDUNG (Hrsg.): Methodensammlung. Anregungen und Beispiele für die Moderation. LSW. Soest 2000.
BONZ, Bernhard: Methoden der Berufsbildung – Ein Lehrbuch. Hirzel. Stuttgart 1999.
KLIPPERT, Heine: Methodentraining. Beltz. Weinheim, Basel 2004 (14. Aufl.).

Teil IV – Personal- und Organisationsentwicklung:

10 Personalentwicklung in Ausbildungsprozessen

11 Organisationsentwicklung in Ausbildungsprozessen

12 Qualitätsmanagement in Ausbildungsprozessen

10 Personalentwicklung in Ausbildungsprozessen

LEITFRAGEN

① Welche Stellung hat der Ausbilder im Beruf und in der Gesellschaft?

② Wie definiert sich die neue Rolle des Ausbilders?

③ Welche Aufgaben hat der Ausbilder in einer ganzheitlichen Berufsausbildung?

④ Über welche neuen Kompetenzen muss der Ausbilder verfügen?

Das Profil des Berufsausbilders

Für Ausbilder gibt es noch kein staatlich anerkanntes Berufsbild. Die Bezeichnung „Berufsausbilder" taucht zwar in unterschiedlichen Regelungen, betrieblichen Vereinbarungen, Tarifverträgen und auch in der Fachliteratur auf, eine allgemein gültige Definition existiert jedoch nicht, sondern lediglich eine rudimentäre Beschreibung über die persönliche und fachliche Eignung der Ausbilder nach dem Berufsbildungsgesetz (BBiG):

„Eignung von Ausbildenden und Ausbildern oder Ausbilderinnen:
(1) Auszubildende darf nur einstellen, wer persönlich geeignet ist. Auszubildende darf nur ausbilden, wer persönlich und fachlich geeignet ist.
(2) Wer fachlich nicht geeignet ist oder wer nicht selber ausbildet, darf Auszubildende nur dann einstellen, wenn er persönlich und fachlich geeignete Ausbilder oder Ausbilderinnen bestellt, die die Ausbildungsinhalte in der Ausbildungsstätte unmittelbar, verantwortlich und in wesentlichem Umfang vermittelt.
(3) Unter der Verantwortung des Ausbilders oder der Ausbilderin kann bei der Berufsausbildung mitwirken, wer selbst nicht Ausbilder oder Ausbilderin ist, aber abweichend von den besonderen Voraussetzungen des § 30 die für die Vermittlung von Ausbildungsinhalten erforderlichen beruflichen Fertigkeiten, Kenntnisse und Fähigkeiten besitzt und persönlich geeignet ist." (BBiG § 28)

„Fachliche Eignung:
(1) Fachlich geeignet ist, wer die beruflichen sowie berufs- und arbeitspädagogischen Fertigkeiten, Kenntnisse und Fähigkeiten besitzt, die für die Vermittlung der Ausbildungsinhalte erforderlich sind.
(2) Die erforderlichen beruflichen Fertigkeiten, Kenntnisse und Fähigkeiten besitzt, wer

1. die Abschlussprüfung in einer dem Ausbildungsberuf entsprechenden Fachrichtung bestanden hat,

2. eine anerkannte Prüfung an einer Ausbildungsstätte oder vor einer Prüfungsbehörde oder eine Abschlussprüfung an einer staatlichen oder staatlich anerkannten Schule in einer dem Ausbildungsberuf entsprechenden Fachrichtung bestanden hat, oder

3. eine Abschlussprüfung an einer deutschen Hochschule in einer dem Aus-
  bildungsberuf entsprechenden Fachrichtung bestanden hat,
und eine angemessene Zeit in seinem Beruf praktisch tätig gewesen ist. [...]"
(BBiG § 30)

10.1 Neue Rolle des Ausbilders

Die Veränderungen in unserer Gesellschaft und Wirtschaft und die daraus resultierende notwendige Qualifikationsstruktur setzen letztendlich auch eine veränderte und anspruchsvollere Berufsausbildung voraus. Die Umsetzung der neuen
Qualifikationsanforderungen in der betrieblichen Bildungspraxis müssen die in
der betrieblichen Aus- und Weiterbildung tätigen Mitarbeiter in Form veränder-
ter Kompetenzen ermöglichen.

Wenn es gilt, dass die Wettbewerbsfähigkeit eines Unternehmens von der Qualifikation der Mitarbeiter abhängig ist, dann ist es die zentrale Aufgabe der Ausbilder, ihre Auszubildenden und ggf. Weiterbildungsteilnehmer entsprechend
der aktuellen Bildungsansprüche ganzheitlich zu qualifizieren.

Wie Lehrer müssen auch Ausbilder zum einen über fachliche und zum ande- | **Fachliche und**
ren über pädagogische Kompetenzen verfügen. Das jeweilige Qualifikations- | **pädagogische**
profil des Ausbildungsberufs bestimmt das notwendige Kompetenzprofil des | **Kompetenzen**
Ausbilders, das individuell und bedarfsbezogen sehr unterschiedlich sein kann.
In der Vielfältigkeit der notwendigen Ausbilderprofile liegt die Schwierigkeit,
eine für alle Ausbilder bzw. deren Einsatzgebiete gültige Berufsbeschreibung
abzugeben.

In den vergangenen Jahren hat sich das Aufgabenprofil von fachlichen hin zu | **Vermittlung von**
berufsübergreifenden Themen verschoben. Gleichberechtigt stehen neben der | **berufsübergrei-**
Vermittlung von Fertigkeiten und Kenntnissen die Hinführung zu Prozess- und | **fenden Themen**
Schlüsselqualifikationen sowie zum Service- bzw. Kundendenken.

Dieser erweiterte Ausbildungsanspruch bedingt auch ein erweitertes
Qualifikations- bzw. Kompetenzprofil der Ausbilder.

In der Vergangenheit definierte sich ein Ausbilder vorrangig über seine Fach-
lichkeit. Er war anerkannter Fachmann, der sein Fachwissen oft wohl dosiert mit
der „Vier-Stufen-Methode" weitergab oder sich auch gelegentlich bewusst zu-
rückhielt, denn sein Wissen war im betrieblichen Alltag auch oft „Herrschafts-
wissen". Sein fachliches Wissen und Können bestimmten sein Ansehen bei Vorgesetzten, Kollegen und auch bei den Auszubildenden. Letztlich war sein
fachliches Können die Grundlage seiner beruflichen Autorität.

Mit dem Einsatz lernorientierter, handlungsorientierter Methoden verändern | **Der Ausbilder als**
sich die Anforderungen an den Ausbilder dahin gehend, dass er nicht mehr vor- | **Lernberater und**
machend und vermittelnd im Vordergrund steht, sondern vielmehr die Funktion | **Coach**
des Lernberaters und Coachs einnimmt (siehe Abb. 10.1).

Der Ausbilder als Coach ...

... bezüglich des Ablaufes:	... bezüglich der eigenen Person:	... bezüglich der Gruppe:
• wirkt als Spielmacher, Steuermann • hält den roten Faden • berät, vermittelt • fördert Meinungen • stellt Fragen • führt Konsens herbei • zeigt gute Vorbereitung, hat Ablauf festgelegt • bleibt neutral	• ist ablauforientiert, hört zu • zeigt persönliche Autorität • wirkt nicht autoritär • zeigt Durchsetzungsvermögen • manipuliert nicht • formuliert klar, zeigt Sachkenntnis • kann Fehler zugeben	• schafft Atmosphäre • baut Hemmungen ab • stellt keinen in der Gruppe bloß • vermittelt allen das Gefühl, zur Gruppe zu gehören • stellt sich auf die Gruppe ein

Abb.10.1: Anforderungen an Ausbilder

In der umrissenen Berater- und Coachrolle liegt aber das eigentliche Problem bei der Umsetzung neuer Ausbildungsstandards: Um selbst gesteuerte Lernprozesse auslösen und betreuen zu können, reicht die oft (nur) auf die Fachkompetenz ausgerichtete „Ausbildung der Ausbilder" nicht mehr aus.

Erforderliche Kompetenzen eines Ausbilders

Gefordert ist vielmehr eine ganzheitliche berufspädagogische Kompetenz für die Bereiche der

– Berufsfindung und -vorbereitung,
– beruflichen Erstausbildung und
– Weiterbildung und Umschulung.

Voraussetzung für eine neue Berufsrolle des Ausbilders (Bildungsfachkraft) in der betrieblichen Bildung sind seine (neuen) didaktisch-methodischen Kompetenzen zur Gestaltung aktiver Lernprozesse.

In den sich ständig verändernden „selbstlernenden Organisationen" begleitet die Bildung den produktiven Veränderungsprozess und findet direkt im Arbeitsumfeld statt. Sie erfolgt am Arbeitsplatz, in Lernstätten, Lerninseln oder betriebsnahen Besprechungs- bzw. Gruppenräumen.

Betriebliche Bildung am Arbeitsplatz

Prospektiv betrachtet wird die betriebliche Bildung nicht mehr vorrangig in geschlossenen Veranstaltungen wie Lehrgängen oder Seminaren stattfinden, sondern vermehrt am Arbeitsplatz bzw. im oder nahe am Produktionsprozess durchgeführt werden.

10.2 Neue Rolle des Auszubildenden

Die Adressaten der heutigen Berufsausbildung sind (anders als früher) junge Erwachsene. Das Durchschnittsalter der Auszubildenden, die eine Berufsausbildung durchlaufen, beträgt derzeit bundesweit ca. 19 Jahre. Die Berufsausbildung hat sich seit den 70er-Jahren von einer Ausbildung für Jugendliche zu einer **Ausbildung für Erwachsene** gewandelt. Von daher muss sich auch das Verhältnis zwischen Ausbildern und Auszubildenden verändern. Erwachsene erwarten ein selbstbestimmtes, sinnvolles, selbst verantwortetes und anwendungsbezogenes Lernen, dem die Berufsbildung (in den Lernorten Berufsschule und Ausbildungsbetrieb) durch geeignete Lern- und Lehrkonzepte nachkommen muss.

Von einer Ausbildung für Jugendliche zu einer Ausbildung für Erwachsene

> **Neuere Ausbildungsformen setzen natürlich voraus, dass auch die Auszubildenden andere Rollen einnehmen als bisher.**

Die Rolle der Auszubildenden ist im Lernprozess nicht mehr passiv, sondern im Gegenteil aktiv-gestaltend. Gefordert ist ein **aktives Lernverhalten der jungen Erwachsenen**, die allerdings bisher überwiegend mit lehrerzentrierten Vermittlungformen „beschult" wurden. Ausbildungsmethoden, die vermehrt die Eigenverantwortung und Selbstständigkeit des Auszubildenden fördern, beeinflussen das Verhältnis zwischen Ausbildern und Auszubildenden in zweifacher Hinsicht:

Die Rolle des Auszubildenden:
– aktiv-gestaltend
– eigenverant-
wortlich
– selbstständig

– zum einen durch veränderte Verhaltensanforderungen an die Ausbilder und
– zum anderen durch veränderte Verhaltensanforderungen an die Auszubildenden.

Die Forderung nach mehr Selbstständigkeit der Auszubildenden geht einher mit der Zurückhaltung der Ausbilder im Lernprozess. Dies führt zu Ausbildungsbeginn wegen der häufig vorhandenen Unselbstständigkeit der Auszubildenden mitunter zu Kritik in dem Sinne, dass der Ausbilder zu wenig präsent sei, zu wenig Hilfestellungen gebe und zu selten belehre. Die Praxis zeigt aber, dass Auszubildende mit der neu geforderten Selbstständigkeit oft viel besser zurechtkommen, als viele Ausbilder vermuten. In der Regel verliert sich diesbezügliche Kritik bereits nach den ersten handlungsorientierten Lernmodulen.

Gerade bei der Einführung von neuen Lernmethoden kommt es darauf an, dass Auszubildende (und Ausbilder) genügend Zeit haben, sich in diese neuen Lernsituationen einzufinden, um das eine oder andere auszuprobieren. Die mitunter von den Auszubildenden vorgetragene Kritik, dass sie mit ihren „Problemen allein gelassen" würden, korrespondiert mit den von den Ausbildern geäußerten Anfangsproblemen, dass die Auszubildenden nicht bereit seien, Selbstverantwortung für ihre Ausbildung zu übernehmen.

Schwierigkeiten in der Einführungsphase

Probleme liegen auch darin, dass in der Phase der Auftragsvergabe für den Ausbilder nicht absehbar ist, inwieweit Auszubildende in der Lage sind, die gestellten Aufgaben selbstständig zu planen, zu organisieren und zu bewerten. In der Einführungsphase fehlt dem Ausbilder oftmals das Gefühl, inwieweit er Unterstützung und Hilfe bei Problemlösungen gewähren muss und inwieweit er

Selbstständiges Arbeiten setzt Vertrauen voraus

die Auszubildenden selbstständig agieren lassen kann. Es wird deutlich: Selbstständiges Arbeiten in Eigenverantwortung setzt ein hohes Maß an gegenseitigem Vertrauen voraus.

Der Ausbilder, der seine Auszubildenden ernst nimmt, sie akzeptiert und als gleichwertige Mitarbeiter anerkennt, ihnen Wertschätzung widerfahren lässt, wird auch selbstverständlich die richtigen Worte und Wege finden.

So, wie er von seinem Chef behandelt werden möchte, wollen auch seine Auszubildenden von ihm behandelt werden. Im Vordergrund steht der

Wunsch nach ...

- Orientierung und Information
- Verständnis und Unterstützung
- Herausforderung und Förderung
- Anerkennung und Wertschätzung
- Beteiligung und Teamarbeit
- Freiheit und Selbstständigkeit
- Sicherheit und Entwicklungsmöglichkeiten

Abb. 10.2: Wünsche der Auszubildenden an ihre Ausbilder

Neue Pflichten und Rechte für Auszubildende

Im Sinne der neuen Ausbildungverordnungen ist der Auszubildende weitestgehend mitverantwortlich für seinen eigenen Lernfortschritt, für das Gelingen seiner Ausbildung und für den Erfolg der abschließenden Prüfung.

Im neuen Rollenverständnis nimmt der Auszubildende die ihm übertragene Selbstverantwortung an und nutzt entstehende Freiräume für eigenverantwortliches Lernen und Arbeiten.

Mit den „neuen" Pflichten übernimmt er auch „neue" Rechte:

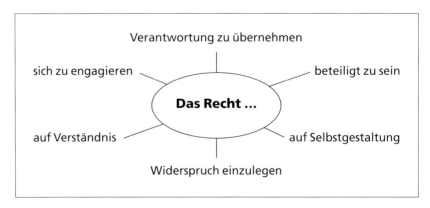

Abb. 10.3: Neue Rechte der Auszubildenden

10.3 Neue Leitungsmodelle und Führungsstile

Die betriebliche Ausbildungspraxis (mit oft veralteten Ausbildungsformen) genügt zurzeit nicht immer dem Anspruch der ganzheitlichen Berufsausbildung. *„Das inzwischen weitgehend anerkannte pädagogische Ziel, die Selbstständigkeit und Persönlichkeitsbildung der Auszubildenden zu fördern und entwickeln zu helfen, steht in deutlichem Gegensatz zu den vorfindlichen methodisch einseitigen, meist rezeptiven Lehr- und Lernformen in den Ausbildungsbetrieben. In vielen Bereichen der betrieblichen Ausbildung ist die didaktisch-methodische Organisation überwiegend an „bewährten" Mustern orientiert, sie erfolgt erfahrungsgeleitet und teilweise intuitiv und ist wesentlich von den gegebenen Arbeits- und Produktionsstrukturen beeinflusst. Inhalte und Lernziele der betrieblichen Berufsausbildung sind zwar mit pädagogischen Intentionen verbunden worden, aber die Dominanz konventioneller Ausbildung ist (auch in der Wahrnehmung von Auszubildenden) weithin geblieben. Elaborierte und lernwirksame Ausbildungsformen werden nur wenig angewandt."* (Pätzold, 2001, S. 116).*

> Die gegenwärtige Situation: Dominanz konventioneller Ausbildung

    Frontal vermittelnde Belehrungen und die „Vier-Stufen-Methode" gehören demnach immer noch zu den am häufigsten angewandten Formen der „Unterweisung". Die Lernsituation ist oft auf den Ausbilder konzentriert, und diese Ausbilderdominanz reduziert die Möglichkeiten der Auszubildenden, selbst gesteuert und eigenverantwortlich zu lernen, auf ein Minimum. Diese althergebrachte Unterweisung geht im Wesentlichen von folgender Fragestellung des Ausbilders aus:

– Welche Inhalte muss ich vermitteln?
– Welche Methoden wende ich dabei an?

Im Rahmen einer handlungsorientierten Ausbildung muss der Ausbilder aber selbst gesteuertes Lernen mit problemlösenden Elementen zur Erlangung von Schlüsselqualifikationen provozieren.

    Mit der neuen Rolle des Ausbilders verbindet sich zwangsläufig eine neue Form der Führung und Leitung mittels:

> Neue Form der Führung und Leitung

– Arbeitsaufträgen,
– Lernfragen und Lernmedien,
– Bereitstellung von Hilfsmitteln,
– Beratung und Coaching.

10.3.1 Coaching

Beim Coaching sind die Lernbedingungen so gestaltet, dass die selbst gesteuerte Wissenserschließung, -strukturierung und -aneignung durch die Lernenden möglich wird. Für die Lernbegleitung durch Ausbilder/Lehrer bedeutet das: so viel Zurückhaltung wie möglich, so viel Unterstützung wie nötig.

> Selbst gesteuertes Lernen des Auszubildenden

    Die Lehrenden sollen erst dann eingreifen, wenn die Lernenden nicht alleine weiterkommen. In diesem Zusammenhang wird von subsidiärer (unterstützender bzw. ersatzweise eintretender) Führung gesprochen, d. h.:

> „Subsidiäre Führung"

Sozialkompetenz ist Voraussetzung für eine moderne Führungskompetenz.

Sozialkompetenz lässt sich in Dialog-, Kooperations- und Koordinationskompetenz gliedern. Ohne sie kann der Ausbilder nicht leiten, führen und lenken, organisieren oder informieren.

Sozialkompetenz des Ausbilders

Sozialkompetenz zeigt ein Ausbilder beispielsweise, wenn er
– andere über sie betreffende Vorgänge rechtzeitig informiert,
– Vorgänge und Maßnahmen nachvollziehbar begründet,
– Prioritäten berücksichtigt und erklärt.

Eine wesentliche Voraussetzung für den richtigen (situativen) Führungsstil ist die Achtung gegenüber dem zu Führenden. Es gilt, nicht zu unterrichten sondern aufzurichten. Gleichwohl muss der Führende umfängliche Kenntnisse und Fertigkeiten wie genaue Wahrnehmung, Konflikterkennung, Beobachtung, integratives Sozialverhalten, Konfliktlösungsfähigkeit besitzen, um einen situativen Führungsstil i. S. des „Coachings" praktizieren zu können.

Dabei ist „Coaching"

… eine Grundeinstellung, wie man als Führungskraft seine Aufgabe erledigt.

… eine Art, seine Führungsaufgabe zu bewältigen, bei der Auszubildende für ihre Leistungen „fit" gemacht werden.

… das Bemühen, störende und begrenzende Einflüsse vom Auszubildenden und vom Team fern zu halten.

… ein Beitrag der Führungskraft zur Teamentwicklung.

… Einbeziehung statt Vorgabe, Vereinbarung statt Anweisung, Ratschlag statt Befehl, Kooperation statt Konfrontation, Begleiten statt Überwachen.

… eine Haltung, bei der Schwächen als Entwicklungschance, nicht als Defizit gesehen werden.

… sich über die Leistung der Auszubildenden zu freuen und ihnen Wertschätzung zu vermitteln.

… das ehrliche Bemühen um den Aufbau und die Pflege eines gegenseitigen Vertrauensverhältnisses.

Vom autoritären zum kooperativen Führungsstil

Unter Berücksichtigung der neuen Lernmethoden ist der autoritäre Führungsstil (3-**K**-Stil) obsolet. Bei team- und motivationsfördernden Methoden wird man nur mittels eines kooperativen Führungsstils (3-**F**-Stil) Erfolg haben.

3-K-Stil	3-F-Stil
Kommandieren	**F**ordern
Kontrollieren	**F**ördern
Korrigieren	**F**eedback geben

Abb. 10.4: Stilwandel

10.3.2 Teamarbeit

Damit Ausbilder im Sinne der Neuordnung arbeiten können, müssen Strukturen geschaffen werden, die es ihnen ermöglichen, den Ausbildungsprozess selbstständig und eigenverantwortlich zu planen, durchzuführen und zu bewerten. Ziel ist es, ein Ausbildungssystem zu entwickeln, dass die Kooperation und Koordination, feste Gruppenbeziehungen unter Lehrenden und Lernenden, selbstbestimmte und flexible Planung und fachübergreifende Projekte ermöglicht.

Teamarbeit ist dabei ein Instrument, das diese verschiedenen Facetten des Ausbildungsgeschehens optimal miteinander verbinden kann.

Teamarbeit ist zwar einerseits ein **Rationalisierungsinstrument**, das innerbetriebliche Steuerung vereinfachen und Innovationskapazitäten der Gruppe im Arbeitsprozess wirksam werden lassen soll. Andererseits ermöglicht die Einführung von Teamarbeit aber auch eine **Kooperationskultur** im Betrieb zu implementieren, die das Vertrauen der Ausbildungsleitung voraussetzt. Dabei kontrolliert das Team in erster Linie den Erfolg seiner Arbeit selbst (Eigenkontrolle statt Fremdkontrolle).

> **Kooperationskultur**

> **Eine teambezogene Organisation kann Überschaubarkeit und menschliche Nähe im Beziehungsgeflecht zwischen Auszubildenden, Ausbildern - und Ausbildungsleitung schaffen.**

> **Voraussetzung: eine dezentralisierte Kommunikationsstruktur**

Allerdings ist dazu die Errichtung einer dezentralisierten Kommunikationsstruktur erforderlich.

Da auch Teams eine **gruppeninterne Kommunikations- und Führungsstruktur** aufbauen müssen, ist es sinnvoll, einen Teamsprecher zu wählen, der das Team nach außen hin vertritt. Dieser Teamsprecher kann entweder für eine festgelegte Zeit gewählt werden oder im Rahmen eines alternierenden Systems (zum Beispiel im Jahresrhythmus) bestimmt werden.

> **Der Teamsprecher**

Der **Gestaltungsspielraum** der Teams muss zwischen Team und Leitung festgelegt werden. Nicht selten begrenzen Arbeitsrecht, Arbeitsanweisungen, Leitungsinteressen und vom Unternehmen bestimmte übergeordnete Vorgaben den Gestaltungsspielraum.

> **Der Gestaltungsspielraum des Teams**

Gut funktionierende Teams streben im Laufe der Zeit nach mehr Autonomie, sie wollen den „Blick für das Ganze". Die Leitung muss dafür die notwendigen Informationen bereitstellen und gegebenenfalls Interessenkonflikte ausgleichen. Die Bereitschaft der Ausbilder, mehr Verantwortung zu übernehmen, korrespondiert mit der Bereitschaft der Ausbildungsleitung, Führungsverantwortung neu zu definieren und die Kontrollfunktion zu reduzieren.

Als („Killer"-)Argument gegen Teamarbeit in der Ausbildung wird sehr häufig die zeitliche Belastung durch interne Absprachen genannt. Zu Beginn ist sicher ein erhöhter Gesprächsaufwand erforderlich, um sich als Team zu finden, eine geeignete Kooperationskultur aufzubauen, Befugnisse auszuloten und Konfliktfelder bewusst werden zu lassen. Auch stellen „Verweigerer" innerhalb eines Teams ein Hemmnis dar, es bietet sich aber für das Team die Möglichkeit, mit ihnen einen „Verhaltensplan" zu vereinbaren, wie sie langfristig in die Teamstrukturen integriert werden können.

> **Stolpersteine bei der Teamarbeit**

Fehlt ein grundsätzlicher Konsens über die Teamstruktur, führt das zu erheblichen Steuerungsproblemen, die keine Organisationsentwicklung verkraften kann. Die Teamarbeit hat somit auch zum Ziel, zur Identifikation der Teammitglieder mit ihrem Arbeitsplatz beizutragen.

Ausbilder, die innerhalb ihres Teams Ausbildungsinhalte und -zeiten, betriebliche Einsatzphasen, Versetzungspläne, Ordnungsmaßnahmen und Kontakte zu anderen Teams selbstständig bestimmen können, sind eine wichtige Voraussetzung für eine prozess- und kundenorientierte Ausbildung.

Nur Ausbilder, die selbstständig und eigenverantwortlich agieren können, sind in der Lage, Auszubildende zu dieser Selbstständigkeit und Eigenverantwortung zu führen.

10.3.3 Motivationsförderung

Die Lernbereitschaft von Auszubildenden wird wesentlich geprägt durch ihre bisherige Schulbiographie, die familiäre Sozialisation und eigene Lernerfahrungen. Bei der Planung von Ausbildungssituationen müssen immer alle beteiligten Personen berücksichtigt werden. Grundlage der Motivationsforschung ist die Feststellung, dass Motivation primär von zwei Faktoren bestimmt wird:

Zwei Faktoren, die Motivation bestimmen

– Ein Einflussfaktor liegt in der Persönlichkeit des Individuums und wird entscheidend durch seine eigenen Erfahrungen bestimmt.
– Der andere Faktor wird vom Anreiz der jeweiligen Lernsituation beeinflusst. Welcher Faktor in der jeweiligen Situation entscheidender ist, wird immer von der jeweiligen Person-Situationsbeziehung abhängig sein.

Motiv versus Motivation

In der Motivationsforschung wird grundsätzlich zwischen Motiv und Motivation unterschieden. Dabei werden **Motive** als überdauernde Persönlichkeitsdispositionen verstanden, die im Verlauf des Lebens erworben werden. Beispiele für Motive sind Leistungsstreben, Macht und sozialer Status. Motive variieren in Anzahl und Ausprägung, und sie sind im Wesentlichen zeitlich stabil und damit auch nur bedingt beeinflussbar.

Heterogene Gruppen motivieren

Wie kann es nun Ausbildern gelingen, unterschiedliche Individuen mit unterschiedlichen Motiven in gleichen Lernsituationen zu motivieren?

Um aus unterschiedlichen Motiven eine **Motivation** für eine bestimmte Lernsituation entstehen zu lassen, bedarf es einer besonderen Wahrnehmung und Bewertung der lernenden Personen. Die Lernsituation muss deshalb so gestaltet werden, dass die vorgegebenen Ziele aus dem Blickwinkel der Lernenden erstrebenswert und erreichbar sind. In einer „starken Lernumgebung" muss es gelingen, einer Lerngruppe trotz individueller (situativer) Anreize ein gemeinsames Ziel zu ermöglichen, um so zu motivationsauslösenden Lernerfahrungen zu kommen.

Eine persönlich motivierende Aufgabe für jeden Lernenden

In der Praxis wird oft unterschieden zwischen der Gruppe der **Erfolgsorientierten**, die sich bei der Aufgabenwahl von der Hoffnung leiten lassen, Erfolg zu haben, und der Gruppe der **Misserfolgsorientierten**, die bei der Aufgabenwahl im Wesentlichen von der Furcht vor Misserfolg beeinflusst werden. Für das didaktisch-methodische Handeln des Ausbilders heißt das, dass die Lernaufgaben so gestaltet werden müssen, dass jeder Lernende aus einem vorgegebenen

Aufgabenpool möglichst eine persönlich motivierende Aufgabe herausfiltern kann.

Projekt- und Teamarbeit schaffen die notwendigen Gestaltungsfreiräume für unterschiedliches Lernhandeln in verschiedenen Lernzusammenhängen. Sie eröffnen dem jeweiligen Auszubildenden die Chance, aus einer Vielzahl von unterschiedlichen Arbeiten, die für ihn passende (motivierende) auszuwählen, um seinen individuellen Lernfortschritt selbst zu steuern. Der Ausbilder muss im Sinne der Motivationsförderung komplexe Einzelaufgaben anbieten, die einen mittleren Schwierigkeitsgrad aufweisen und aus vielen Einzelmodulen bestehen, die jeweils für sich bearbeitet und gelöst werden können. Dabei sollte der Ausbilder (im Sinne der pädagogischen Diagnostik) den individuellen Lernfortschritt beobachten und in Fördergesprächen möglichst oft positive Rückmeldung über den Lernerfolg geben.

Positive Rückmeldungen in Fördergesprächen

Um Auszubildende möglichst schnell zum selbstständigen, vollständigen Handeln zu motivieren, ist es unbedingt erforderlich, Selbstkontrollen (entsprechend dem Lernfortschritt) durch die Auszubildenden vorzusehen.

Anhand der jeweiligen Lernfortschritte der einzelnen Auszubildenden kann im Lauf der Zeit gut zwischen Lernschwachen und Leistungsstarken unterschieden werden. Die Auswahl von Lernaufgaben und betrieblichen Ausbildungsprojekten sollte immer sowohl den Lernschwachen als auch den Lernstarken genügend Anreiz zum weiteren Lernen bieten. Eine Differenzierung (im Sinne einer „optimalen Passung") ist unbedingt erforderlich, um bei unterschiedlichen Leistungsgruppen keine Demotivation durch Unter- bzw. Überforderung zu erzeugen.

Selbstkontrollen durch die Auszubildenden

Eine zentrale Aufgabe des Ausbilders ist es, die Ausbildungsgruppe hinsichtlich ihres Leistungsvermögens zu fordern und sowohl die Lernschwachen als auch die normal Lernenden und Leistungsstarken individuell zu fördern.

Individuelle Förderung

„Unterforderung" ist genau wie „Überforderung" der erste Schritt, um Auszubildenden die Freude am Lernen und letztendlich auch die Freude an der Ausbildung zu nehmen. Aufgabenstruktur und Schwierigkeitsgrad der Lerninhalte sollen so angelegt sein, dass sie mit den bisher erlangten Fertigkeiten und Kenntnissen (bei angemessener Anstrengung) erfolgreich erledigt werden können.

Motivierend wirken Aufgaben, die einen Bezug zu dem bisherigen, derzeitigen und zukünftigen Handeln herstellen. Abstrakt geführte Diskussionen (mit zu vielen theoretischen Annahmen) bewirken in der Regel nur wenig Lernanreiz und Lernfreude. Der verstärkte Einsatz von effektvollen Medien oder auch der Einsatz von verschiedenen Methoden führt aber noch nicht per se zum erfolgreichen Abschluss von Ausbildungsprojekten. Arbeitsaufgaben, bei denen die Auszubildenden selbst planen, entscheiden und kontrollieren, haben einen hohen Motivationsanreiz. Zudem gibt es die lernpsychologische Erkenntnis, dass effektives und nachhaltiges Lernen nur selbst gesteuert erfolgen kann (vgl. dazu Abb. 10.5).

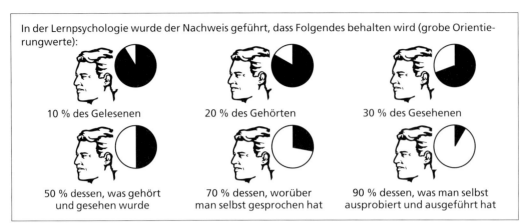

In der Lernpsychologie wurde der Nachweis geführt, dass Folgendes behalten wird (grobe Orientierungwerte):

10 % des Gelesenen   20 % des Gehörten   30 % des Gesehenen

50 % dessen, was gehört und gesehen wurde   70 % dessen, worüber man selbst gesprochen hat   90 % dessen, was man selbst ausprobiert und ausgeführt hat

Abb. 10.5: Was wir behalten

Motivierend ist in der Regel das, was man versteht, bei dem man den direkten Nutzen erkennt und auch für sich einen nachhaltigen Erfolg erwarten kann. Nutzen bedeutet in diesem Zusammenhang auch, dass man das erworbene Wissen jetzt oder später in konkretes Handeln umsetzen kann.

Das Phänomen des „trägen Wissens"

Seit einigen Jahren wird in der pädagogischen Psychologie das Phänomen des **„trägen Wissens"** diskutiert, in dem Sinne, dass Wissen zwar latent vorhanden ist, aber nicht zum Handeln führt. Ein Beispiel dafür ist das in der Schule erworbene theoretische Wissen, bei dem Wissen und Handeln aber oft nicht aufeinander bezogen werden (Pisastudie) und das in der Lebenswelt der Schüler keine Verwendung findet. Gerade in Ausbildungsgängen mit handwerklichen Anforderungen sind der direkte Anwendungsbezug der Lerninhalte und aktives Handeln äußerst motivierend für die Lernenden. Aktivierende Lernformen wie Projekte oder reale Betriebsaufträge bilden hier einen motivierenden Rahmen für eine erfolgreiche Ausbildungsarbeit.

Besonders motivierend:
– direkter Anwendungsbezug der Lerninhalte
– aktives Handeln

Für das gesamte pädagogische Handeln ist aber die Vorbildwirkung des eigenen Tuns und Handelns der zentrale Motivationsfaktor. Deshalb gilt für alle Lehrer und Ausbilder auch heute noch der Satz von Augustinus (384-430): *„In dir muss brennen, was du in anderen entzünden willst!"*

Vorbildfunktion des Ausbilders

Weiterführende Literatur

GUDJONS, Herbert: Handlungsorientiert lehren und lernen. Schüleraktivierung, Selbsttätigkeit, Projektarbeit. Klinkhardt. Bad Heilbrunn/Obb. 1992 (3. Auflage).

KOCH, Johannes: Ausbilden Lernen. Ein Methodenkonzept für AdA-Lehrgänge. Hrsg.: Bundesinstitut für Berufsbildung. Bertelsmann. Bielefeld 1999.

KRÄMER-STÜRZL, Antje: Handlungsorientierte Ausbilderqualifizierung. Schneider-Verlag Hohengehren. Baltmannsweiler 1998.

PÄTZOLD, Günter: Methoden betrieblicher Bildungsarbeit. In: Bonz, Bernhard (Hrsg.): Didaktik der beruflichen Bildung, Band 2. Schneider-Verlag Hohengehren. Baltmannsweiler 2001.

11 Organisationsentwicklung in Ausbildungsprozessen

LEITFRAGEN

① Warum ist eine kontinuierliche Organisationsentwicklung in der ganzheitlichen Berufsbildung erforderlich?

② Welche Auswirkungen hat die Ausbildungsorganisation auf die Ausbildungsqualität?

③ Fördert Teamarbeit eine prozess- und kundenorientierte Ausbildung?

④ Welche Elemente müssen bei der Umstellung der Ausbildung von einer lehrgangsorientierten auf eine handlungsorientierte Form berücksichtigt werden?

⑤ Wie sollen die Rahmenbedingungen bei einer Ausbildung im Team gestaltet sein?

In einem Unternehmen wird der Bereich Bildung genau wie andere Fachbereiche und Fachabteilungen zunehmend nach Kosten- und Effektivitätskriterien beurteilt. Soll Berufsbildung nicht als zu kostenintensiv und sogar überflüssig angesehen werden, dann muss Bildung verstärkt die Kundeninteressen berücksichtigen. Bildung ist aus Kundensicht ein Produkt, das kostengünstig, zeitpunktbezogen und mit bestimmten Qualitätsstandards „geliefert" werden muss – das gilt für die Ausbildung ebenso wie für die Weiterbildung.

Bildung als Produkt

11.1 Arbeitsprozessorientierte Aus- und Weiterbildungsorganisation

Es besteht in der beruflichen Bildung weitgehend Konsens darüber, dass die Menschen sich in modernen Industriegesellschaften den laufenden Veränderungen in den Arbeitsprozessen kontinuierlich anpassen müssen, was nichts anderes bedeutet als „lebenslanges Lernen".

„Lebenslanges Lernen"

Unter dem Aspekt des lebenslangen Lernens macht es relativ wenig Sinn, eine straff lehrgangsorientierte, mit einem theoretischen Abschluss versehene Ausbildung zu konzipieren, an die sich wiederum eine lehrgangsorientierte Weiterbildung anschließt. Da Ausbildung auf das spätere Arbeitsleben vorbereiten soll und Weiterbildung die (schon ausgebildeten) Mitarbeiter für den Arbeitsprozess gegenwarts- und zukunftstauglich machen soll, muss vielmehr der direkte Arbeitsprozess der eigentliche Lerngegenstand und das Modell der Ausbildung sein.

Die betriebliche Erstausbildung muss sich demnach auf die betrieblichen Geschäftsprozesse einstellen, die Anpassungsnotwendigkeiten der jeweiligen Produktions- und Arbeitsbedingungen und die Ausbildungsinhalte berücksichtigen bzw. die Qualifikationsvermittlung anhand des Arbeitsprozesses vollziehen. Die Auszubildenden sollen Kompetenzen für erfahrungsgeleitetes Arbeiten und lebenslanges Lernen entwickeln, und Prüfungen sollen (so weit es geht) anhand realer Arbeitsprozesse durchgeführt werden.

> **Wenn Ausbildung das betriebliche Handlungssystem berücksichtigen soll, müssen die Ausbilder die betrieblichen Produktions- und Geschäftsprozesse kennen und ihre Ausbildungtätigkeit darauf abstimmen.**

Von der angebots- zur nachfrageorientierten Bildung

Zudem werden sich künftig Weiterbildungsmaßnahmen nicht mehr vorrangig auf fachspezifische Themen wie zum Beispiel „Grundlagen der Hydraulik" beziehen, sondern auch gezielt betriebsspezifische Probleme aufgreifen. Somit wird sich die früher eher angebotsorientierte Weiterbildung zunehmend zu einer **nachfrageorientierten Bildung** entwickeln.

Der Ausbilder, der betriebliche Prozesse in der Ausbildung umsetzt, wird auch ein kompetenter Weiterbilder für die Betriebe sein.

Erforderliche Maßnahmen für die arbeitsprozessorientierte Bildung

Der Übergang von einer eher lehrgangsorientierten Ausbildungsorganisation in eine arbeitsprozessorientierte Aus- und Weiterbildungsorganisation erfordert viele durchzuführende Maßnahmen (vgl. Fink, 1999, S. 15 ff.):

– Geschäftsprozessorientierung der Ausbildung, d. h. verstärkt Anforderungen der Kunden aufnehmen und umsetzen,
– Ausbildung als einen betrieblichen Prozess betrachten (Arbeits-Lernen),
– prozessintegriertes Lernen in der betrieblichen Praxis ermöglichen,
– „Veränderungskompetenz" einsatzorientiert fördern,
– Rollen des Ausbildungspersonals neu definieren.

Im Folgenden werden die wichtigsten Aspekte der Organisationsentwicklung in ganzheitlichen Ausbildungsprozessen skizziert.

Ziele der betrieblichen Bildungsarbeit ...

Ziel der betrieblichen Bildungsarbeit ist es, entweder junge Leute über die Ausbildung zu neuen qualifizierten Mitarbeitern heranzubilden und/oder qualifizierte Mitarbeiter durch gezielte Weiterbildungsmaßnahmen auf veränderte oder neue Qualifikationsbedarfe einzustellen. Im Interesse des Unternehmens sollen diese Maßnahmen kostengünstig, effektiv und mit hohen Qualitätsstandards versehen sein.

... und ihre Durchführung

Bei der Durchführung der Weiterbildung gilt es, die Interessen der Abteilungen und Betriebe zu berücksichtigen, indem Inhalte, Dauer und Zeitpunkt der Weiterbildung abgestimmt werden. Ferner ist künftig auch zu klären, ob Weiterbildungmaßnahmen in den Bildungszentren oder besser „direkt vor Ort" (im Betrieb oder der Abteilung) durchzuführen sind. Eine zukunftsorientierte Form der Aus- und Weiterbildung ist die Integration von E-Learning in arbeitsorientierte Lernformen (**Blended Learning**).

Wesentlicher Bestandteil der Ausbildungsarbeit wird es demnach sein, die Ausbildung problem- und handlungsorientierter und damit auch betriebsorientierter zu gestalten. Betriebsorientierte Ausbildung setzt voraus, dass die Ausbildungsinhalte mit den Betrieben und Fachabteilungen abgestimmt werden.

Dabei stehen folgende Fragen im Mittelpunkt:
– Welche neuen Produkte und Prozesse gibt es im Betrieb?
– Welche neuen Technologien und Verfahren werden im Betrieb eingeführt?
– Welche neuen Produkte werden geplant?
– Welche organisatorischen Veränderungen sind geplant oder werden eingeführt?
– In welcher Beziehung steht der Lerngegenstand zum tatsächlichen beruflichen Handeln?
– Welche Fähigkeiten werden von zukünftigen Mitarbeitern gefordert? Z. B.:
  • logistischen Aufwand minimieren,
  • Produktionsabläufe optimieren,
  • Qualitätssicherung verbessern,
  • moderne Kommunikations- und Informationstechnik einführen,
  • striktere Kundenorientierung sichern,
  • in kooperativen Netzen Wissen vermitteln, verarbeiten und speichern.

Aspekte betriebsorientierter Ausbildung

Bei der Umsetzung der daraus gewonnenen Information in berufsbildendes Arbeitshandeln führen in besonderem Maße Betriebsaufträge zum Ziel.

Betriebsaufträge ...

Betriebsaufträge sind Arbeiten, die in der Ausbildungswerkstatt und/oder im Betrieb im Auftrag der Betriebe durchgeführt werden.

Diese Auftragsarbeiten würden sonst von den Betrieben selbst oder von Fremdfirmen durchgeführt werden.

Für die Erstausbildung haben diese Auftragsarbeiten mehrere Funktionen:
– Auftragsarbeiten führen zur Integration von Lernen und Arbeiten. Ausbildung findet nicht mehr nur an theoretischen Übungsaufgaben oder in vorgeplanten Projekten statt, sondern anhand realer Arbeitsaufträge.
– Sie sind Teil der betrieblichen Wertschöpfungskette. Ausbildung kann damit zeigen, dass sie auch produktive Leistungen zugunsten des Unternehmens erbringen kann.
– Die Arbeit für die Betriebe oder mit den Fachabteilungen erhöht das Ansehen des Bildungszentrums im Unternehmen.
– Aktive oder fiktive Verrechnung der erbrachten Leistungen führt zur Kostensenkung der betrieblichen Bildungsarbeit.

... und ihre Funktion in der Erstausbildung

Zu erkennen, dass Auftragsarbeiten nicht (nur) dazu dienen, vorhandene Arbeiten durch preiswerte Hilfskräfte (Auszubildende) ausführen zu lassen, ist eine wesentliche Voraussetzung für eine arbeitsprozessorientierte Ausbildung.

Die praktischen Erfahrungen der Auszubildenden bei der Durchführung von Auftragsarbeiten sind vielfältig. Die Schritte von der Auftragsannahme über die Planung und die Durchführung bis hin zur Übergabe an den Kunden umfassen das ganze Spektrum der prozessorientierten Ausbildung.

Für Ausbilder bedeutet dies, Ausbildung nach anderen Regeln durchzuführen als in einem lehrgangsorientierten Bildungskonzept. In der Auseinandersetzung mit dem Kunden und der termingerechten Durchführung der Auftragsarbeiten werden genau die Qualifikationen vermittelt, die ein Facharbeiter oder ein Sachbearbeiter an seinem Arbeitsplatz benötigt.

Anwendung von Fachkompetenzen in Verbindung mit Schlüsselkompetenzen

Es wird deutlich, dass bloßes lehrgangsmäßig vermitteltes Wissen nicht ausreicht, um einen Arbeitsauftrag zielorientiert durchführen zu können. Vielmehr kommt es auf die integrierte Anwendung der unterschiedlichsten Fachkompetenzen in Verbindung mit den Schlüsselkompetenzen an.

> **Durch das Anwenden der eigenen Kompetenzen in betrieblichen Realsituationen und in der Zusammenarbeit mit betrieblichen Fachkräften findet die Integration von Lernen und Arbeiten fast automatisch statt.**

Integration von Lernen und Arbeiten – drei Lernformen

Bei der Integration von Lernen und Arbeiten sind je nach Intensität der Verzahnung des Lernens mit dem Arbeiten drei grundlegende Lernformen zu unterscheiden (vgl. Dehnbostel, Bad Heilbrunn, 1999, S. 16):

a) **Arbeitsorientiertes Lernen**
   Findet an zentralen Orten statt. Dies kann sowohl im Betrieb, als auch in der Berufsschule sein.
   Beispiel: Lernbüro und Projektarbeit in der Ausbildungswerkstatt

b) **Arbeitsverbundenes Lernen**
   Arbeits- und Lernort sind voneinander getrennt, jedoch inhaltlich verbunden.
   Beispiel: in der Ausbildungswerkstatt durchgeführter Betriebsauftrag

c) **Arbeitsgebundenes Lernen**
   Arbeits- und Lernort sind identisch.
   Beispiele: Abschlussprüfung Teil 2: Betrieblicher Auftrag (Variante 1); im Rahmen der betrieblichen Arbeitsprozesse durchzuführender Betriebsauftrag

Aktueller Trend: von der Projektorientierung zu auftragsorientierten Lernformen

Mit der Geschäfts- und Arbeitsprozessorientierung in der Ausbildung verändert sich zugleich auch die Lernorganisation. Hier ist in der Entwicklung der betrieblichen Lehr- und Lernformen ein Paradigmenwechsel in Richtung „zunehmende Arbeitsorientierung" erkennbar. Ausgehend von der Lehrgangsorientierung und der Produktorientierung, die im Wesentlichen auf die Vermittlung fachlicher Fertigkeiten und Kenntnisse abzielten, findet gegenwärtig ein Übergang von der Projektorientierung zu auftragsorientierten Lernformen statt (siehe dazu Abb. 11.1).

> **Geschäftsprozessorientierung in der Ausbildung bedeutet auch, die betriebliche Ausbildung selbst als (Geschäfts-)Prozess zu verstehen.**

Deshalb gilt es auch hier, Anforderungen der Kunden aufzunehmen, das Rollenverständnis der Ausbilder zu reflektieren und den Ausbildungsprozess und damit auch die Ausbildungsorganisation kontinuierlich zu verbessern.

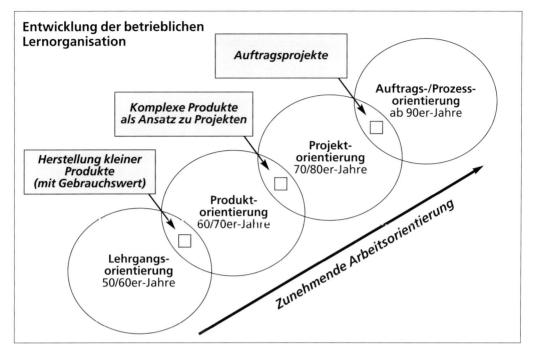

Abb. 11.1: Entwicklung der betrieblichen Lernorganisation (Quelle: Hahne 2003, S. 24 ergänzt)

11.2 Teamorientierte Aus- und Weiterbildungsorganisation

Die Umstellung von einer hierarchischen Arbeitsorganisation auf eine team-orientierte Aus- und Weiterbildungsorganisation wirft viele Fragen auf:
– Mit welchen konkreten Aufgaben soll das Team betraut werden?
– Welche Zielvorgaben sind mit dem Team zu vereinbaren?
– Welche Kompetenzen soll das Team haben?
– Aus wie vielen Teammitgliedern sollte das zukünftige Team bestehen?
– Wie vollzieht sich die (Regel-)Kommunikation in dem Team?
– Soll es einen Teamkoordinator geben?

Bei der Teamentwicklung ist immer wieder zu beobachten, dass es zwar relativ leicht ist, ein Ausbilderteam zu bilden, es aber relativ schwer ist, im Team zu arbeiten bzw. teamorientiert zu handeln. | Teamentwicklung

Für die Bildung eines Ausbilderteams sind regelmäßige Teambesprechungen (mit festgelegtem Fahrplan und Protokoll) unerlässlich.

In diesen Teambesprechungen informieren sich die Teammitglieder gegenseitig über Termine, Ziele und Aktionen. Dabei bringen alle Teammitglieder gleichberechtigt Ideen in die Planung ein. Auftretende Probleme und Besonderheiten werden erörtert, die Vorgehensweise wird verbindlich festgelegt und Verantwortlichkeiten werden bestimmt.

Teamkoordinator Für die **innerbetriebliche Regelkommunikation** und zur effektiven **Zielverfolgung** ist es unerlässlich, dass Mitarbeiter und Führungskräfte einen Ansprechpartner (Koordinator) innerhalb des Teams finden. Ob der Teamkoordinator auf Dauer gewählt bzw. bestimmt wird oder ob es einen wechselnden Koordinator gibt, ist von den Rahmenbedingungen und von der inneren Teamstruktur abhängig. Zur stärkeren Identifikation mit der Teamentwicklung ist es förderlich, wenn die Aufgabe des Koordinators innerhalb des Teams öfter wechselt.

Der **Koordinator** hat die Aufgabe, als hauptverantwortlicher Ansprechpartner innerhalb des Teams und nach außen zu wirken. Er moderiert Besprechungen und koordiniert die Durchführung der Arbeitsaufgaben. Zudem ist er zuständig für organisatorische Aufgaben wie Daten sammeln, dokumentieren und auswerten. Zur besseren Transparenz der anstehenden und durchgeführten Aufgaben, ist es hilfreich, eine **Infowand** in unmittelbarer Nähe der Teamarbeitsplätze einzurichten. Sie informiert über Ziele, Arbeitssteuerung, Produktionszahlen, Versetzungspläne, Einsatzpläne, Ansprechpartner etc. Ziel ist auch, die Selbststeuerung des Teams zu vergrößern, bezogen auf Maschinenbelegung, Versetzungen und Urlaubsplanung.

Vorteile der Teamarbeit Die Vorteile der Teamarbeit liegen darin, dass die Mitglieder eigene Ideen einbringen und auch verwirklichen können. Wegen der relativ großen Selbstständigkeit können Teams innerhalb ihrer Aufgabe vorausplanend und kostenbewusst handeln. Ebenso können (im Rahmen der Befugnisse) Entscheidungen selbst getroffen und verantwortet werden. Diese neu gewonnene Selbstständigkeit und Verantwortung führt in der Regel zu höherer Arbeitszufriedenheit. Im Rahmen der Teamarbeit kann auch eine kontinuierliche Verbesserung der durchzuführenden Ausbildungsarbeiten, Weiterbildungsaufträge und Auftragsfertigung erfolgen. Denn aufgrund der selbstständigen Auftragsplanung und Auftragssteuerung kann das Team spontaner und flexibler auf Kundenwünsche und betriebliche Veränderungen reagieren.

Teamarbeit ist zwar in aller Munde, bei der **Umsetzung** gibt es jedoch mitunter sehr unterschiedliche Erfahrungen und Probleme, die sich in der betrieblichen Praxis dann als Stolpersteine erweisen. Woran liegt es, dass die Erfahrungen mit Teams so unterschiedlich sind?

Gruppenarbeit versus Teamarbeit Ein Team ist **mehr als eine Gruppe** von zusammen arbeitenden Personen. So sind beispielsweise Vereinsvorstände, Unternehmensabteilungen oder Projektgruppen nicht notwendigerweise Teams. Große Organisationen und Vereine können zwar Gruppenarbeit praktizieren, aber sie müssen nicht zwangsläufig auch ein Team sein, denn Gruppenarbeit und Teamarbeit sind nicht identisch.

Gruppenarbeit spornt zwar Teams an und trägt zu ihrem Erfolg bei, macht aber allein noch kein Team aus. Teamarbeit steht vielmehr für ein **Wertesystem**, das durch bestimmte Verhaltensweisen wie z. B. „Kollektive Verantwortung für das Arbeitsergebnis" getragen wird. Diese Verhaltensweisen fördern nicht nur die individuelle Leistung, sondern auch Synergieeffekte in der gesamten Organisation.

Phasen der Gruppenbildung Unabhängig von Gruppengröße und Zielsetzung durchlaufen Gruppen und Teams bei ihrer Gründung unterschiedliche Phasen, innerhalb derer sich Individuen erst zu einem Team entwickeln. Zu Beginn müssen erst Unsicherheiten und

Ängste abgebaut und Fähigkeiten entwickelt werden, die für die Zusammenarbeit erforderlich sind. Der Prozess der Gruppenbildung wird oft in vier Phasen beschrieben, die mehr oder weniger deutlich von den meisten Gruppen und Teams durchlaufen werden (siehe Abb. 11.2). Gruppen, die nur gebildet werden, um die Produktion effektiver zu machen, führen nur selten zu echten Teams.

Auch sind die Versuche mehr oder weniger gescheitert, in denen Gruppen gebildet wurden, um das persönliche Wohlbefinden bzw. die Arbeitszufriedenheit zu fördern. Manche Menschen empfinden sogar Furcht oder Abneigung gegenüber Gruppenarbeit. Sie fühlen sich oft an Werte gebunden, die sich an individueller Verantwortung und Leistung orientieren. Individuelle Verantwortung hat in einer Gesellschaft, die persönliche Leistung honoriert (akademische Grade) und belohnt (Gehälter), einerseits eine zentrale Bedeutung, andererseits werden exzellente Leistungen (z. B. im Sport) oft nur im Team erreicht. Und auch in der Schule wird der Wert der Teamarbeit vermittelt und erwartet, dass diese erfahrenen Werte im späteren Leben beachtet werden. Trotzdem ist die kollektive Verantwortung auf der Grundlage gegenseitigen Vertrauens nicht selbstverständlich, denn langjährige Gewohnheiten und negative Gruppenerfahrungen blockieren oft die Teamentwicklung.

Phasen der Gruppenbildung

Phase	Gruppenstruktur	Aufgabenverhalten
1. **Forming:** Testphase oder Formierungsphase	Unsicherheit bis Angst; starke Orientierung am Gruppenleiter; ausprobieren, welches Verhalten in der Situation akzeptabel ist	Gruppenmitglieder definieren Aufgaben, Regeln und geeignete Arbeitsmethoden
2. **Storming:** Nahkampfphase oder Konfliktphase	Konflikte zwischen den Gruppenmitgliedern durch Polarisierung von Meinungen; Widerstand gegen den Gruppenleiter	emotionaler Widerstand gegen die Aufgabenanforderungen, evtl. Positionskämpfe; Ablehnung von Gruppendruck (Kontrolle)
3. **Norming:** Orientierungsphase oder Normierungsphase	Entwicklung von Gruppenkohäsion (Wir-Gefühl), Gruppennormen und Rollendifferenzierung	offener Meinungsaustausch; Kooperation und gegenseitige Unterstützung bahnen sich an
4. **Performing:** Verschmelzungsphase oder Arbeitsphase	Gruppe ist an der Aufgabenerfüllung orientiert; Rollenverhalten ist flexibel und funktional	Problemlösungen tauchen auf und werden konstruktiv bearbeitet; Energie wird auf die Aufgabe konzentriert

Abb. 11.2: Phasen der Gruppenbildung

Praxismodell zur Organisationsentwicklung in Ausbildungsprozessen

Wir skizzieren nun ein Praxismodell zur Organisationsentwicklung in Ausbildungsprozessen (Teamorganisation von Ausbildern/Ausbildungsbeauftragten).

11.2.1 Teamorganisation der Ausbilder

Bei diesem Modell übernimmt ein Team von vier Ausbildern insgesamt 64 Auszubildende eines Berufes des 1. bis 4. Ausbildungsjahres. Diese Ausbilder betreuen die Auszubildenden vom Beginn der Ausbildung, bzw. von der Auswahl der Bewerber an, bis zum Ende der Ausbildung mit der Abschlussprüfung. Dieses Team leitet die Ausbildung der 64 Auszubildenden vollständig, umfassend und eigenverantwortlich. Zudem führen die Ausbilder im Rahmen ihrer Kompetenzen in dem Beruf entsprechende Weiterbildungsmaßnahmen durch und erledigen mit den Auszubildenden innerhalb des Berufsprofils Auftragsarbeiten.

Nach diesem Modell sind die Auszubildenden 21 Monate in der Ausbildungswerkstatt und 21 Monate im betrieblichen Einsatz. Während der betrieblichen Versetzung führen die Ausbilder Weiterbildungsmaßnahmen oder Auftragsarbeiten (mit ausgewählten Auszubildenden) durch. Die Ausbilder bestimmen innerhalb des Teams autonom, wer welche Ausbildungsmaßnahme betreut, bzw. wer Weiterbildungsmaßnahmen oder Betriebsaufträge umsetzt. Das Team agiert selbstständig und legt die Zeiträume und den Umfang für einzelne Arbeitsaufgaben fest. Es erstellt selbstverantwortlich einen Versetzungsplan für die Auszubildenden und einen Einsatzplan für die Ausbilder (siehe Abb. 11.3 und 11.4).

Was sind Ausbildungswerkstattzeiten?

Dies sind Ausbildungsabschnitte, die ausschließlich dem Erwerb von Kern- und Fachqualifikationen dienen. Sie finden im Bildungszentrum in festgelegten Ausbildungsabschnitten statt. Die Ausbildung erfolgt handlungs- und prozessorientiert in Lehrgängen, Projekten und Betriebsaufträgen. Der **Ausbilder** ist Experte und Moderator.

Was sind Betriebsaufträge?

Betriebsaufträge sind Aufgabenstellungen, die von Auszubildenden für interne und externe Kunden **eigenverantwortlich** geplant und durchgeführt werden. Sie werden sowohl in der Ausbildungswerkstatt als auch in Betrieben oder Abteilungen **„unter Regie des Ausbilders"** ausgeführt. Der Auftraggeber tritt ausschließlich als **Kunde** auf. Betriebsaufträge können in dafür vorgesehenen Ausbildungsphasen (anstelle von Betriebseinsätzen) abgewickelt oder auch in Lehrgangszeiten fachlich integriert werden.

Was sind Betriebseinsätze?

Praxiseinsätze finden in den Betrieben und Anlagen des Ausbildungsbetriebes und nicht in der Ausbildungswerkstatt statt. Sie dienen der Vertiefung, Erweiterung und dem Transfer der in „Lehrgängen" erworbenen Kern- und Fachqualifikationen. Der **Ausbildungsbeauftragte** ist Experte und Moderator. Hier erwerben die Auszubildenden die für die berufliche Handlungskompetenz erforderlichen Betriebs- und Prozesskenntnisse.

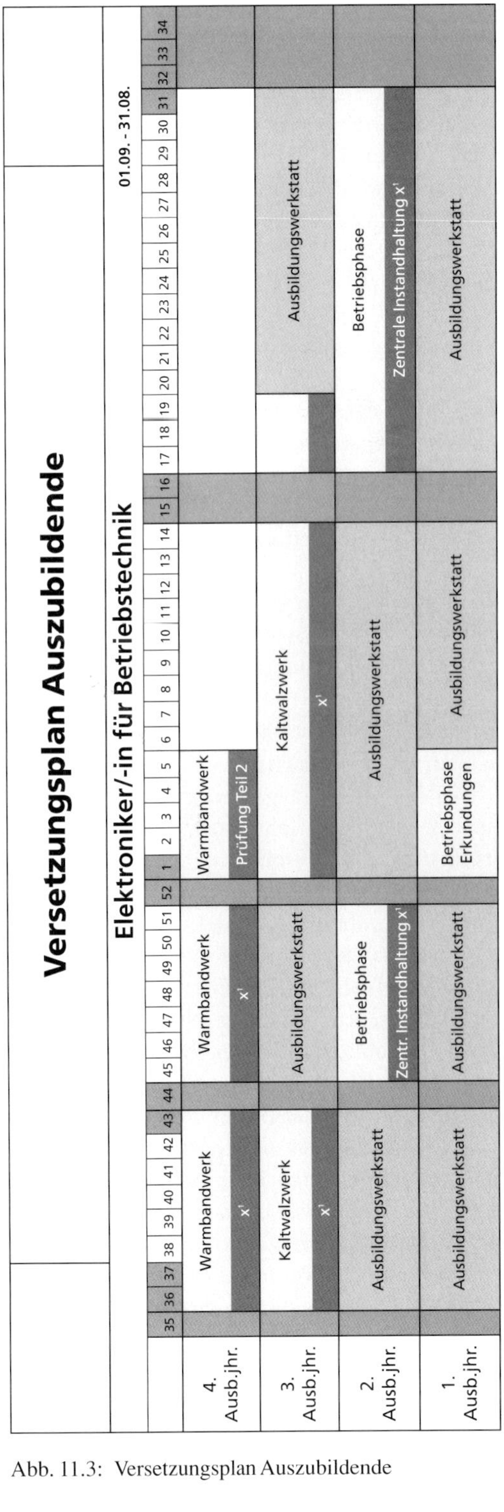

Versetzungsplan Auszubildende

Elektroniker/-in für Betriebstechnik

01.09. - 31.08.

Wochen: 35 36 37 38 39 40 41 42 43 44 45 46 47 48 49 50 51 52 1 2 3 4 5 6 7 8 9 10 11 12 13 14 15 16 17 18 19 20 21 22 23 24 25 26 27 28 29 30 31 32 33 34

4. Ausb.jhr.: Warmbandwerk — Warmbandwerk

3. Ausb.jhr.: Kaltwalzwerk x¹ — Ausbildungswerkstatt x¹ — Prüfung Teil 2 — Kaltwalzwerk x¹ — Ausbildungswerkstatt

2. Ausb.jhr.: Ausbildungswerkstatt — Betriebsphase — Zentr. Instandhaltung x¹ — Ausbildungswerkstatt — Betriebsphase — Zentrale Instandhaltung x¹

1. Ausb.jhr.: Ausbildungswerkstatt — Betriebsphase Erkundungen — Ausbildungswerkstatt — Ausbildungswerkstatt

x¹ während der Betriebseinsätze können Auszubildende für Betriebsaufträge eingeplant werden

Einsatzplan Ausbilder

Elektroniker/-in für Betriebstechnik

01.09. - 31.08.

Wochen: 35 36 37 38 39 40 41 42 43 44 45 46 47 48 49 50 51 52 1 2 3 4 5 6 7 8 9 10 11 12 13 14 15 16 17 18 19 20 21 22 23 24 25 26 27 28 29 30 31 32 33 34

Ausbilder 1: Betriebsaufträge — Weiterbildungslehrgänge — Betriebsaufträge

Ausbilder 2: Weiterbildungslehrgänge — Ausbildung — Betriebsaufträge — Ausbildung — Weiterbildungslehrgänge

Ausbilder 3: Ausbildung — Betriebsaufträge — Ausbildung — Betriebsaufträge — Ausbildung

Ausbilder 4: Ausbildung — Ausbildung — Ausbildung — Ausbildung

Abb. 11.3: Versetzungsplan Auszubildende

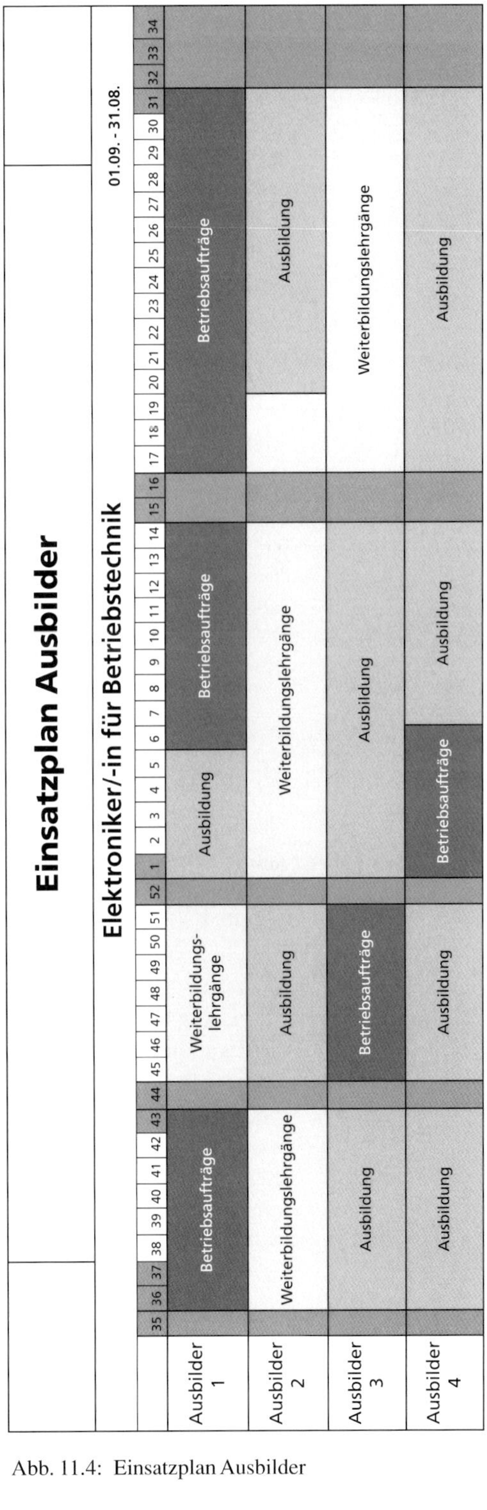

Abb. 11.4: Einsatzplan Ausbilder

Je nach Kompetenz und Interessen, aber auch bei Problemen (z. B. Krankheit) organisiert und reguliert das Team sich selbst. Aufgrund der (für die Durchführung von Weiterbildung und Auftragsfertigungen) festgelegten Freiräume kann das Team flexibel auf Störungen und Anforderungen reagieren. Das Team trägt somit die Verantwortung dafür, dass die Auszubildenden sachgerecht und prozessorientiert ausgebildet werden. Zudem werden betriebsnahe Weiterbildungsmaßnahmen in einem festgelegten Umfang und Betriebsaufträge mit einem festgelegten Umsatzvolumen durchgeführt. Das Controlling für die Umsetzung erfolgt sowohl durch das Team als auch durch vorgesetzte Stellen.

Konkret definierte Teamaufgaben (Zielvereinbarungen)

Ausbildung: Ganzheitliche Aufgabenwahrnehmung von der Einstellung bis zur Prüfung für 64 Auszubildende (1.–4. Jahr)

Betriebsaufträge: Akquise, Planung, Durchführung von Betriebsaufträgen in Höhe von 100.000 Euro p. a.

Weiterbildung: Akquise, Planung, Durchführung von Weiterbildungsmaßnahmen im Wert von 100.000 Euro p. a.

Um eine Teamorganisation in der Berufsausbildung zu realisieren, sind in der Praxis zwei wichtige OE-Maßnahmen in Ausbildungsprozessen zu berücksichtigen: interne Kundenwünsche erfassen und Ausbildungspersonal qualifizieren.

a) Interne Kundenwünsche erfassen

Kunden-
befragungen

Um kundengerecht agieren zu können, werden zunächst die Kundenwünsche erfasst. Dazu führt das Team in Betriebsabteilungen oder in Fachabteilungen Kundenbefragungen durch. Ziel ist es festzustellen, welche Anforderungen die dort tätigen Facharbeiter erfüllen müssen, bzw. über welche Kompetenzen die Auszubildenden verfügen (bzw. welche sie erwerben) sollen, wenn sie in einen betrieblichen Arbeitsbereich kommen. Zudem muss erkundet werden, was, mit welchen Mitteln, in welchem Umfang und unter welchen Rahmenbedingungen in diesen Abteilungen produziert wird. Aufgabe des Teams ist es auch, aus diesen Erkenntnissen berufsrelevante Arbeitsaufträge zu rekrutieren und im Vorgriff auf die später durchzuführenden Abschlussprüfungen schon Prüfungsaufgaben (Betriebsaufträge) zu beschaffen. Durch ständigen Kontakt mit den betrieblichen Ausbildungsbeauftragten und den Fachkräften „vor Ort" erwächst eine kontinuierliche, nachhaltige Zusammenarbeit zwischen Ausbildung und Betrieb. Betriebs- und Prozesskenntnisse gehen direkt in die Ausbildung ein und ermöglichen es den Auszubildenden, die Ansprüche der Fachabteilungen zu erfüllen. Für die Ausbilder bedingt dies eine Wende von dem durch Verordnungen geprägten Handeln hin zum betriebsorientierten Vorgehen bis zur Prüfung.

Berufsrelevante
Arbeitsaufträge
rekrutieren

Sollprofile zur
Ausbildungs-
planung

Anhand der durchgeführten Kundenbefragungen kann das Team Sollprofile für die Ausbildung in einzelnen Betrieben erstellen und danach die Ausbildungsplanung ausrichten. Dies kann dazu führen, dass die Qualifizierung in einzelnen Teams unterschiedlich sein kann. Der Erwerb unterschiedlicher Prozesskompetenzen ist nach den neuen Ausbildungsverordnungen nicht nur möglich, sondern auch gewollt.

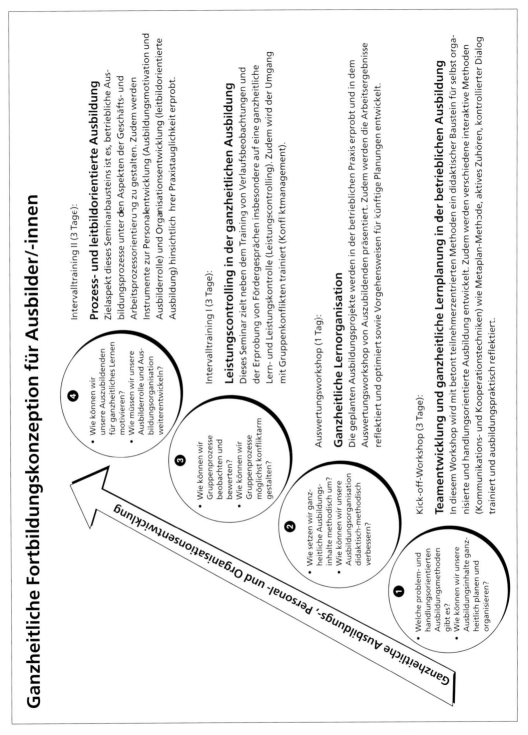

Abb. 11.5: Fortbildungskonzeption für Ausbilder/-innen (zugehöriger Text siehe Folgeseite)

b) Ausbildungspersonal qualifizieren

Um im Rahmen der Teamorganisation betriebsorientiert und handlungsorientiert ausbilden zu können, müssen die Teammitglieder entsprechend qualifiziert werden. Diese Ausbilderqualifizierung zielt auf die ganzheitliche Förderung der fachlichen, didaktisch-methodischen und sozialen Kompetenz. Praktische Probleme liegen oft darin begründet, dass Mitarbeiter, die oft viele Jahre lehrgangsorientiert ausgebildet haben, i. d. R. nicht die umfassenden Kompetenzen (bzw. die Akzeptanz) besitzen, um ganzheitlich ausbilden zu können. Projekt- und prozessorientierte Ausbildung verlangt Kompetenzen, die weit über die fachlichen Fähigkeiten und Fertigkeiten hinausgehen, die eine lehrgangsbezogene *Sozialkompetenz* Ausbildung bisher erforderte. Bezüglich der Sozialkompetenz ist eine deutliche *fördern* Qualifizierung in Richtung Teamarbeit erforderlich, da sie nicht Schwerpunkt der lehrgangsorientierten und hierarchisch gegliederten Ausbildungsorganisation war. Die alte Weisheit, dass es leichter ist ein Team zu gründen, als im Team zu arbeiten, bestätigt sich dabei oft. Um die vorgenannten OE-Maßnahmen in der Ausbildung zu realisieren, sind deshalb die Ausbilder/-innen entsprechend zu qualifizieren. In Abb. 11.5 (auf der vorhergehenden Seite) ist eine diesbezügliche ganzheitliche Fortbildungskonzeption dargestellt.

11.2.2 Teamorganisation der Ausbildungsbeauftragten

Im Bereich der Betriebs- und Prozesskenntnisse kann die Qualifizierung der Auszubildenden nur durch intensive Zusammenarbeit der Ausbilder mit Fachleuten aus den jeweiligen Betrieben und Fachabteilungen erfolgen.

Um die Teamorganisation von Ausbildern und Ausbildungsbeauftragten zu verzahnen, sind in der „Ausbildung vor Ort" ebenfalls wichtige OE-Maßnahmen erforderlich: betriebliche Einsatzpläne auswählen und Ausbildungsbeauftragte qualifizieren.

a) Betriebliche Einsatzpläne auswählen

Unter dem Gesichtspunkt der Umsetzung der Neuordnung und der geänderten Anforderungen an die betriebliche Ausbildung müssen auch die betrieblichen Einsatzplätze neu bewertet werden. Die Auszubildenden sollen während der betrieblichen Einsätze das in den Ausbildungswerkstätten (handlungsorientiert) vermittelte Wissen und Können praktisch anwenden. Dies setzt voraus, dass die betrieblichen Einsatzorte den Auszubildenden (im Rahmen der betrieblichen und gesetzlichen Vorschriften) die Möglichkeiten bieten, selbstständig und eigenver- *Aktive Mitarbeit* antwortlich zu handeln. Hier muss dem Auszubildenden (als zukünftigem Fach- *der Auszubilden-* arbeiter) mehr als in der Vergangenheit zugetraut werden. Auszubildende sind *den ermöglichen* Mitarbeiter, die zwar in einem besonderen Vertragsverhältnis stehen, das aber nicht bedeutet, dass sie nicht mitarbeiten dürfen. Mitarbeit ist hier so zu verstehen, dass es bei der betrieblichen Ausbildung darum geht, vorhandenes Wissen und Können prozessorientiert anzuwenden bzw. Arbeitsprozesswissen zu erlangen. Arbeitsprozesswissen ist das Wissen um die einzelnen Elemente des betrieblichen Arbeitshandelns und deren Zusammenwirken in der Prozesskette. Es geht hierbei auch insbesondere um die Erschließung der vor Ort anzutreffenden Regeln und Zusammenhänge des Arbeitshandelns im Produktionsprozess.

b) Ausbildungsbeauftragte qualifizieren

Die Rolle der Ausbildungsbeauftragten gewinnt in der prozessorientierten Ausbildung zunehmende Bedeutung. War der Ausbildungbeauftragte bis dato derjenige, der dafür sorgte, dass die ihm anvertrauten Auszubildenden (in der Ausbildungswerkstatt erworbenes) Fachwissen praktisch anwenden konnten, so muss er jetzt zudem intensiv darauf achten, dass die Auszubildenden die Möglichkeit haben, während des Betriebseinsatzes die erforderlichen Prozesskenntnisse zu erlangen. Da Ausbildungsbeauftragte in der Regel über neuere didaktisch-methodische Entwicklungen in der Berufsbildung nur bedingt informiert sind, müssen sie über diese neuen Ziele und Intentionen (der neuen Ausbildungsverordnungen) aufgeklärt werden. Dies gilt insbesondere für den Fall, dass aufgrund der Neuordnung und der geänderten Ausbildungskonzepte neue Beurteilungs- und Prüfungssysteme eingeführt werden.

Ausbildungsbeauftragte auf ihre Rolle als „Ausbildungsbegleiter" vorbereiten

Wenn handlungs- und betriebsorientiert ausgebildet wird, muss auch das Beurteilungssystem für Auszubildende den neuen Ansprüchen angepasst werden. Berufliche Handlungskompetenz schließt die Fachkompetenzen und die Schlüsselqualifikationen gleichermaßen ein. Die Fachkompetenzen neuerer Art werden ergänzt durch die beschriebenen Prozessqualifikationen. Die „vor Ort" für die Ausbildung zuständigen Ausbildungsbeauftragten sind auf ihre neue Aufgabe als Ausbildungsbegleiter vorzubereiten.

Ein diesbezügliches teamorientiertes Qualifizierungskonzept für Ausbilder und Ausbildungsbeauftragte ist in Abb. 11.6 auf der folgenden Seite in einem „Vier-Stufen-Modell der Ausbildungsentwicklung" dargestellt.

Weiterführende Literatur

DYBOWSKI, Gisela/FRACKMANN, Margit/LAMMERS, Winfried (Hrsg.): Prozess- und Organisationsmanagement in der Ausbildung. Bertelsmann. Bielefeld 2002.
HAHNE, Klaus: Das Auftragslernen – eine arbeitsintegrierte Lernform. In: Hoppe, Manfred/Hummel, Jürgen/Gerwin, Werner/Sander, Michael (Hrsg.): Lernen im und am Kundenauftrag – Konzeption, Voraussetzung, Beispiele. Bertelsmann. Bielefeld 2003.
KROLL, Dieter/NEUMANN, Horst (Hrsg.): Neue Wege der Organisation. Gabler. Andernach 2004.

Vier-Stufen-Modell
der Ausbildungsentwicklung

VIER-STUFEN-PLAN	AKTIONSPLAN	TRAININGSPLAN

4. Coaching der Ausbildungsbeauftragten

Ausbilder und Ausbildungsbeauftragte entwickeln Spielregeln und erproben ein alltagspraktikables Beurteilungs- und Fördersystem für die „Ausbildung vor Ort".

Plattform III:
Coaching und KVP der Ausbildungsbeauftragten durch Ausbilder/-innen (bedarfsorientiertes Consulting durch externen Moderator)

3. Training der Ausbildungsbeauftragten

Ausbilder/-innen trainieren gemeinsam mit den Ausbildungsbeauftragten die Konzeption „Ganzheitliche Förder- und Entwicklungsbeurteilung".

Plattform II:
Gemeinsame Fortbildung von Ausbilder/-innen und Ausbildungsbeauftragten 1 x 1 Tag

2. Instrumentenentwicklung – Leistungscontrolling

Entwicklungsgruppe erstellt ein did.-meth. Konzept zur ganzheitlichen Ausbildungsorganisation und Entwicklungsbeurteilung (Leistungscontrolling).

1. Ganzheitliche Fortbildung der Ausbilder

Alle Ausbilder/-innen trainieren das Konzept „Ganzheitliche Berufsbildung" und sammeln „Praxiserfahrung".

Plattform I:
Ausbilderfortbildung 3 x 3 Tage

Abb. 11.6: Vier-Stufen-Modell der Ausbildungsentwicklung

12 Qualitätsmanagement in Ausbildungsprozessen

LEITFRAGEN

① Was bedeutet Qualität in der Ausbildung?
② Wer bestimmt die Qualität der Ausbildung?
③ Ist Ausbildungsqualität messbar?
④ Welche Qualitätsentwicklungsmodelle sind in der Ausbildung anwendbar?
⑤ Wie kann der Ausbilder seinen Ausbildungserfolg kontrollieren?

Ob eine Ausbildung erfolgreich durchgeführt wurde, kann am besten derjenige beurteilen, der mit den ausgebildeten Fachkräften nach der Ausbildung arbeiten muss. Dabei ist die Ausbildungsqualität umso schwieriger zu definieren, je mehr Organisationseinheiten an dem Ausbildungsprozess und an dem späteren Übernahmeverfahren beteiligt sind.

Bewertung der Durchführung einer Ausbildung

In Kleinbetrieben und mittelständischen Unternehmen, in denen der Ausbildende oft auch gleichzeitig Ausbilder ist (und vielleicht auch Einstellender und Übernehmender), stellt sich die Frage nach der Ausbildungsqualität anders als in einem Großunternehmen, wo es eine Funktionstrennung gibt zwischen der Personalabteilung (die einstellt und übernimmt) und einer von der Unternehmensleitung beauftragten Berufsbildungsabteilung und letztendlich den Betrieben, in denen die ausgebildeten Fachkräfte eingesetzt werden sollen.

Die Situation in kleinen und mittelständischen Unternehmen ...

In **Kleinbetrieben** ist die Qualität der Ausbildung von den betrieblichen Rahmenbedingungen und auch von dem persönlichen Verhältnis zwischen Betriebsinhaber (z. B. Handwerksmeister) und Lehrling abhängig. Bei Übernahmeüberlegungen nach der Ausbildung wird nicht die Prüfungsnote die zentrale Rolle spielen, sondern ganz entscheidend wird sein, ob der Meister mit seinem Lehrling zufrieden war, ob der Azubi in das Team passt bzw. ob die wirtschaftliche Lage eine Übernahme sinnvoll erscheinen lässt.

Bei **Großunternehmen**, wo es eine deutliche Funktionstrennung zwischen der Personalabteilung und Ausbildungsabteilung (mit unterschiedlichen Personen und unterschiedlichen Interessen) gibt, wird die Frage nach den Qualitätskriterien der Ausbildung viel bedeutsamer sein. Dabei ist es z. B. möglich, dass die Berufsbildungsabteilung eine andere Meinung zu Qualitätsstandards vertritt als die zuständige Personalabteilung oder der aufnehmende Betrieb.

... und in Großunternehmen

Während für die Ausbildungsabteilung eher pädagogische Ziele im Vordergrund stehen, wird die Personalabteilung vielleicht arbeitsrechtliche bzw. gesamtwirtschaftliche Ziele verfolgen und der übernehmende Betrieb vorrangig die Einsatzfähigkeit des neuen Mitarbeiters sehen.

12.1 Qualitätsentwicklungsbereiche

Vier Qualitätsmanagementansätze

Bei der Festlegung von betrieblichen Qualitätsstandards können in der Aus- und Weiterbildung grundsätzlich vier verschiedene Ansätze des Qualitätsmanagements unterschieden werden:

- In dem betriebspädagogischen Ansatz werden unter Berücksichtigung erziehungswissenschaftlicher Erkenntnisse und didaktischer Theorien vor allem Lehr- und Lernprozesse Beachtung finden, um diese effektiv beschreiben, bewerten und verbessern zu können.
- Unter bildungsökonomischen Gesichtspunkten kommt es darauf an, Aus- und Weiterbildungsmaßnahmen so zu gestalten, dass die Ergebnisse sowohl in den Bildungsrahmen des Unternehmens passen als auch am Arbeitsplatz direkt verwertbar sind.
- Bei dem betriebswirtschaftlich orientierten Ansatz geht es darum, wie die Bildungsarbeit in die gesamtbetrieblichen Abläufe integriert ist. Maßstab der Bemessung und Steuerung von Aus- und Weiterbildungsprozessen und eines entsprechenden Transfererfolgs ist die Kosten-Nutzen-Analyse.
- In dem produktionstechnischen Ansatz des Qualitätsmanagements werden alle qualitätsbezogenen Fertigungsverfahren eines Unternehmens subsumiert. Der Schwerpunkt liegt auf den Aktivitäten, die der Planung und Steuerung sowie der Verbesserung der gesamten betrieblichen Situation dienen.

Drei strategische Entwicklungsbereiche

Diese verschiedenen Ansätze des Qualitätsmanagements können in Ausbildungsprozessen auf drei strategische Entwicklungsbereiche (mit entsprechenden Qualitätszielen) fokussiert werden (siehe Abb. 12.1):

- Ausbildungsentwicklung,
- Personalentwicklung und
- Organisationsentwicklung.

Abb. 12.1: Qualitätsentwicklungsbereiche der betrieblichen Aus- und Weiterbildung

12.2 Qualitätsentwicklungskonzept

„Qualität ist, was der Kunde verlangt" bzw. „Qualität ist erbracht, wenn der Kunde wiederkommt und nicht das gelieferte Material" sind Slogans, die deutlich machen, dass eine vermeintlich hohe Produktqualität nichts nutzt, wenn der Kunde das Produkt nicht auch für gut befindet. Bei der Entwicklung von Qualitätsrichtlinien bzw. eines Qualitätsmanagementsystems für die Bildung müssen deshalb auch immer die späteren Abnehmer (Kunden) als „oberste Instanz" berücksichtigt werden.

Allerdings werden bei der Beurteilung der Ausbildungsqualität oft unterschiedliche **Maßstäbe** herangezogen. Diese Maßstäbe können unterschiedlich sein aufgrund der bewertenden Personen und sie können unterschiedlich sein aufgrund von materiellen Gesichtspunkten innerhalb des Beschäftigungssystems. | *Unterschiedliche Maßstäbe zur Beurteilung der Ausbildungsqualität*

Wenn z. B. ein Handwerksmeister (nach objektiven Bewertungskriterien) schlecht ausgebildet hat, kann er mit dem Ergebnis seiner Ausbildung dennoch zufrieden sein, wenn er einen entsprechenden monetären Zugewinn erwirtschaftet hat. Aus Sicht des betroffenen Auszubildenden kann zwar die Ausbildung (nach objektiven Kriterien) falsch gewesen sein, er wird aber dennoch mit seiner Ausbildung zufrieden sein, wenn er anschließend in ein unbefristetes Arbeitsverhältnis übernommen wird.

Die Bestimmung der „Ausbildungsqualität" muss daher anhand von objektiv festgelegten, weitestgehend **standardisierten Kriterien** erfolgen. Dabei wird es innerhalb dieses Kriterienkatalogs Faktoren geben, die allgemein gültig sind, und solche, die betriebsspezifisch sind. Alle in einem Ausbildungssystem handelnden Personen müssen über diese Beurteilungskriterien informiert sein; die verantwortlichen Organisationseinheiten müssen die Qualitätskriterien in einem kooperativen Abstimmungsprozess festgelegt haben. | *Standardisierte Kriterien zur Bestimmung der Ausbildungsqualität*

Das von der Bildungsabteilung und den jeweiligen Fachabteilungen zu erstellende **Qualitätssystem** wird natürlich eingebunden in das wesentlich komplexere Qualitätsmanagementsystem des Unternehmens.

Bei der Entwicklung eines Qualitätssystems in einem Unternehmen müssen zunächst von der Geschäftsleitung die gewünschten Betriebsergebnisse beziehungsweise **Leitziele** definiert werden. Für die Ausbildungsleitung stellt sich dann die Aufgabe, aus diesen Unternehmensgrundsätzen diejenigen Kernaussagen herauszufiltern, die für die Bildungsarbeit relevant sind. Zudem müssen dabei Rahmenbedingungen wie z. B. Budget oder Ausstattung der Bildungsabteilung berücksichtigt werden. Zur Festlegung dieser Ziele können unterschiedliche Erkenntnisse und Erfahrungen verwendet werden, z. B.: | *Zielplanung*

– Umfragen bei Kunden, Mitarbeitern, Auszubildenden etc.,
– Benchmarking vergleichbarer Bildungseinrichtungen,
– Selbstbewertungen mit standardisierten Systemen,
– Zuverlässigkeit bei der Erbringung der Bildungsleistung,
– Flexibilität beim Einsatz von Auszubildenden in Fachabteilungen,
– Qualität der Kundenbeziehung (innerbetriebliche Kommunikation),
– Kosten der Bildung sowie Innovationsfähigkeit und Veränderungsbereitschaft.

Merkmale guter Ausbildung	Einschätzungen				
	☺	☺	😐	☹	☹
1. Klare Strukturierung der Ausbildung (Prozess-, Ziel- und Inhaltsklarheit; Rollenklarheit; Absprache von Regeln, Ritualen und Freiräumen)					
2. Hoher Anteil echter Lernzeit (durch gutes Zeitmanagement, Pünktlichkeit, Auslagerung von Organisationskram)					
3. Lernförderliches Klima (durch gegenseitigen Respekt, verlässlich eingehaltene Regeln, Veranwortungsübernahme, Gerechtigkeit und Fürsorge)					
4. Inhaltliche Klarheit (durch Verständlichkeit der Aufgabenstellung, Plausibilität des thematischen Gangs, Klarheit und Verbindlichkeit der Ergebnissicherung)					
5. Sinnstiftendes Kommunizieren (durch Planungsbeteiligung, Gesprächskultur und Azubifeedback)					
6. Methodenvielfalt (Reichtum an Inszenierungstechniken; Vielfalt der Handlungsmuster; Variabilität der Verlaufsformen und Ausbalancierung der methodischen Großformen)					
7. Individuelles Fördern (durch Freiräume, Geduld und Zeit; durch innere Differenzierung; durch individuelle Lernstandsanalysen und abgestimmte Förderpläne)					
8. Intelligentes Üben (durch Bewusstmachen von Lernstrategien, passgenaue Übungsaufträge und gezielte Hilfestellungen)					
9. Transparente Leistungserwartungen (durch ein an den Ausbildungsrichtlinien oder Ausbildungsstandards orientiertes, dem Leistungsvermögen der Azubis entsprechendes Lernangebot und zügige Rückmeldungen zum Lernfortschritt)					
10. Vorbereitete Umgebung (durch gute Ordnung und brauchbares Lernwerkzeug)					
BEOBACHTER:	GESAMTBEWERTUNG:				

Abb. 12.2: Merkmale guter Ausbildung (Nach: Meyer, Hilbert: Was ist guter Unterricht. Cornelsen. Berlin 2004, S. 23 ff.)

Dieser Planungsprozess basiert auf einer „Ist-Analyse der Ausbildung" und mündet in die Festlegung verbindlicher Ergebnisse bzw. Qualitätsziele, die beispielhaft in Abb. 12.2 als „Merkmale guter Ausbildung" beschrieben sind.

Zur Zielplanung gehören natürlich auch die Festlegung der langfristigen Ausrichtung des Bildungshandelns und die Festlegung der kurzfristigen Planungsschritte. Mit der Definition von strategischen Zielen und der Formulierung operativer Ziele ist der erste Schritt zur Einführung eines Qualitätsmanagementsystems in der Berufsbildung getan. Für die Umsetzung sind allerdings Verantwortungsbereiche, Zeitfenster, Berichtsformen, Prozessboards bzw. Meilensteine festzulegen. Aus diesen Dokumentationen sind dann weitere Maßnahmen im Sinne eines kontinuierlichen Verbesserungsprozesses (KVP) abzuleiten.

Die Vorgehensweise bei der Entwicklung des Qualitätsmanagementsystems in der beruflichen Bildung kann z. B. mit Hilfe des RADAR-Modells erfolgen:

Das RADAR-Modell

Das RADAR-Modell spiegelt den kontinuierlichen Verbesserungsprozess in der Ausbildung wider. Demzufolge wird eine Unternehmung nicht nur an ihren Ergebnissen in Bezug auf die gesetzten Ziele, sondern auch hinsichtlich der Prozessqualität bei der Leistungserstellung gemessen.

Das Wort „RADAR" steht für die ursprünglich englischen Bezeichnungen, die in die deutsche Sprache übertragen wurden:

Results (Ergebnisse) ➤ **R**esultate
Approach (Zugang) ➤ **A**nnäherung
Deployment (Entwicklung) ➤ **D**urchführung
Assessment (Bewertung) ➤ **A**bschätzung
Review (Nachprüfung, Rückschau) ➤ **R**eview

– **Resultate** beschreiben und bewerten die Ergebnisse und Ziele, die sich eine Ausbildungsabteilung setzt.
– **Annäherung** beschreibt und bewertet, was eine (Ausbildungs-)Organisation zu tun gedenkt, um die gesetzten Ziele zu erreichen.
– **Durchführung** beschreibt und bewertet die Vorgehensweise bei der Umsetzung der Ziele.
– **Abschätzung & Review** beschreiben und bewerten die Vorgehensweise bei der Selbstbeurteilung und die daraus abgeleiteten Maßnahmen.

Entscheidend für den Erfolg bei der Einführung eines neuen Qualitätsmanagementsystems ist die permanente Begleitung, Ermutigung und Führung durch die Organisationsleitung. Es geht darum, die Ergebnisse laufend zu controlen, Vergleiche durchzuführen und gemeinsam mit den Mitarbeitern die Übereinstimmung der Ergebnisse mit den gesetzten Zielen zu überprüfen. Bei Abweichungen im Soll-Ist-Vergleich müssen die Ursachen analysiert und Veränderungsstrategien bezüglich des Ziel- und Zeitplans entwickelt werden.

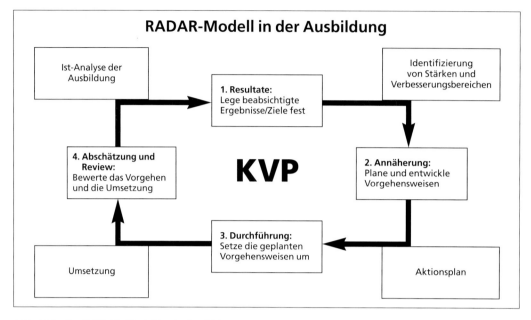

Abb. 12.3: Das RADAR-Modell in der Ausbildung

12.3 Qualitätsentwicklungsmodelle

Bei der Definition der Qualitätskriterien und der Überprüfung der Ausbildungs-qualität kann auf bewährte Qualitätsentwicklungsmodelle in der beruflichen Bildung zurückgegriffen werden.

Modelle, die in der Aus- und Weiterbildungspraxis mit gutem Erfolg angewen-det werden, sind: Leitbildentwicklung, EFQM-Modell und Balanced Scorecard.

12.3.1 Leitbildentwicklung

Leitbild – die gemeinsame Philosophie des Ausbildungs-betriebs

Im **Leitbild** wird die Grundhaltung formuliert, an der sich die Organisation in allen ihren Tätigkeiten (nach außen und innen) orientiert. Im Leitbild wird die gemeinsame Philosophie des Ausbildungsbetriebes ausgedrückt. Es verweist auf den tieferen Sinn der Ausbildungsaktivitäten und auf die Grundwerte aller Beteiligten. Das **Leitbild** übernimmt für eine Ausbildungsabteilung verschie-dene Funktionen. Es

– **bündelt** die grundlegende pädagogische Haltung der Ausbilder/-innen,
– **sammelt** die Ideen von Auszubildenden, Ausbilder/-innen und allen an der Ausbildung beteiligten Personen,
– **vermittelt** Auszubildenden, Ausbilder/-innen und anderen Personengrup-pen den „Geist" der Ausbildung,
– **weist** den Weg bei der Planung gemeinsamer Aktivitäten,
– **hilft** bei der Auswahl von Ausbildungsinhalten,
– **konzentriert** die Kräfte der an der Ausbildung Beteiligten,
– **spart Zeit**, weil sich ständige Grundsatzinformationen erübrigen,
– **wirbt** für den Ausbildungsbetrieb.

Ein **Leitbild** ist dann wirksam, wenn es
- auf breitem **Konsens** der Ausbildungspartner beruht,
- **Zukunftsperspektiven** vermittelt und **begeistert,**
- **klar** und **verständlich** formuliert ist,
- **im Kopf** jedes Betroffenen **Platz hat,**
- **prägnant** ist, damit es schnell vermittelt werden kann.

Ein Ausbildungsleitbild könnte folgendermaßen gestaltet werden (vgl. Abb. 12.4):

Gestaltung eines Ausbildungsleitbildes

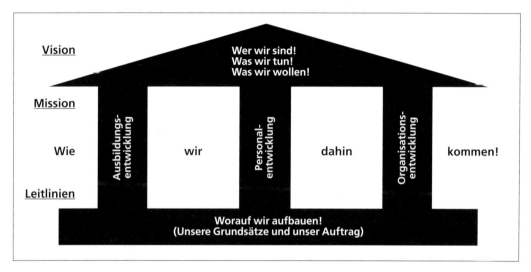

Abb. 12.4: Struktureller Aufbau eines Leitbildes

Beispiel für ein Ausbildungsleitbild

Vision – Unser Leitziel der Ausbildung …
Wir schaffen berufliche Kompetenz …
- indem wir fachlich kompetente, vielseitig einsetzbare, flexibel reagierende und teamorientierte Mitarbeiter ausbilden,
- mit Ausbildern und Mitarbeitern, die zufrieden, engagiert, qualifiziert, teamfähig, qualitätsbewusst und einsatzfreudig sind,
- in einer Organisation, in der eigenverantwortlich und selbstständig gearbeitet werden kann.

Mission – Das Leitziel erreichen wir, indem wir in der…
- **Ausbildungsentwicklung** auf der Basis von Bedarfsanalysen und in Zusammenarbeit mit allen Beteiligten die Inhalte der Aus- und Fortbildung festlegen,
- **Personalentwicklung** die didaktisch-methodischen Kenntnisse der Mitarbeiter durch Fortbildungen ständig aktualisieren,
- **Organisationsentwicklung** die Mitarbeiter an Problemlösungen und Entscheidungsfindungen beteiligen.

Leitlinien – Wir fühlen uns verpflichtet …
- die Auszubildenden zu lebenslangem Lernen zu befähigen, damit sie zukünftigen Anforderungen begegnen können,
- die Fähigkeit und Bereitschaft zu fördern, die Arbeitswelt im Hinblick auf die zunehmende Globalisierung mitzugestalten,
- Verantwortungsbewusstsein im Umgang mit Ressourcen und in gesellschaftlichem Handeln zu erreichen,
- kontinuierlich die hohe Qualität unserer zukunftsorientierten Aus- und Fortbildung zu überprüfen und zu verbessern.

12.3.2 EFQM-Modell

Als Gestaltungsmodell für die Qualitätsentwicklung in der Ausbildung bietet sich der Leitfaden der European Foundation for Quality Management (EFQM) an. Das EFQM-Modell ist ein System, das sowohl die Durchführungsqualität (Befähiger) als auch die Ergebnisqualität (Ergebnisse) der Ausbildung berücksichtigt. Neun Qualitätselemente, die unterschiedlich gewichtet sind, ergeben zusammen einen Qualitätsmaßstab, der Auskunft darüber gibt, inwieweit allgemeine Qualitätskriterien erfüllt werden. Die Spannbreite der Bewertungskriterien reicht von der Bewertung der Führung, über Mitarbeiterorientierung und Ressourcen, bis hin zu den Prozessen und der Mitarbeiterzufriedenheit. Auch die gesellschaftliche Verantwortung bzw. das Image des Unternehmens werden in diesem Modell berücksichtigt (siehe Abb. 12.5).

Berücksichtigung von Durchführungs- und Ergebnisqualität

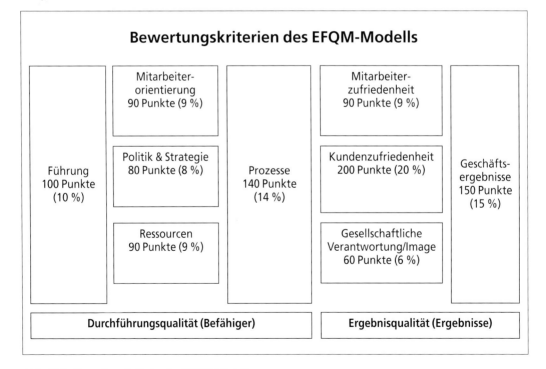

Bewertungskriterien des EFQM-Modells

Führung 100 Punkte (10 %)	Mitarbeiterorientierung 90 Punkte (9 %)	Prozesse 140 Punkte (14 %)	Mitarbeiterzufriedenheit 90 Punkte (9 %)	Geschäftsergebnisse 150 Punkte (15 %)
	Politik & Strategie 80 Punkte (8 %)		Kundenzufriedenheit 200 Punkte (20 %)	
	Ressourcen 90 Punkte (9 %)		Gesellschaftliche Verantwortung/Image 60 Punkte (6 %)	

Durchführungsqualität (Befähiger)	Ergebnisqualität (Ergebnisse)

Abb. 12.5: Bewertungskriterien des EFQM-Modells

Die in Abb. 12.5 dargelegten Qualitätselemente müssen natürlich in der Ausbildungspraxis auf einzelne Prozesse heruntergebrochen werden. Beispiele für Erfolgskriterien in der Ausbildung zeigt Abb. 12.6.

1. Führung
  – Führungsverhalten
  – Umsetzung der Ziele
  – Information/Kommunikation
  – Engagement bei Kunden
 	
2. Mitarbeiterorientierung
  – Auszubildende als Mitarbeiter
  – Hauptberufliche Mitarbeiter
  – Nebenberufliche Mitarbeiter
 	
3. Politik und Strategie
  – Kosten-/Ressourcenplanung
  – Ziel, Prinzipien der Ausbildung
  – Methodische Planung
 	
4. Ressourcen
  – Effizienz der Ressourcennutzung
  – Ausstattung in Lehrwerkstatt und Betrieb
 	
5. Prozesse
  – Ausbildung in Lehrwerkstatt und Betrieb
  – Ausbildungsmethoden
  – Betriebsaufträge
  – Werbung/Einstellung/Verwaltung
	6. Mitarbeiterzufriedenheit
	  – Zufriedenheit der Ausbilder
	  – Zufriedenheit der Auszubildenden
	  – Zufriedenheit der ausbildenden Fachkräfte
	
	7. Kundenzufriedenheit
	  – Beurteilung der Ausbildung durch Betriebe und Absolventen
	  – Zufriedenheit der Betriebe
	  – Zufriedenheit der Auszubildenden
	
	8. Gesellschaftliche Verantwortung
	  – Image der Ausbildung
	  – Information zur Beratung und Empfindung
	  – Kooperation mit Schulen
	  – Maßnahmen der Umweltpolitik
	
	9. Geschäftsergebnisse
	  – Prüfungsergebnis

Durchführung	**Ergebnisse**

Abb. 12.6: Beispiele für Erfolgskriterien in der Ausbildung (vgl. Fink, 1999, S. 66)

Das EFQM-Modell ist gut geeignet, um eine ganzheitliche Ist-Analyse der Ausbildung durchzuführen.

Dazu werden zunächst die einzelnen Qualitätselemente aufgrund einer Selbsteinschätzung analysiert (vgl. Abb. 12.7). Die Bewertungen der Qualitätselemente werden in ein „Spinnennetz" eingetragen (vgl. Abb. 12.8). Das so entstandene Qualitätsprofil gibt Auskunft über die Bereiche der betrieblichen Ausbildung, in denen „Interventionsbedarf" besteht.

EFQM-Modell für eine ganzheitliche Ist-Analyse der Ausbildung

Qualitätsanalyse

Bitte beurteilen Sie mit Hilfe der folgenden Fragen die Qualität Ihrer betrieblichen Ausbildung!

EINSCHÄTZUNGSBOGEN

Ausbildungsberuf: *Elektroniker*
Ausbildungsjahr:
Auszubildender: *Kamp*
Ausbilder:

Die Ausbildungsqualität wird eingeschätzt von:

Fall A → Auszubildende/-r
Fall B → Ausbilder/-in
Fall C → Geschäftsleitung

Einschätzungsfall: *B*

QUALITÄTSELEMENTE

	Frage	1	2	3	4	5	6	7	8	9	10
		sehr schlecht ◀								sehr gut ▶	
1. Führung:	Fördert die Führung einen ganzheitlichen Ansatz und unterstützt sie eine neue Lernkultur?						X				
2. Mitarbeiterorientierung:	Wird das gesamte Potenzial der Mitarbeiter (Wissen, Wollen und Können) genutzt?			X							
3. Politik und Strategie:	Werden Ausbildungsziele und -strategie teamorientiert entwickelt und umgesetzt?								X		
4. Ressourcen:	Nutzt und lenkt der Betrieb seine Ausbildungsressourcen effizient?				X						
5. Prozesse:	Werden die Ausbildungsprozesse kontinuierlich verbessert (KVP)?							X			
6. Mitarbeiterzufriedenheit:	Wie zufrieden sind die Mitarbeiter mit der Ausbildung?			X							
7. Kundenzufriedenheit:	Wie zufrieden sind die „Kunden" (Betriebe und Absolventen) mit der Ausbildung?									X	
8. Gesellschaftliche Verantwortung:	Welche „gesellschaftliche Wirkung" hat die Ausbildung?			X							
9. Geschäftsergebnisse:	Welche Ausbildungsergebnisse hat das Unternehmen nachhaltig erwirtschaftet?									X	

Abb. 12.7: Qualitätsanalyse

Qualitätsprofil

Übertragen Sie bitte die Bewertungen der Qualitätselemente in das nebenstehende „Spinnennetz" und erstellen Sie dann, wie im folgenden Beispiel, das Qualitätsprofil der Ausbildung.

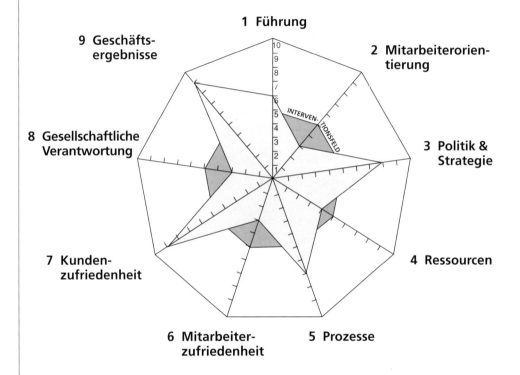

Das so entstandene Qualitätsprofil gibt Auskunft über Bereiche der betrieblichen Ausbildung, in denen Interventionsbedarf besteht. Die Qualitätselemente, die innerhalb des Interventionsfeldes liegen, bedürfen einer differenzierteren Analyse (im Beispiel betrifft das die Qualitätselemente 2, 4, 6 und 8).

Abb. 12.8: Qualitätsprofil

Für die Qualitätselemente, die innerhalb des Interventionsfeldes liegen, werden Maßnahmen (Aktionen) eingeleitet, die kurz- oder mittelfristig zu deutlich erkennbaren Verbesserungen führen (Review). Das Interventionsfeld markiert i. d. R. 50 % der erreichbaren Punkte und ist als Mindestmaß zu verstehen. In der Ausbildungspraxis sollten die eingesetzten Werte deutlich darüber liegen.

12.3.3 Balanced Scorecard

Messung von Umsetzung und Zielerreichung

Mit Hilfe der Balanced Scorecard ist es möglich, die Interventionsfelder nicht nur zu bestimmen, sondern vor allem auch mit Hilfe von Zielen und Messgrößen die Umsetzung und Zielerreichung messbar zu machen.

Basierend auf vier Kriterien

Die Balanced Scorecard (BSC) (deutsch: ausgewogener Berichtsbogen) ist ein Konzept zur Entwicklung eines Kennzahlensystems und basiert auf den vier TQM-Kriterien (vgl. Abb. 12.9):
- Mitarbeiter/Auszubildende
- Kunden/intern und extern
- Geschäftsprozesse
- Leitung/Finanzen

Dadurch ist es möglich, alle relevanten unternehmerischen Aktionen und Strategien der Ausbildung auf eine „Anzeigetafel" (wie im Stadion) abzubilden (siehe Abb. 12.10 auf der nächsten Seite).

Entwicklungs- und Umsetzungsstrategien von Balanced Scorecards

Bei allen strukturellen Unterschieden haben Balanced Scorecards folgende gemeinsame Entwicklungs- und Umsetzungsstrategien:
- Formulierung eines Leitziels (Vision)
- Konkretisierung des Leitziels durch Subziele (Mission), die abgeleitet werden aus den
  - strategischen Entwicklungsbereichen: Ausbildungsentwicklung (AE), Personalentwicklung (PE), Organisationsentwicklung (OE) und den
  - inhaltlichen Perspektiven (TQM-Kriterien)
- Festlegung von Zielen, Aktionen und Kennzahlen (ZAK-Analyse)
- Umsetzung der Strategie in Projekte und Controlling (KVP-Prozess)

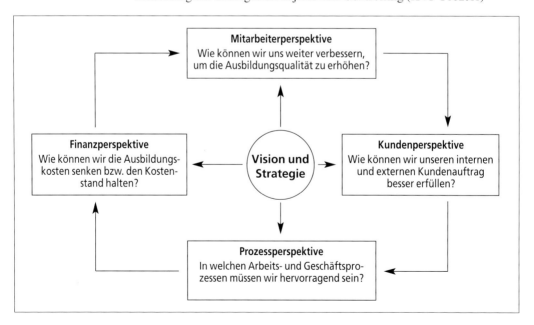

Abb. 12.9: Die vier TQM-Potenziale der Ausbildung

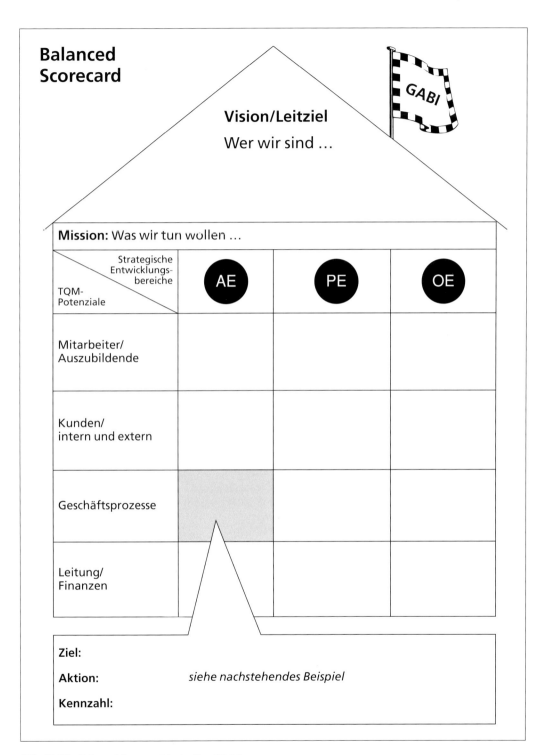

Abb. 12.10: Balanced Scorecard in der Berufsbildung

Mit Hilfe der Balanced Scorecard ist es möglich, in bestimmten Zeitabschnitten (wöchentlich, monatlich oder jährlich) Zielabweichungen rechtzeitig zu erkennen und gegebenenfalls Gegenmaßnahmen einzuleiten. Aufgrund der Über-

BSC: ein gutes Steuerungsinstrument

sichtlichkeit der Balanced Scorecard und der Konzentration auf das Wesentliche ist die BSC ein gutes Steuerungsinstrument, mit dem es relativ einfach möglich ist, wesentliche Qualitätsstandards zu erfassen, zu dokumentieren und Zielabweichungen zeitnah zu erkennen.

Die Abweichungen können über ein internes Informationssystem (Intranet) allen Mitarbeitern zugänglich gemacht werden und können so dazu beitragen, dass die eingeleiteten Maßnahmen auch sofort erkannt und akzeptiert werden.

Nachstehend wird ein **BSC-Beispiel** für das Qualitätsziel „Geschäftsprozesse in der Ausbildung" aufgeführt:

BSC-Beispiel

> **Ziel:** Ausbildung zukünftiger Mitarbeiter zur Sicherung des eigenen Nachwuchses
>
> **Aktionen:** Bedarfs-, handlungs- und prozessorientierte Ausbildung unter Einbeziehung betrieblicher Projekte und Aufträge
>
> **Kennzahlen:** Die Ergebnisse der Facharbeiterprüfung erreichen mindestens die Durchschnittsnote 2,5 bzw. die Bestehensquote liegt bei mindestens 98 % etc.

Genauso gut können natürlich aber auch Verwaltungsprozesse wie zum Beispiel Einstellungs- und Bewerbungsverfahren in Form einer Balanced Scorecard dargestellt werden. Hier könnte z. B. als Messgröße die Reaktionszeit auf eine Bewerbung gelten, etwa „Einladung zum Test innerhalb von vierzehn Tagen".

Trotz aller Vorteile, die die BSC bietet, ist sie letztendlich nur ein Dokumentations- und Kontrollsystem. Die tatsächliche Umsetzung (der in den Organisationseinheiten festgelegten Qualitätskriterien) obliegt weiterhin der Führung und den Mitarbeitern.

Von daher ist es sehr wichtig, dass nicht nur die Ergebnisse dokumentiert und diskutiert werden, sondern dass die festgelegten Qualitätsstandards mit den Mitarbeitern zusammen entwickelt und beschlossen werden. Nur breit akzeptierte Qualitätsstandards werden sich langfristig auch umsetzen lassen.

 Weiterführende Literatur

OTT, Bernd/SCHEIB, Thomas: Qualitäts- und Projektmanagement in der beruflichen Bildung. Cornelsen. Berlin 2002.

ARNOLD, Rolf/FABER, Konrad: Qualität entwickeln – aber wie? Kallmeyersche Verlagsbuchhandlung. Seelze/Velber 2000.

FRANZ, Hans-Werner: Integriertes Qualitätsmanagement (IQM) in der Weiterbildung. Bertelsmann. Bielefeld 1999.

FINK, Rudolf: PETRA(plus) – Prozessorientierung im Rahmen der projekt- und transferorientierten Ausbildung. Siemens AG. München 1999.

Literaturverzeichnis

ARNOLD, Rolf/FABER, Konrad: Qualität entwickeln – aber wie? Kallmeyersche Verlagsbuchhandlung. Seelze/Velber 2000.

ARNOLD, Rolf/KRÄMER-STÜRZL, Antje: Berufs- und Arbeitspädagogik. Leitfaden der Ausbildungspraxis in Produktions- und Dienstleistungsberufen. Cornelsen. Berlin 2001 (2. Auflage).

ARNOLD, Rolf/LIPSMEIER, Antonius/OTT, Bernd: Berufspädagogik kompakt. Prüfungsvorbereitung auf den Punkt gebracht. Cornelsen. Berlin 2002.

AUSBILDUNGSVERORDNUNGEN DER JEWEILIGEN BERUFE, z. B. Verordnung über die Berufsausbildung in den industriellen Elektroberufen vom 3. Juli 2003.

BADER, Reinhard/BONZ, Bernhard (Hrsg.): Fachdidaktik Metalltechnik. Berufsbildung konkret. Schneider-Verlag Hohengehren. Baltmannsweiler 2001.

BADER, Reinhard/MÜLLER, Martina (Hrsg.): Unterrichtsgestaltung nach dem Lernfeldkonzept. Bertelsmann. Bielefeld 2004.

BADER, Reinhard/SLOANE, Peter F. E. (Hrsg.): Lernen in Lernfeldern. Theoretische Analysen und Gestaltungsansätze zum Lernfeldkonzept. Eusl-Verlagsgesellschaft. Markt Schwaben 2000.

BBiB-MODELLVERSUCH D 2198.00: Entwicklung eines Instruments zur Ermittlung des Qualifizierungsbedarfs von Auszubildenden in Prozessbetreuungsberufen. Degussa AG. Marl 2004.

BONZ, Bernhard: Methoden der Berufsbildung – Ein Lehrbuch. Hirzel. Stuttgart 1999.

BREMER, Rainer/JAGLA, Hans-Herbert: Berufsbildung in Geschäfts- und Arbeitsprozessen. „Dokumentation und Ergebnisse der Fachtagung" vom 14. und 15. Juni 1999 in Hannover. Donat. Bremen 2000.

BÜNDNIS FÜR ARBEIT, AUSBILDUNG UND WETTBEWERBSFÄHIGKEIT; Stand: 10. November 1999; Broschüre des Presse- und Informationsamts der Bundesregierung.

CRAMER, Günter/SCHMIDT, Hermann/WITTWER, Wolfgang (Hrsg.): Ausbilder-Handbuch. Aufgaben, Konzepte, Praxisbeispiele. Deutscher Wirtschaftsdienst. Köln 1994.

DYBOWSKI, Gisela/FRACKMANN, Margit/LAMMERS, Winfried (Hrsg.): Prozess- und Organisationsmanagement in der Ausbildung. Bertelsmann. Bielefeld 2002.

EBBINGHAUS, Margit/SCHMIDT, Jens M.: Prüfungsmethoden und Aufgabenarten. Bundesinstitut für Berufsbildung. Bertelsmann. Bielefeld 1999.

EULER, Dieter: Didaktik des computerunterstützten Lernens. Praktische Gestaltung und theoretische Grundlagen. BW. Nürnberg 1992.

FINK, Rudolf: PETRA(plus) – Prozessorientierung im Rahmen der projekt- und transferorientierten Ausbildung. Siemens AG. München 1999.

FRANZ, Hans-Werner: Integriertes Qualitätsmanagement (IQM) in der Weiterbildung. Bertelsmann. Bielefeld 1999.

GUDJONS, Herbert: Handlungsorientiert lehren und lernen. Schüleraktivierung, Selbsttätigkeit, Projektarbeit. Klinkhardt. Bad Heilbrunn/Obb. 1992 (3. Auflage).

HAHNE, Klaus: Das Auftragslernen – eine arbeitsintegrierte Lernform. In: Hoppe, Manfred/Hummel, Jürgen/Gerwin, Werner/Sander, Michael (Hrsg.): Lernen im und am Kundenauftrag – Konzeption, Voraussetzung, Beispiele. Bertelsmann. Bielefeld 2003.

HENSE, Jan/MANDL, Heinz/GRÄSEL, Cornelia: Problemorientiertes Lernen. Warum der Unterricht mit neuen Medien mehr sein muss als Unterrichten mit neuen Medien. In: Computer + Unterricht. 11. Jg., H. 44/4. Quartal 2001, S. 6-11.

HOLZ, Heinz/KOCH, Johannes/SCHEMME, Dorothea: Lern- und Arbeitsaufgabenkonzepte von Theorie und Praxis. Bertelsmann. Bielefeld 1998.

HOPPE, Manfred/HUMMEL, Jürgen/GERWIN, Werner/SANDER, Michael: Lernen im und am Kundenauftrag. Konzeption, Voraussetzung, Beispiele. Bertelsmann. Bielefeld 2003.

HOWE, Falk/HEERMEYER, Reinhard/HEUER-MANN, Horst/HÖPFNER, Hans-Dieter/RAUNER, Felix: Lern- und Arbeitsaufgaben für eine gestaltungsorientierte Berufsbildung. Christiani. Konstanz 2002.

HUISINGA, Richard/LISOP, Ingrid/SPEIER, Hans-Dieter (Hrsg.): Lernfeldorientierung: Konstruktion und Unterrichtspraxis. GAFB. Frankfurt a. M. 1999.

KLEIN, Ulrich: PETRA. Projekt und transferorientierte Ausbildung. Grundlagen, Beispiele, Planungs- und Arbeitsunterlagen. Siemens AG. München 1990.

KLIPPERT, Heine: Methodentraining. Beltz. Weinheim, Basel 2004 (14. Auflage).

KOCH, Johannes: Ausbilden Lernen. Ein Methodenkonzept für AdA-Lehrgänge. Hrsg.: Bundesinstitut für Berufsbildung. Bertelsmann. Bielefeld 1999.

KRÄMER-STÜRZL, Antje: Handlungsorientierte Ausbilderqualifizierung. Schneider-Verlag Hohengehren. Baltmannsweiler 1998.

KROLL, Dieter/NEUMANN, Horst (Hrsg.): Neue Wege der Organisation. Gabler. Andernach 2004.

KURATORIUM DER DEUTSCHEN WIRTSCHAFT FÜR BERUFSBILDUNG (Hrsg.): Neue Strukturen und Prüfungen in der Berufsausbildung. Dokumentation über die Tagung der gewerblich-technischen Ausbildungsleiter am 21./22. Oktober 1999. Bonn.

LANDESINSTITUT FÜR SCHULE UND WEITERBILDUNG (Hrsg.): Methodensammlung. Anregungen und Beispiele für die Moderation. LSW. Soest 2000.

LEHBERGER, Jürgen/LORF, Michael/PYZALLA, Georg: Werkzeuge für die Unterrichtsplanung – Metalltechnik. R. Lehberger. Attendorn 2001.

LIPSMEIER, Antonius/PÄTZOLD, Günter (Hrsg.): Lernfeldorientierung in Theorie und Praxis. Beiheft 15 zur ZBW. Franz-Steiner-Verlag. Stuttgart 2000.

MUSTER-WÄBS, Hannelore/SCHNEIDER, Kordula: Vom Lernfeld zur Lernsituation. Strukturierungshilfe zur Analyse, Planung und Evaluation im Unterricht. Verlag Gehlen. Bad Homburg vor der Höhe 1999.

NASHAN, Ralf/OTT, Bernd: Unterrichtspraxis Metall- und Maschinentechnik. Dümmler. Bonn 1995 (2. Auflage).

OTT, Bernd: Ganzheitliche Berufsbildung. Theorie und Praxis handlungsorientierter Techniklehre in Schule und Betrieb. Steiner. Stuttgart 1998 (2. Auflage).

OTT, Bernd: Grundlagen des beruflichen Lernens ·und Lehrens. Ganzheitliches Lernen in der beruflichen Bildung. Cornelsen. Berlin 2004 (2. Auflage).

OTT, Bernd/SCHEIB, Thomas: Qualitäts- und Projektmanagement in der beruflichen Bildung. Cornelsen. Berlin 2002.

PAHL, Jörg-Peter: Perspektiven gewerblich-technischer Berufsschulen. Visionen, Ansprüche und Möglichkeiten. Kieser. Neusäß 2001.

PÄTZOLD, Günter: Lehrmethoden in der beruflichen Bildung. Sauer. Heidelberg 1996 (2. Auflage).

PÄTZOLD, Günter: Methoden betrieblicher Bildungsarbeit. In: Bonz, Bernhard (Hrsg.): Didaktik der beruflichen Bildung, Band 2. Schneider-Verlag Hohengehren. Baltmannsweiler 2001.

RAHMENLEHRPLÄNE DER JEWEILIGEN BERUFE, z. B. Rahmenlehrplan für den Ausbildungsberuf Elektroniker/-in für Betriebstechnik. Beschluss der Kultusministerkonferenz vom 16. Mai 2003.

RIPPER, Jürgen/WEISSCHUH, Bernd: Ausbildung im Dialog. Das ganzheitliche Beurteilungsverfahren für die betriebliche Berufsausbildung. Christiani. Konstanz 1999.

SCHMALY, Winfried/WILKENING, Fritz: Technikunterricht. Klinkhardt. Bad Heilbrunn/Obb. 1995 (2. Auflage).

WITTNER, Wolfgang (Hrsg.): Methoden der Ausbildung. Didaktische Werkzeuge für Ausbilder. Dt. Wirtschaftsdienst. Köln 2000.

Stichwortverzeichnis

A

Abschlussgespräch 62 f., 77, 92, 118
Abschlussqualifikation 28
Affektiver Lernbereich 70 f.
Affektiv-ethisches Lernen 49 f.
Aktiv handelnder Lernender 70
Aktiv-produktives Lernen 53
Analytisches Denken 102
Anwendungskompetenz 59
Arbeitsauftrag 82
Arbeitsgebundenes Lernen 176
Arbeitslernen 51 f., 60, 65, 174
Arbeitsorientiertes Lernen 176
Arbeitsplan, -planung 49, 84 ff.
Arbeitsprozess 10 f., 14, 16, 22, 32, 35, 58, 63, 65, 68
Arbeitsprozessorientierung 53, 58 ff., 80, 90
Arbeitsprozesswissen 58, 184
Arbeitsverbundenes Lernen 176
Auftrag, betrieblicher 20
Auftragsabwicklung 32, 38, 60
Auftragsanalyse 83
Auftragsbuch 63, 65, 68
Ausbilder 162 ff.
Ausbildungsbeauftragte 185
Ausbildungsberufsbild 28 f., 34
Ausbildungsbetrieb 19, 21, 25
Ausbildungsentwicklung 193
Ausbildungsordnung 11, 13, 16, 21, 26 ff., 34
Ausbildungspersonal qualifizieren 184
Ausbildungsrahmenplan 28 f., 34
Ausbildungssystem, duales 10 f., 16, 21, 25 f., 34
Ausbildungsverordnungen 35
Ausbildungswerkstattzeiten 180
Ausführungstechniken 151 ff.
Auszubildende 165 ff.

B

Balanced Scorecard 198 ff.
Berufsbildung, ganzheitliche 28 ff., 47 ff.,51, 54, 56
Berufsbildung, traditionelle 12 f.
Berufsbildungsgesetz 28, 32, 34, 48, 162
Berufshandlungen 27
Berufsinhalte, neue 25

Berufskompetenz 24
Berufsschule 21, 25, 27, 32 ff., 35
Betriebliche Ausbildung 28 ff., 31
Betriebpädagogik 51
Betriebsauftrag 65, 79 ff., 175, 180
Betriebseinsätze 180
Beurteilungsgespräch 100
Beurteilungssystem, ganzheitliches 95, 100 ff., 106 ff.
Bewertungstechniken 157 ff.
Bildungsauftrag 21
Bildungsfachkraft 164
Blended Learning 128, 174
Blitzlicht 157
Brainstorming 68, 143

C

Checkliste 153 f.
Coaching 163, 167 f., 186
Computergestütztes Lernen (CUL) 127 f.

D

Defensive Steuerung des Ausbildungsprozesses 62
Demokratiebewusstsein 47
Dialogkompetenz 168
Dokumentation Ausbildungsstand 107
Drei-F-Stil 168
Drei-K-Stil 168

E

Eigenverantwortliches Handeln 48
Einzelarbeit 133
Einzelplanung 78
E-Learning 174
Elektroberufe, industrielle 14 ff., 23 ff.
Elektroniker 79, 92 f.
Elektroniker für Betriebstechnik 23 ff., 29, 31, 33
Elektrotechnik 35 ff.
Emotionale Intelligenz 51
Entscheidungsbaum 149
Entscheidungstechniken 148 ff.
Entwicklungsbeurteilung, ganzheitliche 95 ff.

Erfolgorientierung 170
Erfolgskontrolle 87
Erziehungsauftrag 95
European Foundation for Quality Management/EFQM-Modell 194 ff.
Experimentieraufgabe 131 ff.
Expertenbefragung 125

F

Fachbildung 32
Fachgespräche 20, 71
Fachkompetenz 20, 47, 49, 51, 55 f., 65 f., 68, 71, 76, 97, 100, 102 f., 108, 126, 136, 176, 185
Fachqualifikationen 14 f., 16, 180
Fachsystematik 58 f.
Fähigkeitsstruktur 70
Feedback 49, 95 f., 156, 157 f., 168
Fehler- und Problemlösekultur 52
Fertigkeitsprüfung 27
Fertigungsaufgabe 131 ff.
Fish-Pool 125
Förderbeurteilung, ganzheitliche 95 ff.
Fortbildungskonzeption für Ausbilder 183
Fortschreibetechnik 159
Führungskompetenz 167
Führungsstile 167 ff.
Funktionswissen 71

G

Geschäftsprozesse 14, 16, 22, 24, 32, 58, 63
Geschäftsprozessorientierung 53, 174
Gesprächsleitung 49
Gesprächsregeln 49
Gestalten-lernen 52
Gestaltungskompetenz 52, 58
Gestaltungsprinzipien 11
Gestaltungsspielraum 169
Grundbildung 32
Gruppenarbeit 56, 71, 78, 133, 151 f.
Gruppenbildungsphasen 178 f.
Gruppengeplante Einzelarbeit 78
Gruppenpuzzle 125, 153

H

Handeln-lernen 52
Handlung, vollständige 25, 54
Handlungsabläufe, betriebliche 27
Handlungsfähigkeit, berufliche 16, 20, 23
Handlungsfelder 22 ff.
Handlungskompetenz 15, 17, 27, 47 f., 54, 65, 76, 105 f., 131, 141 ff., 185
Handlungslehre, didaktische 77
Handlungsorientierung 27
Handlungssystematik 58 f.
Handlungsziele 72
Handschrift 123

I

Imitationslernen 116
Individualkompetenz 47 ff., 55 f., 65 f., 68, 76, 97, 100, 126, 136
Industriemechaniker 79, 93
Informationsgewinnung und -verarbeitung 49
Informationstechniken 16, 142 ff., 175
Infowand 178
Inhaltlich-fachliches Lernen 49 f.
Instruktionslernen 52
Interaktionsfähigkeit 52
Internationalisierung 11
Ishikawa-Analyse 132, 144

K

Kenntnisprüfung 27
Kernqualifikation 14 f.
Kognitiver Lernbereich 70 f.
Kognitiv-motorisches Lernen 49
Kommunikations- und Kooperationstechniken 16, 49, 53, 71, 175
Kommunikationsfähigkeit 104, 126
Kompetenz, methodische 16, 48
Kompetenz, personale 16, 48
Kompetenz, soziale 16
Konfliktmanagement 49, 71
Konstruktionsaufgabe 131 ff.
Konstruktionslernen 52
Kontinuierlicher Verbesserungsprozess (KVP) 191
Kontrolltechniken 153 ff.
Kooperationsfähigkeit 104, 126
Kooperationskompetenz 168

Kooperationskultur 169
Kooperationsprojekt 35 ff.
Kooperationsprozess 27
Koordinationskompetenz 168
Kreativität 47, 56, 104
Kreativitätstechniken 53, 129, 143
Kundenauftrag 60 f., 65, 78 ff.
Kundenorientierung 16, 32, 37, 175, 182

L

Langzeitplanung 77 f., 79
Lastenheft 65
Lebenslanges Lernen 11, 56, 173 f.
Lehrgangs-Methode 114 ff., 118
Lehrgangsorientierung 58 f.
Lehrgangssystem 13
Lehrplan 24, 34 f.
Leistungsbeurteilung, ganzheitliche 95 ff.
Leistungscontrolling 66, 68, 96, 186
Leitbildentwicklung 192 ff.
Leittext-Methode 115, 117 f.
Leitungsmodelle 167 ff.
Lernarten 49
Lernaufgaben 27
Lernberater 163
Lernbereiche 70 f.
Lernen, ganzheitliches 49 f.
Lernen-lernen 51
Lernfelder 14 f., 22 ff., 26 f., 32 ff., 34 f., 58
Lernförderlichkeit von Betriebsaufträgen 80
Lernkontrolle 95 f.
Lernkultur, ganzheitliche 51
Lernorganisation 70 ff., 77, 176 f.
Lernort Betrieb 28 ff.
Lernortkooperation 25 ff., 34
Lernphasen 130
Lernplakate 125
Lernplanung, ganzheitliche 70 ff.
Lernprofil 81
Lernprozesse 26, 27
Lernpsychologie 172
Lernschleife 63 f.
Lernsituationen 22, 26 f.
Lernträger 34 f.
Lernübergangsanalyse 92
Lernverhalten, aktives 165
Lernziele 24, 96 f.
Lernzielfelder 71

Lernzieloperationalisierung 72
Lernzielstufen 34, 72 ff., 76
Lernzieltaxonomie 73

M

Markt der Möglichkeiten 125
Meilensteinplan 146
Menschliches Handeln 76
Messprotokoll 155
Metakommunikation 49
Methodenkoffer zur Handlungskompetenz 141
Methodenkompetenz 47, 49, 51, 55 f., 65 f., 68, 76, 92, 97, 100, 103, 108, 126, 136
Methodisch-operative Kompetenz 49, 53
Methodisch-problemlösendes Lernen 49 f.
Mind-Map 142, 146
Misserfolgsorientierung 170
Mitverantwortung, gesellschaftliche 47
Moderationsmethoden 120 ff.
Moderationszyklus 120 f.
Morphologische Methode 68
Morphologischer Kasten 145 f.
Motiv 170
Motivation 103, 170
Motivationale Dimension 70
Motivationsförderung 170 ff.
Motivstruktur 70

N

Nachfrageorientierte Bildung 174

O

Organisationsentwicklung 173 ff., 193

P

Paarweiser Vergleich 150
Partizipations- und Verantwortungskultur 52
Partnerarbeit 133
Personalentwicklung 95, 162, 193
Personalkompetenz 92, 103 f.
Persönlichkeitsentwicklung 47 ff., 65, 105
PETRA-Projekt 73 ff.
Pflichtenheft 65
Physiologische Farbwirkungen 122

Pisa-Studie 14, 172
Planungs- und Arbeitsschritte 60 ff.
Planungsfähigkeit 102 f.
Planungsprozess 63
Planungstechniken 145 ff.
Präsentationstechniken 71, 124 ff.
Praxiskomplexe, ganzheitliche 25
Praxisprojekte 65 f.
Prinzip der minimalen Ausbilderhilfe 62
Problemlösefähigkeit 49, 51, 102 f.
Problemlösestrategien 131
Problemorientierung 58 f., 129 ff.
Produktionsabläufe 175
Produktionsgesellschaft 11
Projektarbeit 171
Projekt-Methode 115, 118
Prozess- und kundenorientierte Ausbildung 66
Prozesskompetenz 16, 20, 59
Prozesslernen 63
Prozessmodell der Ausbildung 60 ff., 65
Prüfungsausschuss 19 f.
Prüfungskonzeption, neue 16 ff.
Prüfungsordnung 26
Prüfungsstück 20
Prüfungsvarianten 19
Prüfungsverfahren 10, 26
Psychomotorischer Lernbereich 70 f.
Psycho-soziales Lernen 49

Q
Qualifikationsanforderungen 53, 55
Qualifizierungscoach 60
Qualitätsanalyse 65, 196
Qualitätsentwicklung 188 ff.
Qualitätsindikatoren 65 f.
Qualitätskontrolle 66
Qualitätsmanagement im Ausbildungsprozess 187 ff.
Qualitätsprofil 197
Qualitätssicherung 54, 102, 175
Qualitätsstandards 200

R
RADAR-Modell 191 f.
Rahmenlehrplan 21 f., 28, 32, 34
Reihenfolgeplan 147 f.

Reorganisation 72 ff.
Reproduktion 72 ff.
Rollenspiel 125
Rückmeldegespräch 100

S
Schlüsselqualifikationen 24, 48, 59, 73 ff., 78, 101, 118, 176
Schulgesetze der Bundesländer 32, 34
Schulischer Arbeitsplan 34
Sechs-drei-fünf-Methode 132, 143
Sechs-Stufen-Modelle 63 f.
Selbstbestimmung des Menschen 47
Selbstentscheidenlernen 52
Selbstgesteuerte Einzelarbeit (SEA) 78
Selbstkontrolle 171
Selbstlernkompetenz 114
Selbstlerntechniken 53
Selbstorganisation u. -qualifikation der Mitarbeiter 51, 56
Selbstverantworten-lernen 52
Sinnhaftigkeitsprüfung 79
Skills 59
Soft Skills 53, 101
Soll-Istwert-Vergleich 147
Sozial-kommunikatives Lernen 49 f.
Sozialkompetenz 47, 49, 55 f., 65 f., 68, 76, 92, 97, 100, 104, 108, 126, 136, 167 f., 184
Sozialverhalten 47, 56
Soziokulturelle Identität 48 f.
Stärken- und Schwächenanalyse (SWOT) 148 f.
Stationenbetrieb 152
Stimmungsbarometer 157
Subjektivierung der Arbeit 51
Subsidiäre Führung 167
Synergieeffekte 120
Systemdenken 56
Systemkenntnisse 102, 132

T
Teamarbeit 24, 166, 169 ff., 177
Teamentwicklung 49, 71, 168, 177
Teamkoordinator 177 f.
Teamorganisation 184 f.
Teamorganisation für Ausbilder 180 ff.
Teamsprecher 169

Technische Analyse 131 ff.
Technisches Problem 129 ff.
Theoriekomplexe, ganzheitliche 25
Träges Wissen 172
Transfer 72 ff.

U
Überforderung 171
Umweltbewusstsein 102, 104
Unterforderung 171
Unternehmenskultur, ganzheitliche 51
Unterricht, handelsorientierter 21 f.
Unterricht, lernfeldorientierter 24 f.

V
Verantwortungsfähigkeit 52
Verhaltensdimension 70
Verlaufsprotokoll 67 f.
Vermittlungslogik, traditionelle 13
Vier-Stufen-Methode 114 ff., 163, 167, 186
Visualisierungstechniken 71, 122 f.
Vollständige Handlung 34

W
Wandzeitungen 125
Werkzeugmechaniker 68
Wissensgesellschaft 11
Wissensstruktur 70

Z
Zeitrahmen 15, 26 f., 28, 30 f., 34 f.
Ziel- und Aktionsplan 85, 146 f.
Zielscheibe 156
Zielsetzungen für die Berufsausbildung 25
Zusammenarbeit, interdisziplinäre 24
Zusammenhangverständnis 56
Zwischenprüfung 20

Verschenk ein paar Stunden Wissensdurst!

Bücher sind die idealen Geschenke,
denn sie bieten Seite für Seite: Wissen
oder Einsicht, Erkenntnis oder Klugheit,
Scharfsinn oder Weisheit.

Bücher
Zeit für dich.
www.branchenwerbung-buch.de